中华经典藏书

陈广忠 译注

淮南子

中华书局

图书在版编目（CIP）数据

淮南子/陈广忠译注. —北京：中华书局，2016.1（2025.5 重印）
（中华经典藏书）
ISBN 978-7-101-11456-0

Ⅰ.淮…　Ⅱ.陈…　Ⅲ.①杂家-中国-西汉时代②《淮南子》
-注释③《淮南子》-译文　Ⅳ.B234.4

中国版本图书馆 CIP 数据核字（2016）第 000314 号

书　　　名	淮南子
译 注 者	陈广忠
丛 书 名	中华经典藏书
文字编辑	王水涣
责任编辑	舒　琴
装帧设计	毛　淳
责任印制	陈丽娜
出版发行	中华书局
	（北京市丰台区太平桥西里 38 号　100073）
	http://www.zhbc.com.cn
	E-mail:zhbc@zhbc.com.cn
印　　　刷	河北博文科技印务有限公司
版　　　次	2016 年 1 月第 1 版
	2025 年 5 月第 10 次印刷
规　　　格	开本/880×1230 毫米　1/32
	印张 11⅝　插页 2　字数 180 千字
印　　　数	73001-77000 册
国际书号	ISBN 978-7-101-11456-0
定　　　价	24.00 元

前　言

在 2100 年前的西汉前期，江、淮之间出现了一个重要的文化学术中心。数千名"俊伟之士"，云集古都寿春，纵论天下兴亡，探讨学术方技，寻求治国良方，而他的倡导者，就是被南宋史学家高似孙在《子略》中称为"天下奇才"的淮南王刘安。

一　天下奇才

淮南王刘安（前179—前122）为汉高祖刘邦之孙，淮南厉王刘长之子，为王 42 年，享年 58 岁。淮南王博学多才，思维敏捷，著述宏富，留下的主要著作就有二十多种，涉及哲学、文学、音乐、自然科学等众多领域，成为一座智慧的宝库。《汉书·淮南衡山济北王传》中说：

> 淮南王安为人好书鼓琴，不喜弋猎狗马驰骋。……招致宾客方术之士数千人，作为《内书》二十一篇，《外书》甚众，又有《中篇》八卷，言神仙黄白之术，亦二十余万言。……初，安入朝，献所作《内篇》，新出，上爱秘之。使为《离骚传》，旦受诏，日食时上。又献《颂德》及《长安都国颂》。

这里记载，属于叔辈、41 岁的淮南王于公元前 139 年，将《内篇》作为珍贵的礼品，献给即位刚两年、年仅 18 岁的侄辈皇帝汉武帝。当时还写下了评论《离骚》的专论《离骚传》，这是我国最早研究《离骚》的文章，奠定了两千年来评价《离骚》的基调。淮南王作为西汉文学巨子，谙于辞赋。《汉志》中载有"淮南王赋八十三篇，淮南王群臣赋四十四篇；淮南歌诗四篇"。

淮南王及群臣的辞赋著作，占《汉志》"屈原赋"类著作的三分之一。淮南王特别爱好"鼓琴"，在《汉志》中就留下了《琴颂》的篇名。在梁代萧统编的《文选》中，收有题名刘安的《招隐士》。在《古文苑》中，载有刘安的《屏风赋》。淮南王在《易》学研究方面也极为突出。《汉志》所载《易》类18种学术著作，就有"《淮南道训》二篇"。淮南王聘请九个高明的《易》学专家，潜心研究天地阴阳变化之道，又称"九师说"。淮南王对《老子》《庄子》的道家思想进行了精深的研究，并有所创新。著有《庄子略要》和《庄子后解》，《文选》李善注中多处引用了两书的佚文。

淮南王在自然科学研究方面，也做出了杰出的贡献。淮南王所著的《外书》《中篇》数十万言，已全部失传。而《汉书·楚元王传》中记载：

> 上（即汉宣帝）复兴神仙方术之事，而淮南有《枕中鸿宝苑秘书》。书言神仙使鬼物为金之术，及邹衍《重道延命方》，世人莫见。而更生父德武帝时治淮南狱得其书。

这两部大约是养生术和炼丹术著作，所记载的是"神仙黄白之术"。"神仙"研究的是"保性命之真"的方技，包括导引、按摩、吐纳、服饵等。"黄白"即用化学方法从各种矿物质中提炼黄金白银。当年刘向曾按书中方法提炼黄金，没有成功。而在《淮南万毕术》中，也记载了大量的科技研究成果。

淮南王对天文学也做过研究。《汉志》"天文类"中有《淮南杂子星》十五卷。除了上述记载以外，见于《隋书·经籍志》的，尚有《汉淮南王集》一卷、《淮南变化术》一卷、《淮南中经》四卷、《淮南八公相鹤经》二卷等。

淮南王的上书仅存一篇。建元三年（前138），闽越伐围东瓯，东瓯告急于汉。建元六年（前135），闽越又举兵攻击南越，刘安给武帝上书，留下了《谏伐闽越文》，保存在《汉书·严助传》之中。

可以知道，淮南王著述之丰富，涉猎之广泛，影响之深远，都是罕见的，而被高似孙称为"天下奇才"，亦是恰如其分的。

二 绝代奇书

淮南王的著作流传至今的，主要是《淮南子》。全书二十一卷，二十余万言（今存仅 131,324 字）。刘安称之为《鸿烈》和《刘氏之书》。究其写作宗旨，《要略》中说："若刘氏之书，观天地之象，通古今之事，权事而立制，度形而施宜。"含有成一家之言的意思。当代学者胡适在《淮南鸿烈集解·序》中誉之为"绝代奇书"，就其思想体系和影响来说，自然是独树一帜，有其奇特之处。

祖、父辈的自杀惨剧，宫廷斗争的暗无天日，秦汉战争的生灵涂炭，"文景之治"的相对繁荣与隐藏的深刻的社会矛盾，凡此种种，促使这位饱学的侯王，不断思索着天下长治久安之策，于是《淮南子》这部融黄老道家的自然天道观、儒家的仁政学说、法家的进步历史观、阴阳家的阴阳变化理论以及兵家的战略战术等各家思想精华为一体，而以道家思想为主旨的学术创新之作，便在他的主持之下，应运而生了。

其一，《淮南子》思想深邃，理论透辟，集道家之大成。

东汉高诱《淮南子注·叙》中指出："其旨近《老子》，淡泊无为，蹈虚守静，出入经道。"近代学者梁启超在《中国近三百年学术史》中这样说："《淮南鸿烈》为西汉道家言之渊府，其书博大而有条贯，汉人著述中第一流也。"又在《汉书艺文志诸子略考释》中说："《淮南鸿烈》实可谓集道家学说之大成。"《淮南子》设有《原道》《道应》《俶真》《精神》等篇，探讨"道"的精义、道家的宇宙生成论以及道家生命的学说，仅《道应》就引用《老子》52 处；而全书引用的《庄子》，王叔岷认为有 223 处。《淮南子》的"道"论及"无为"论，全部来源于《老》《庄》，而第一次对春秋以来流行三百五十余年的

"无为"论，进行了全新的阐释：

> 所谓无为者，不先物为也；所谓无不为者，因物之所为也；所谓无治者，不易自然也；所谓无不治者，因物之相然也。(《原道训》)

> 或曰："无为者，寂然无声，漠然不动，引之不来，推之不往，如此者乃得道之像。"吾以为不然。……圣人忧民，如此其明也，而称以无为，岂不悖哉！(《脩务训》)

> 若吾所谓无为者，私志不得入公道，耆欲不得枉正术；循理而举事，因资而立〔功〕；权自然之势，而曲故不得容者；政事而身弗伐，功立而名弗有。非谓其感而不应，攻而不动者。若夫以火爊井，以淮灌山，此用己而背自然，故谓之有为。若夫水之用舟，沙之用鸠，泥之用辒，山之用蔂……此非吾所谓为之。《脩务训》)

> 何谓无为？智者不以位为事，勇者不以位为暴，仁者不以位为惠，可谓无为矣。(《诠言训》)

可以知道，《淮南子》的"无为"，不是无所作为，消极顺应自然，而是按照"自然之势"和人类自身及社会规律办事，不要人为地违背它，这样才能实现"无为"而"无不为"的完整统一。而那种"以淮灌山"、不尊重自然规律、得不偿失的荒唐行动，才叫"有为"。这就彻底划清了"无为"与"有为"的界限。可以说，这是《淮南子》对道家理论的创新，成为西汉治国、修身的利器之一。

其二，《淮南子》文笔瑰丽，雄浑多姿，成为"文宗秦汉"的典范作品。

高似孙在《子略》中说："《淮南》之奇，出于《离骚》；《淮南》之放，得于《庄》《列》；《淮南》之议论，错于不韦之流。"《淮南子》博采众长，继承了先秦文学和诸子的创作手法，开创了具有鲜明西汉特色的雄浑博大而又绚丽多彩的文风。道家思想的超逸和对精神自由的追求，楚文化的瑰丽神奇和浓重的浪漫气息，成为韵、散结合的西汉政论散文的典范，对汉赋及其后的文学创作产生了重要的影响。《淮南子》对艺术形式的运用，独具匠心而得心应手，长于铺陈而又妙语连珠，巧设譬喻和善用神话故事，一气呵成而又韵律和谐。《淮南子》的文采，冠绝一世，备受历代文人青睐。南朝梁代文论家刘勰在《文心雕龙》中多次评论淮南王及其作品："是以淮南有英才，武帝命相如视草"（《诏策》），"《淮南》泛采而文丽"，"《淮南》有倾天折地之说"（《诸子》），"淮南崇朝而赋《骚》"（《神思》），"而楚人之多才乎！昔汉武爱《骚》，而淮南作传"（《辨骚》）。刘勰对淮南王的才华和《淮南子》的"文丽"，极为推崇，并给予了准确的定位。

其三，《淮南子》中杰出的科技成就，泽惠古今，令人称"绝"。

《淮南子》虽不是自然科学著作，但其中牵涉到的如天文、物理、化学、农学、医药、水利、气象、物候、地理、生物进化、乐律、度量衡等诸方面的科技成果，成为其宇宙自然观的重要组成部分，代表了汉代的最高科技水平，有的流传两千余年，到今天仍然泽惠后人。

比如：二十四节气的完整、科学的总结，第一次见于《淮南子·天文训》："两维之间九十一度十六分度之五，而斗日行一度，十五日为一节，以生二十四时之变。"《淮南子》中用北斗斗柄的旋转来确定季节，构成了一个天象、四季、二十四节气、十二月、农事、物候、气象、干支、音律、方位等的完整体系，成为两千余年我国历代朝廷施政、农事、祭祀、渔猎、实施刑法、军事活动等各种大事的主要依据，也成为道家天道观中顺应自然，与自然和谐相处的重要内容。

《淮南万毕术》中对利用太阳聚焦取火，也有奇妙的创造："削冰令圆，举以向日，以艾承其影，则火生。"其制作方法是：把坚冰打磨成圆形凸透镜的形状，对着太阳，能够使光线折射会聚为太阳的"影子",把艾叶放在后面,就能使它燃烧。水火不相容。制成冰透镜后,却能得火而冰不致融化,这真是巧夺天工的创造。

可以知道,《淮南子》作为西汉黄老道家治国理论的结晶和汉代科技成就的最高代表,在中国古代学术文化史上,确实是空前绝后的,胡适称为"绝代奇书",是实事求是的。

三　研究与版本

《淮南子》问世之后,引起了汉代朝野的极大关注。见于记载的就有汉武帝、刘向、刘歆、扬雄、王充、许慎、马融、卢植、高诱、应劭等人。当然司马谈、司马迁父子,应该对《淮南子》也不陌生。在《史记》三家注中,就引用《淮南子》七十多条,说明《史记》对《淮南子》采摘甚多。东汉学者许慎大约在 42 岁作《淮南间诂》,并把研究成果写入《说文解字》之中。150 年后,汉末学者高诱,继承前贤研究成果,前后用了八年时间,完成了《淮南子注》。许慎、高诱,成了汉代研究《淮南子》的功臣。

到了宋代,许慎和高诱注本,皆成了残卷。北宋学者苏颂《校淮南子题序》中认定八篇为许注,十三篇为高注,但两家注文皆已相掺。现在保存最早的二十一卷北宋本,是由清代道光年间刘泖生所抄,1920 年收入上海涵芬楼影印的《四部丛刊·子部》之中。《淮南子》的另一种主要版本是二十八卷本,收入明英宗正统十年(1445)《正统道藏·太清部》第 863—867 册。其中把《原道》《俶真》《天文》《地形》《时则》《主术》《氾论》分成上、下,形成独特的版本体系。

《淮南子》传入日本很早。在《日本国见在书目》中,收录唐代或唐代之前《淮南子》注本就有三部,许慎、高诱各有二十一卷本。日本发现的唐抄本《淮南鸿烈兵略残卷》,说明唐代之前许慎注本已传入日本。而在日本 Naikaku Bunk 保存的朝鲜活字本《淮南鸿烈解》二十八卷，大约成书于 1670 年前后。就是说，在清朝康熙九年（1670），《淮南子》在朝鲜半岛已经刊印。

在中国数千年的学术史上，两千一百年间，《淮南子》研究成为一大奇观。首先是同朝代的许慎、高诱等，潜心研究《淮南子》。高诱曾在《淮南子注·叙》中发出这样的感慨："故夫学者不论《淮南》，则不知大道之深也。是以先贤通儒述作之士，莫不援采以验经传。"一千五百年后，清代乾嘉及其后的学者王念孙、王引之、黄丕烈、顾广圻、庄逵吉、钱塘、卢文弨、朱骏声、曾国藩、吴汝纶等，又进行了深入的研究。其中对《淮南子》进行校勘的是学术巨擘王念孙。这位七十高龄的学者，九校《淮南子》，订正九百余条，其精华留在《读书杂志·淮南内篇》二十二卷之中。另一位学者钱塘，为《天文训》作了《补注》。严谨的学者高诱，对于《天文训》留下了"诱不敏也"的记载，给后人研读天书，带来了一定的困难。钱塘前后用了十年时间，呕心沥血，终于完成了不朽之作《淮南天文训补注》，使极其复杂而宝贵的《天文训》的要义，可以为后代学者理解和运用。到了清季晚期及近、现、当代，大批的研究者踵武先贤，继续求索。梁启超、胡适、吴承仕、杨树达、马宗霍、于省吾、刘文典、何宁、张双棣等人皆有评论和著作问世。1931 年出版的胡适《淮南王书》中，首先对《淮南子》的政治、哲学思想进行了研究，认为"道家集古代思想的大成，而《淮南书》又集道家的大成"。香港学者刘典爵、中国台湾学者于大成、美国学者安乐哲、加拿大学者白光华、日本学者池田知久等，也都致力于《淮南子》研究，成就卓著。可以说，至少在唐代，《淮南子》就已经走向了世界。

四　本书整理方式

本书采用的底本是上海涵芬楼影印刘泖生影写北宋本。用作对校的有明《道藏》本、清《道藏辑要》本，用作参校的有明刘绩《补注》本、文渊阁《四库全书》本、清庄逵吉本等，并参考古今中外数十种《淮南子》研究资料。精心校勘，力求保持宋本原貌，而又融会最新研究成果。

本书注文除了依据许慎、高诱原注外，并参照《尔雅》《说文》《方言》《广雅》等，力求符合原意。注音采用《说文》《广韵》《集韵》《韵镜》等记载，并按照古今语音演变规律，标出今音。译文以直译为主，基本采取句句对译的形式，使古今文义一目了然。

对本书正文的分章析句，基本上以韵段划分为主，并参照其他版本，斟酌而成。

本书采用标准的简化字。文中出现的异体字、古今字、通假字，除通假、古今字基本保持原貌外，异体字大多以简化正字取代。由于校勘需要、繁简字对应有误、繁简字无法对应等原因，保留了少量的异体和繁体字。

陈广忠

于安徽大学草野居

2015 年 10 月

目 录

第一卷　原道训

　　《淮南子》中的"道"，指的是自然规律和宇宙本原。"本道根真，包裹天地，以历万物"。空间上包容一切，时间上无穷无尽。它无所不包，无处不在，是不以人的意志为转移的客观存在。因此治政要实行"无为而治"。作者对"无为"、"无不为"、"无治"、"无不治"等流行说法，重新进行了界定，并赋予了新的内涵，发展了先秦道家的"无为"论。同时，作者表达了道家的"真"、"静"人性观："人生而静，天之性也。"而与此有关的生命问题，作者认为形、气、神为生命三大要素，互相依存，而"神为之使"。作者强调只有掌握"道"的规律，才能适应自然、社会及人类自身的发展变化。全书以探索"道"之原开篇，并以其为核心贯穿全书，充分显示了汉初黄老道家代表作《淮南子》立论之宏伟、包容之广大及体例之缜密。

　　陶方琦《淮南许注异同诂》：序目有"因以题篇"语，乃高注本也。与旧辑许君残注本较之，说多异。

　　夫道者①，覆天载地，廓四方②，柝八极③；高不可际④，深不可测。包裹天地，禀授无形⑤；原流泉滂⑥，冲而徐盈⑦；混混汩汩⑧，浊而徐清。故植之而塞于天地⑨，横之而弥于四海⑩；施之无穷⑪，而无所朝夕⑫；舒之幎于六合⑬，卷之不盈于一握⑭。约而能张⑮，幽而能明⑯；弱而能强，柔而能刚；横四维而含阴阳⑰，纮宇宙而章三光⑱。甚淖而滒⑲，甚纤而微；山以之高，渊以之深；兽以之走，鸟以之飞。日月以之明，星历以之行；麟以之游，凤以之翔。泰古二皇⑳，得道之柄，立于中央；神与化游，以抚四方。

【注释】

①道：指自然规律和宇宙本原。

②廓（kuò）：张大。

③柝：通"拓"，扩大。八极：八方极远之处。

④际：到达。

⑤禀授：给予。无形：指万物没有形成之时。

⑥原：水源。滂：指水盛涌出。

⑦冲：通"盅"，空虚。

⑧混混：水流不绝的样子。汩汩（gǔ）：水流声。

⑨植：树立。塞：充满。

⑩弥：通"縻"，牵系。

⑪施：使用。

⑫无所朝夕：指道永恒，没有时间、空间的变化。黄

锡禧本作"无朝夕盛衰"。

⑬舒：舒散。幎（mì）：覆盖。六合：高诱注：孟春与孟秋为合，仲春与仲秋为合，季秋与季春为合，孟夏与孟冬为合，仲夏与仲冬为合，季夏与季冬为合，故曰六合。言满天地间也。一曰四方上下为六合。

⑭一握：一把。极言其小。

⑮约：缠束。

⑯幽：幽暗。

⑰四维：四角，四隅。

⑱绹（xuàn）：维系。宇宙：高诱注：四方上下曰宇，古往今来曰宙。按，指时间和空间。章：通"彰"，显明。三光：指日、月、星。

⑲淖溽（nàogē）：柔和的样子。

⑳二皇：指伏羲、神农。

【译文】

道，覆盖上天运载大地，扩展到四方，延绵到八极；高度不能够到达，深度不能够测量。包容天地，施予万物；像泉水涓涓流淌，由空虚却能逐渐充实；似急流汹涌，由混浊却能逐渐澄清。把它直立起来可以充满天地，把它横放着可以系联四海；使用它无穷无尽，而永远没有盛衰；舒展起来可以覆盖六合，卷拢起来还不满一把。捆束起来却能够张大，幽暗之时却能大放光明；弱小的时候却能强大，柔软的时候却能刚强；横贯着天地而包含着阴阳，维系着宇宙而使日、月、星发光。极其柔和，非常细微；山岳依靠它而高耸，潭渊凭借它而变深；野兽依靠它而奔跑，鸟类凭借它而高飞；日、月依靠它而光明，星辰凭借它而运行；麒麟依靠它而出游，凤凰凭借它而翱翔。远古伏羲、神农两位帝王，掌握了道的枢要，而处在天地的中央；精神和万物变化相结合，来安抚天下之民。

　　夫太上之道①，生万物而不有，成化像而弗宰②。跂行喙息③，蠉飞蠕动④，待而后生，莫之知德；待之后死，莫之能怨。得以利者不能誉，用而败者不能非；收聚畜积而不加富，布施禀授而不益贫；旋县而不可究⑤，纤微而不可勤⑥；累之而不高，堕之而不下；益之而不众，损之而不寡；斫之而不薄⑦，杀之而不残；凿之而不深，填之而不浅。忽兮恍兮，不可为象兮；恍兮忽兮，用不屈兮；幽兮冥兮，应无形兮⑧；遂兮洞兮⑨，不虚动兮；与刚柔卷舒兮⑩，与阴阳俯仰兮⑪。

【注释】

①太上：指最高的。

②化像：自然造化而生成的物像。

③跂（qí）行：用足行走。喙（huì）息：用嘴呼吸。

④蠉（xuān）飞：指虫类飞行。蠕（rú）动：爬行的虫类。

⑤旋县：双声叠韵连绵词，形容微小的样子。

⑥勤：穷尽。

⑦斫（zhuó）：砍削。

⑧"忽兮"六句：化自《老子》二十一章。《文子·道
　　原》略同。忽恍，似有似无的样子。象，形象。屈，
　　枯竭。幽冥，渺茫的样子。
⑨遂、洞：深远的样子。遂，通"邃"。
⑩卷舒：屈伸。
⑪俯仰：升降。

【译文】

最高的道，产生万物却不据为己有，化生成万物的形象却不去主宰。那些用脚行走用嘴呼吸的动物，飞行和爬行的昆虫类，依靠它然后才能产生，但是没有什么动物感戴它的恩德；依赖它而后死去，也没有哪一物类怨恨它。得到利益的人不能够赞誉它，采用它而失败的人也不去非难它；收敛积聚而不增加财富，施舍赈救也不会增加贫困；极其渺小而无法深究，特别细微而又没有穷尽；累叠它而不会增高，堕毁它也不会倒下；使它增加却不见变多，使它削弱而又不会减少；砍削它不会变薄，杀戮它不会伤残；挖凿它而不会变深，填塞它而不会变浅。若有若无啊，不能够描绘形象啊；似存似亡啊，使用不会枯竭啊；渺渺茫茫啊，相应没有形体啊；幽深难测啊，不会虚妄行动啊；和刚柔一起屈伸啊，与阴阳一起升降啊。

　　人生而静，天之性也；感而后动，性之害也①；物至而神应，知之动也②；知与物接，而好憎生焉③。好憎成形④，而知诱于外，不能反己，而天理灭矣⑤。故达于道者，不以人易天。外与物化⑥，而内不失

其情。至无而供其求，时骋而要其宿⑦；大小修短，各有其具⑧。万物之至，腾踊肴乱⑨，而不失其数⑩。是以处上而民弗重，居前而众弗害，天下归之，奸邪畏之。以其无争于万物也，故莫敢与之争⑪。

【注释】

①害：《文子·道原》《礼记·乐记》作"欲"。《史记·乐书》作"颂"。徐广曰："颂音容。"容，活动。

②知：同"智"，智慧。

③好憎：指情欲。

④形：显现。

⑤灭：衰灭。按，以上"人生"至"天理灭矣"，化自《礼记·乐书》，《史记·乐书》略同。

⑥物化：与物变化。

⑦"至无"二句：见于《庄子·天地》。至无，道体至虚。骋，奔跑。要，通"邀"，邀约。宿，归宿。

⑧具：具备。

⑨腾踊：翻腾，跳跃。肴乱：杂乱。肴，通"殽（xiáo）"，相杂错。

⑩数：法度，规律。

⑪"是以"六句：见于《老子》六十六章。

【译文】

　　人生下来就是安静的，这是人的天性；受了外物感化而后有活动，它是天性的外部表现；外物到来而精神上有了反应，这是智慧的活动；智慧与外物互相接触，而好憎之情便产生了。好憎形成显露出来，而智慧被外物所诱惑，不能返回到人的本性上去，那么天性便要衰灭了。因此通达大道的人，不因为人欲来改变天性。表面和外物一起变化，但内心却不会改变他的本性。道体至虚却能供给万物任何需求，时时变化却能使万物有所归宿；不论是大小长短，各样的东西都是齐备的。世上万事万物涌来时，尽管是腾踊纷乱的，但是却不会失去法度。因此得道者居处上位却不使百姓感到沉重，处在前面而众人不感到有危害，天下的人都归向他，奸邪的人害怕他。因为他不同万物相争，所以就没有人敢于和他相争。

夫峭法刻诛者^①，非霸王之业也；箠策繁用者^②，非致远之术也。离朱之明^③，察箴末于百步之外，不能见渊中之鱼；师旷之聪^④，合八风之调^⑤，而不能听十里之外。故任一人之能，不足以治三亩之宅也；修道理之数^⑥，因天地之自然，则六合不足均也^⑦。是故禹之决渎也^⑧，因水以为师；神农之播谷也^⑨，因苗以为教。

【注释】
①峭法：严峻的刑法。刻：苛刻。
②箠：马鞭。繁：多。
③离朱：黄帝之臣，视力敏锐。
④师旷：春秋时晋平公著名乐师，善辨音。
⑤合：郑良树《淮南子斠理》云："合"疑当作"分"。

言师旷之聪，足以分辨八风之调也。八风：八方之风。

⑥修：修行，修治。

⑦六合：四方上下为六合。均：平。

⑧渎（dú）：大河。

⑨神农：古帝名，又称炎帝。教民播种五谷，号为神农。

【译文】

实行严刑苛法，不是成就霸王大业之路；经常使用鞭子棍子，不是使御马到达远方的办法。离朱的眼睛特别敏锐，可以在百步之外看到针尖，但是不能见到深渊中的游鱼；师旷的耳朵特别灵敏，可以分辨八方之风的乐调，但是却不能听到十里之外的声音。因此任凭一个人的才能，不能够用来治理三亩大小的田宅；修行大道的规律，根据天地的自然特性，就是整个天下也能够治理太平。因此禹疏通大河，按照水流的规律作为师法；神农种植五谷，根据禾苗的生长规律作为后世常教。

夫萍树根于水①，木树根于土；鸟排虚而飞②，兽蹍实而走③；蛟龙水居④，虎豹山处，天地之性也。两木相摩而然⑤，金火相守而流⑥；员者常转，窾者主浮⑦，自然之势也。是故春风至则甘雨降，生育万物；羽者妪伏⑧，毛者孕育；草木荣华，鸟兽卵胎；莫见其为者，而功既成矣⑨。秋风下霜，倒生挫伤⑩；鹰雕搏鸷⑪，昆虫蛰藏⑫；草木注根⑬，鱼鳖凑渊⑭；莫见其为者，灭而无形。木处榛巢⑮，水居窟穴；禽兽有芃⑯，人民有室；陆处宜牛马，舟行宜多水；匈奴出秽裘⑰，干、越生葛绤⑱；各生所急，以备燥湿；各因所处，以御寒暑；并得其宜，物便其所。由此观之，万物固以自然，圣人又何事焉⑲？

【注释】

①萍：浮萍。树：植。

②排虚：排击空气，而获得浮升之力。

③蹢（zhí）：此指用脚践踏。实：土地。

④蛟龙：古代传说中的龙属。

⑤然：同"燃"，燃烧。

⑥守：守候。即起化学作用。

⑦窾（kuǎn）：空。

⑧妪（yù）伏：指孵卵。

⑨既：已经。

⑩到（dǎo）生：草木倒地而生。到，古"倒"字。挫伤：指凋落。

⑪搏：北宋本原作"抟"。《道藏》本作"搏"。据正。鸷（zhì）：击杀鸟类。

⑫蛰（zhé）：伏，此指冬眠。

⑬注：集中。

⑭凑：聚集。

⑮榛（zhēn）：丛生。

⑯芃（qiú）：兽穴里的垫草。北宋本原作"芄（wán）"。

刘绩《补注》本作"芤"。据正。

⑰匈奴：汉代指中国北方少数民族。秽（huì）裘：脏污粗陋的皮衣。

⑱干：通"邗（hán）"，高诱注：吴也。《说文》："邗，国也。今属临淮。一曰邗本属吴。"古邗国在今江苏扬州东，为吴所灭。越：周代诸侯国，在今浙江东部。葛：草本植物。茎皮可织布。绤（chī）：用葛纤维织成的细布。

⑲事：职掌，从事。

【译文】

浮萍扎根在水中，树木在土里生长；鸟类排空而飞，兽类着地而跑；蛟龙居住在水中，虎豹生活在山上，这是天地生成的特性。两块木头相互摩擦而燃烧起火，金属在火中便可以熔化；圆的转轮之类可以转动，中空的木船之类可以上浮，这是天然的属性。因此春风到来甘雨就要降落，化育生成万物；长羽的孵卵，有毛的孕育；草木茂盛开花，鸟兽孵雏怀胎；没有人见到它（指道）的所为，而使万物大功告成了。秋风到来寒霜下降，植木凋落倒地；鹰雕之类搏杀小鸟，昆虫越冬伏藏；草木的生命集中到根部，鱼鳖之类聚集在渊潭，没有人见到它的所为，万物消失而不见形迹了。住在树木上的会筑巢，生活在水中的有洞穴；飞禽走兽巢穴有垫草，人类会建造房室；陆地居处的适宜用马牛，舟船行走适宜多水地区；匈奴出产粗陋皮裘，吴、越生产凉爽的葛布；各个环境产生所急需的东西，用来防备气候干燥和潮湿；各人按照所处的不同地域，用不同的方式来抵御寒暑；各自都得到它们适宜的环境，万物都有它们的用场。从这里可以看出，万物本身是按照自然规律行事的，圣人又为什么要改变呢？

　　九疑之南①，陆事寡而水事众，于是民人被发文身②，以像鳞虫；短绻不绔③，以便涉游；短袂攘卷④，以便刺舟，因之也。雁门之北狄不谷食⑤，贱长贵壮，俗尚气力；人不弛弓⑥，马不解勒⑦，便之也。故禹之裸国⑧，解衣而入，衣带而出，因之也。今夫徙树者，失其阴阳之性⑨，则莫不枯槁。故橘树之江北，则化而为枳⑩；鸲鹆不过济⑪，貈度汶而死⑫。形性不可易，势居不可移也⑬。

【注释】

①九疑：因其山九峰相似，故曰九嶷（yí）山。在今湖南宁远南，传说舜所葬之地。

②被发：剪断头发。文身：在身上刺上鱼龙形花纹。

③短绻：短衣。绻，通"裈（kūn）"，今称满裆裤。绔（kù）：类似今套裤。

④袂（mèi）：袖子。攘（rǎng）：挽起。

⑤雁门：山名。在今山西代县西北。古以两山对峙，雁度其间而得名。北狄：高诱注指鲜卑。古代生活在中国北方。

⑥弛：解除。

⑦勒：带嚼子的笼头。

⑧裸国：古代南方国名。其民皆不穿衣，故名。

⑨失：指改变。

⑩枳（zhǐ）：落叶灌木，果实黄绿色，可入药。

⑪鸲鹆（qúyù），鸟名。即八哥。喜生活于南方。鹆，北宋本原作"鹆"。"鹆"字形误。当正。济（jǐ）：济水。古四渎之一。源于河南济源西王屋山，东流汇大野泽，入东海。今已堙。

⑫貉（hé）：狗獾。分布于我国北方、朝鲜、日本、俄罗斯，毛皮珍贵。汶（wèn）：水名。在山东境内。

⑬势居：指环境、地位。

【译文】

在九疑山的南面，陆地上活动的事少，而水中活动的事多，这里的百姓剪发文身，来模仿水中的动物；穿短衣不加套裤，以方便渡河游水；短袖子挽起来，以方便撑船，这是按照水乡特点而采取的措施。居住在雁门山的北狄不吃五谷，轻视年长的、重视青壮年，当地习俗崇尚勇力；人人不解下弓箭，马匹不解下马笼头，这是为了适应草原环境的需要。因此禹到南方裸国，脱掉衣服进去，系上佩带出来，这是适应当地习俗的需要。现在移植树木的人，改变了树木适应冷暖的特性，那么没有不枯死的。因此橘树移往长江以北种植，那么就会改变性态而成为枳树；鸲鹆不能渡过济水，狗獾越过汶水就要死去。它们的生理特性是不能改变的，居处的地理环境也是不能转移的。

昔舜耕于历山①，期年而田者争埏埴②，以封壤肥饶相让③；钓于河滨，期年而渔者争处湍濑④，以曲隈深潭相予⑤。当此之时，口不设言⑥，手不指麾⑦，执玄德于心⑧，而化驰若神⑨。使舜无其志，虽口辩而户说之⑩，不能化一人。是故不道之道，莽乎大哉⑪！夫能理三苗⑫，朝羽民⑬，从裸国⑭，纳肃慎⑮，未发号施令，而移风易俗者，其唯心行者乎！法度刑罚，何足以致之也？

【注释】

①舜：古代传说中的帝王，受尧禅让。历山：一说在今山东历城南。

②期年：一周年。垮埆（qiāoquè）：土地贫瘠之处。

③封壤：指田界。

④湍濑（tuānlài）：石滩上的急流。

⑤曲隈（wēi）：崖岸弯曲处。

⑥设：陈说。

⑦指麾（huī）：指挥。

⑧玄德：天然的德性。按，出自《老子》五十一章。

⑨驰：行。神：指神化。

⑩口辩：能言善辩。户说：向家家户户陈说。

⑪莽乎：无边无际的样子。

⑫理：治理。三苗：古代生活在长江中游洞庭湖一带的少数民族。后被尧流放。

⑬羽民：南方羽国之民。

⑭从：化。《说文》：从，随行也。《四库全书》本作

"徙"，误。

⑮肃慎：生活在东北、华北的古老民族。

【译文】

从前舜在历山耕田，一年后种田的人争着去要贫瘠的山地，而把肥沃的田地让给别人；舜在黄河边钓鱼，一年后打渔的人争着去水流湍急的地方，把弯曲涯岸深潭多鱼的地方让给乡邻。在这个时候，舜没有去游说，也没有指挥过别人，而是怀着天然的德性，因此感化他人就像神灵驱使一样。假使舜没有远大志向，即使能言善辩挨家挨户劝说，也不能感化一个人。所以不能用言辞表达出来的"道"，真是广大无边啊！舜能治理好三苗，使羽民国来朝拜，让裸国来归顺，收服北方肃慎之国，没有发号施令而能够改变风气和习俗，这恐怕是内心具有美好的德行才能做到的吧！依靠法度刑罚，怎么能达到这样的效果呢？

是故圣人内修其本，而不外饰其末；保其精神，偃其智故①；漠然无为而无不为也②，澹然无治也而无不治也③。所谓无为者，不先物为也；所谓不为者④，因物之所为。所谓无治者，不易自然也；所谓无不治者，因物之相然也⑤。

【注释】

①偃：停息。

②漠然：寂静无声的样子。

③澹然：淡泊的样子。

④所谓:《道藏》本"所谓"下无"无"字。刘绩《补注》本增补"无"字。

⑤然:适宜。

【译文】

因此圣人要在内部修治根本,而不在外部粉饰末节;保养他的内心精神,熄灭他的智巧;寂静无声地依循规律就没有什么办不成;淡泊地好像不加治理而没有什么不能治理的。所说的无为,就是不在事物没有到来之前行事;所说的无不为,就是顺应万物的规律行事。所说的无治,就是不改变自然的属性;所说的无不治,就是适应万物的变化规律。

天下之物,莫柔弱于水,然而大不可极,深不可测;脩极于无穷,远沦于无涯①;息耗减益②,通于不訾③;上天则为雨露,下地则为润泽;万物弗得不生,百事不得不成;大包群生,而无好憎;泽及蚑蛲④,而不求报;富赡天下而不既⑤,德施百姓而不费;行而不可得穷极也,微而不可得把握也;击之无创,刺之不伤;斩之不断,焚之不然;淖溺流遁⑥,错缪相纷⑦,而不可靡散⑧;利贯金石,强济天下;动溶无形之域⑨,而翱翔忽区之上⑩;遭回川谷之间⑪,而滔腾大荒之野⑫;有余不足,与天地取与⑬,授万物而无所前后。是故无所私而无所公,靡滥振荡⑭,与天地鸿洞⑮;无所左而无所右,蟠委错紾⑯,与万物始终。是谓至德⑰。夫水之所以能成其至德于天下者，以其淖溺润滑也。故老聃之言曰："天下至柔，驰骋于天下之至坚。出于无有，入于无间。吾是以知无为之有益⑱。"

【注释】

①沦：沦没。北宋本原作"渝"。刘绩《补注》本作"沦"。据正。

②耗：通"消"，消耗，亏损。

③訾：通"赀（zī）"，计算，计量。

④蚑（qí）：虫类。蛲（náo）：微小之虫。

⑤赡：富足。既：尽。

⑥淖（nào）溺：水性柔软的样子。流遁：指流散。

⑦错缪（miù）：错杂。

⑧靡（mǐ）散：散乱。

⑨动溶：摇荡。

⑩忽区：无形象。

⑪邅（zhān）回：徘徊。

⑫大荒之野：特别荒远的地方。

⑬与：王叔岷《淮南子斠证》云：《天中记》九引作"任天地取与"。

⑭靡滥：水势浩荡。靡，通"瀰（mǐ）"，水流的样子。滥，泛滥。

⑮鸿洞（hòngtóng）：融通，连续。

⑯蟠委：盘旋，委曲。错纼（zhěn）：交错变化。

⑰至德：最高的德性。

⑱ "天下"五句：见于《老子》四十三章。

【译文】

天下万物中，没有什么比水更柔弱的了，但是它大到没有尽头，深到无法测量；长得达到无穷无尽的地方，远得沦没到无边无际之中；水的生息耗灭、增多减少，达到了无法计量的程度；它升发到天上就成为雨露，落到大地就能润泽草木；万物得不到它不能生长，各种事情得不到它不能成功；它包容了所有的生物，却没有喜爱厌恶；恩泽达到微细的小虫，却不求得到报答；它使天下富足而又取用不尽，德泽遍施百姓而又不认为耗费；水的流动不能够有穷尽，水的微小无法用手把握住；击打它没有创伤，行刺它不留疤痕，砍杀它也不断绝，焚烧它不会燃烧；它柔软地流向任何地方，错杂纷纠，而不能使它离散；它的锋利可以穿透金石，它的强大可以通达天下；它荡漾在无边无际的地方，自由翱翔在无穷无尽的太空；在山川、峡谷之间徘徊流连，翻腾奔涌在广袤无垠的原野；时多时少，任凭从天地中索取，施予万物而没有什么前后之分。因此没有什么公私之别，水势浩荡，和天地相连接；它没有什么左右之分，盘旋交错，和万物共度始终。这就是水的最高德性。水之所以能在天下成就最高的德性，主要是因为柔软润滑的特性。因此老子说："天下最柔弱的东西，可以驱使天下最坚强的东西。从不存在的地方出现，进入到没有空隙的地方。我因此知道无为是有利的。"

第二卷　俶真训

高诱注：俶，始也。真，实也，说道之实，始于无有，化育于有。

本训是《淮南子》的宇宙起源论。文中把从天地开辟到万物形成，由近及远分成三个阶段。又把现实世界从"无"到"有"四个发展阶段做了横的剖析。这是对《庄子·齐物论》宇宙观的进一步深化。这种宇宙发展论虽不符合科学实际，但是它把宇宙的发展归结为物质世界的发展变化，这就从上帝造物说的传统观念中解放了出来。

文中把上古历史分为至德之世、伏羲氏、神农黄帝、昆吾夏后、周室之衰五个阶段。指出随着社会发展，纯朴消失，争斗不休，道德沦丧，失去人性的根本。其中虽有崇古非今的倾向，但也包含了肯定平等、公正、互助等积极思想。只有"内修道术"，而不"外饰仁义"，"返性于初，而游心于虚"，"遗物反己"，才能返回到"俶真"状态。

陶方琦《淮南许注异同诂》："（此）乃高注本也。"

有始者①，有未始有有始者②，有未始有夫未始有有始者③。有有者④，有无者⑤，有未始有有无者⑥，〔有未始有夫未始有有无者⑦。〕

【注释】

①有始者：高诱注指天地开辟之始也。

②"有未始有"句：高诱注：言万物萌兆，未始有始者，始成形也。

③"有未始有夫"句：高诱注：言天地合气，寂寞萧条，未始有也。夫未始有始，仿佛也。按，未始，未曾。

④有有者：高诱注：言万物始有形兆也。按，后"有"字，指现实存在的万物。

⑤有无者：高诱注：言天地浩大，言无可名也。按，"无"指物体以外的广大宇宙空间。

⑥有未始有有无者：高诱注：言道微妙，苞裹天地。"未始有有无者"，在"有无者"之前。

⑦〔"有未始有夫"〕句：此句北宋本脱。据《道藏》本补。按，以上化自《庄子·齐物论》。

【译文】

有天地开辟的时候，有未曾有开始的时候，有未曾有未曾有开始的时候。有现实存在的宇宙万物，有物体以外的广大宇宙空间，远的是未曾有的广大宇宙空间，再远的是未曾有的未曾有的广大宇宙空间。

　　所谓有始者：繁愤未发①，萌兆牙蘖②，未有形埒垠堮③，无无蠕蠕④，将欲生兴而未成物类。

　　有未始有有始者：天气始下，地气始上，阴阳错合，相与优游竞畅于宇宙之间⑤，被德含和⑥，缤纷茏苁⑦，欲与物接而未成兆朕⑧。

　　有未始有夫未始（者）有有始者⑨：天含和而未降，地怀气而未扬，虚无寂寞，萧条霄霏⑩，无有仿佛气遂⑪，而大通冥冥者也⑫。

【注释】

① 繁愤：积聚散发的样子。

② 萌兆：开始。牙蘖（niè）：树木的嫩芽。牙，通"芽"。

③ 形埒（liè）：埒，畛域，际涯。垠堮（è）：界限。王念孙《读书杂志》云：疑"垠堮"是"形埒"之注，而误入正文。

④ 无无：李哲明《淮南训义疏补》：按"无无"义不可晓，疑当作"冯冯"。《天文训》："冯冯翼翼。"注："无形之貌。"蠕蠕（rú）：昆虫爬行的样子。

⑤ 优游：悠闲自得。竞：追逐。畅：通达。

⑥ 和：和合之气。

⑦ 缤纷：混杂。茏苁（lóngcōng）：聚集。

⑧ 兆朕（zhèn）：与"形埒"义同，指际涯。

⑨ 未始者：《道藏》本无"者"字。疑衍。

⑩ 萧条：寂寥冷落的样子。霄霏（xiāodiào）：虚无寂寞。

⑪遂：成。

⑫大通：畅通。冥冥：昏暗的样子。

【译文】

所说的有开始的时候：是指万物积聚而未散发，萌芽初生，没有形成界限，蠢蠢欲动，万物将要兴起而没有产生物类的时候。

有未曾有开始的时候：上天之气开始下降，大地之气开始上升，阴气和阳气互相交合，相互悠闲地追逐融通在宇宙之间，覆盖着德泽、含怀着和气，混杂聚集，想和万物交接而不见形迹。

有未曾有未曾有开始的时候：上天含有的中和之气没有下降，大地含有的和气没有上扬，虚无冷清，荒远幽深，没有像要成气，而畅通在昏暗的宇宙之间的样子。

有有者：言万物掺落①，根茎枝叶，青葱苓茏②，萑蔰炫煌③，蠉飞蠕动④，蚑行哕息⑤，可切循把握而有数量⑥。

有无者：视之不见其形，听之不闻其声，扪之不可得也⑦，望之不可极也，储与扈冶⑧，浩浩瀚瀚⑨，不可隐仪揆度而通光耀者⑩。

有未始有有无者：包裹天地，陶冶万物⑪，大通混冥⑫，深闳广大⑬，不可为外；析毫剖芒⑭，不可为内；无环堵之宇，而生有、无之根。

有未始有夫未始有有无者：天地未剖，阴阳未判，四时未分，万物未生，汪然平静⑮，寂然清澄，莫见其形。若光耀之问于无有⑯，退而自失也⑰。曰：予能有无⑱，而未能无无也⑲。及其为无无，至妙何从及此哉？

【注释】

①掺（chān）落：参差错落，杂乱。

②青葱：青翠茂盛的样子。苓茏：茂盛。

③藋薝（guànhù）：草木繁荣茂盛。高诱注：藋读曰唯也。按，"藋"字形误，当作"蓶（wéi）"。炫煌：光彩鲜艳的样子。

④蠉（xuān）：虫类盘旋行走或飞行。蠕（rú）：虫类缓慢行动。

⑤蚑（qí）：虫类行走。哈：通"喙"，指鸟兽虫鱼的嘴。黄锡禧本作"喙"。

⑥切循：抚摸。循，通"揗"，抚摸。

⑦扪：摸。

⑧储与扈冶：广大。

⑨浩浩瀚瀚：广大无边的样子。

⑩隐仪：仪度。揆（kuí）度：度量，考察。光耀：指无形。

⑪陶冶：化育，造成。

⑫混冥：大冥，喻道。混，大。

⑬深闳：精深而广大。闳，通"宏"。

⑭剖：判，分离。

⑮汪然：池水平静的样子。

⑯光耀之问于无有：事见《庄子·知北游》。问，北
　　宋本原作"间"。陈昌齐《淮南子正误》云："间"
　　当作"问"。据正。
⑰自失：隐藏不见。
⑱有无：指有形而不可把握的"光"。
⑲无无：指什么也不存在。

【译文】

天地产生了现实存在的万物"有"：指的是万物参差错落，根茎枝叶，青翠茂盛，色彩鲜明，飞行的昆虫和蠕动的爬虫，用脚行走的和用嘴呼吸的，可以用手抚摸把握而能计算数量。

有物体以外的广大宇宙空间"无"：走近它看不见形体，倾听它没有声音，抚摸它得不到，远望它没有尽头，广漠深远，无边无际，不能够度量考察而通往无形。

远的是未曾有的广大宇宙空间：包裹了整个天地，化育生成了万物，并且和大道相通，精深而广大，不能够确定外部边界；解剖分开毫芒，也无法分清内部边际；没有一点极小的界域，但这是能产生有、无的根本。

再远的就是未曾有的未曾有的广大宇宙空间：天地还没有分开，阴阳还没有分离，四季还没有分明，万物还没有产生，平静如池水，寂静清澈，没有办法见到它的形体。就像光耀询问无有一样，退下后便自然消失了。光耀说，我能达到有"无"的境界，却不能达到"无无"的境界。等到达到"无无"的境界，至妙又怎么能够到达这种境界呢？

　　夫贵贱之于身也，犹条风之时丽也^①；毁誉之于己，犹蚊虻之一过也。夫秉皓白而不黑^②，行纯粹而不糅，处玄冥而不暗^③，休于天钧而不伪^④，孟门、终隆之山不能禁^⑤，唯体道能不败。湍濑、旋渊、吕梁之深不能留也^⑥，大行、石涧、飞狐、句望之险不能难也^⑦。是故身处江海之上，而神游魏阙之下^⑧。非得一原，孰能至于此哉^⑨？

【注释】

①条风：春天的东北风。丽：通"历"，迅速经过。

②黑：北宋本原作"里"。《道藏》本作"黑"。据正。

③玄冥：昏暗。又指北方之神统治之地。

④天钧：北极之地。亦指万物自然之变化。伪：通"砏（huǐ）"，毁坏。刘绩《补注》本作"砏"。《集韵》纸韵：砏，败也。

⑤孟门：山名，太行山险隘之地。在今陕西宜川东北、山西吉县西，绵延黄河两岸。终隆：即终南山。在陕西西安南。

⑥湍濑（lài）：急流。旋渊：深潭。吕梁：古水名，在江苏铜山东南。

⑦大（tài）行：指太行山，绵延山西、河北、河南三省。大，《集韵》过韵："太也。"石涧：深谷名。飞狐：要隘名。在今河北涞源北、蔚县南。两岸峭立，一线微通，迤逦百余里。句（gōu）望：又名句注山。在今山西代县西。因山势勾转、水势流注而

得名。

⑧魏阙：王宫之门阙。又高诱注：一曰心下巨阙，神内守也。

⑨勒：北宋本原作"执"。《道藏》本作"勒"。据正。

【译文】

富贵、贫贱对于自己，就像春天的东北风一样迅速吹过；诋毁、赞誉对于自己，就像蚊虻从自己耳边飞过。持守着洁白之行而不会变黑，品行纯洁高尚而不会混杂，处在黑暗的地方不感到昏暗，停留在北极而不会毁坏，孟门、终南这样的险塞不能禁止，只有掌握了道的人才能立于不败之地。急流、深潭、吕梁的旋流，不能使他滞留，太行、石涧、飞狐、句望这样险隘，不能使他为难。因此自己虽然处于偏远的江海之上，而精神却能在京城的魏阙遨游。如果不是得到了道的根本，谁能达到这样的境界呢？

今夫善射者，有仪表之度①，如工匠有规矩之数②，此皆所得以至于妙。然而奚仲不能为逢蒙③，造父不能伯乐者④，是皆谕于一曲⑤，而不通于万方之际也。

【注释】

①仪表：指法则、标准。

②如：而。

③奚仲：夏后氏时车的发明者。逢（páng）蒙：古代善射之人。羿的弟子。

④造父：周穆王时善驾驭之人。伯乐：秦穆公时善相
　马者。

⑤谕：知晓。一曲：一事。

【译文】

现在善于射箭的人，有标准作为法度，而工匠有规矩
作为准则，这些都是掌握标准才达到这样巧妙的程度。但
是奚仲不能成为逢蒙，造父不能成为伯乐，这是因为他们
通晓自己这方面的内容，而不能通达各个方面的变化规律。

　　是故圣人内修道术①，而不外饰仁义；不知耳
目之宜，而游于精神之和②。若然者，下揆三泉③，
上寻九天，横廓六合④，揲贯万物⑤，此圣人之游
也。若夫真人，则动溶于至虚⑥，而游于灭亡之野；
骑蜚廉⑦，而从敦圄⑧；驰于方外⑨，休乎宇内；烛
十日⑩，而使风雨；臣雷公⑪，役夸父⑫；妾宓妃⑬，
妻织女⑭；天地之间，何足以留其志？是故虚无者
道之舍，平易者道之素⑮。

【注释】

①修：刘绩《补注》本作"脩"。当是。

②"不知"二句：本于《庄子·德充符》。

③揆（kuí）：度量。三泉：三重泉。即地下深处。

④廓：扩大。

⑤揲（dié）贯：积累，贯通。

⑥动溶：摇荡。溶，通"搈"，摇荡。

⑦蜚（fěi）廉：神兽名，长毛有翼。

⑧敦圉（yǔ）：似虎而小。一曰仙人名。

⑨方外：区域之外。

⑩十日：指十个太阳。见于《山海经·海外东经》《庄
　子·齐物论》《楚辞·天问》《淮南子·本经训》及
　马王堆汉墓帛画等。一说指"幻日"现象。

⑪雷公：雷神。

⑫夸父：神名。又为兽名。

⑬宓（fú）妃：洛河女神名。传为伏羲氏之妃。

⑭织女：神女名。又为星名。

⑮素：本色。

【译文】

　　因此有道德的人在内部提高道德的修养，而不在外部
用仁义来修饰；不去关心耳目适宜于何种声色，而只求心
灵游弋在精神和谐的环境之中。像这样的话，向下可以度
量极深的三泉，向上可寻觅极高的九天，横着扩大天地四
方，竖着贯通万事万物，这就是圣人的游观。至于说真人，
他们游荡在最空虚的地方，而往来于什么都不存在的境地；
骑着神兽蜚廉，而让敦圉做随从；奔驰在方外之地，休息
在环宇之内；让十日来照耀，让风雨供使唤；把雷公作臣
子，使夸父来服役；让宓妃作妾，织女为妻；天地之间，
怎么能止留他的志向呢？所以虚无是道的馆舍，平易是道
的本色。

　　是故圣人之学也，欲以反性于初①，而游心于

虚也②。达人之学也③，欲以通性于辽廓④，而觉于寂漠也。若夫俗世之学也，则不然：擢德搴性⑤，内愁五藏，外劳耳目，乃始招蛲振缱物之豪芒⑥，摇消掉捎仁义礼乐⑦，暴行越智于天下⑧，以招号名声于世，此我所羞而不为也。是故与其有天下也，不若有说也⑨；与其有说也，不若尚羊物之终也始⑩，而条达有、无之际⑪。是故举世而誉之不加劝，举世而非之不加沮⑫。定于死生之境，而通于荣辱之理。虽有炎火洪水弥靡于天下⑬，神无亏缺于胸臆之中矣。若然者，视天下之间，犹飞羽浮芥也⑭，孰肯分分然以物为事也⑮？

【注释】

①性：指人的本性，亦即天性。

②虚：指无情欲。

③达人：通达知命的人。

④辽廓：旷远，空阔。

⑤擢（zhuó）：去掉。搴（qiān）：拔取。

⑥招蛲：通"挑挠"，循环往复。振缱（qiǎn）：情意缠绵的样子。

⑦摇消掉捎：奔走鼓动。

⑧暴：表露。越：扬。

⑨说：通"脱"，舍弃。

⑩尚羊：逍遥。终也始：疑衍"也"字。

⑪条达：通达。

⑫"是故"二句：出自《庄子·逍遥游》。劝，勉力。沮（jǔ），沮丧。

⑬弥靡：漫延。

⑭芥：小草。

⑮分分然：忙乱的样子。

【译文】

因此圣人的学习，是想用来使人的性情返回到开初的淳朴状态，使心灵在无情无欲的境界中游弋。通达知命的人的学习，想要用来在空旷的环境中通达性命，而在寂静中得到觉醒。至于像世俗之人的学习，就不是这样：他们抛去人的道德和天性，内心使五脏愁苦，外部使耳朵、眼睛劳困，开始永无休止的追求毫芒之利，奔走鼓动仁义礼乐，并在天下散播推行智巧和诈伪，来求得在世上昭显得到好的名声，这种行为是我所感到羞愧而不干的事。因此与其这样占有天下，倒不如抛弃了它；与其舍弃了它，倒不如逍遥于万物的变化之中，而和有、无的境界相联系。因此整个社会赞美他也不更加努力，整个社会非难他也不感到沮丧。在生和死的环境中泰然处之，而通达荣宠耻辱变化之理。即使有烈火、洪水漫延于天下，自己的精神也不会在心意中有任何损害。如果像这样的话，看待天下之间的万事万物，就像飞过的羽毛和浮动的小草，谁肯忙乱地把外物作为一回事呢？

水之性真清，而土汩之；人性安静，而嗜欲乱之①。夫人之所受于天者，耳目之于声色也，口鼻之于芳臭也②，肌肤之于寒燠③，其情一也。或通于神明，或不免于痴狂者④，何也？其所为制者异也。是故神者智之渊也，渊清则智明也⑤；智者心之府也，智公则心平矣。人莫鉴于流沫，而鉴于止水者⑥，以其静也；莫窥于生铁，而窥于明镜者，以睹其易也⑦。夫唯易且静，形物之性也⑧。由此观之，用也必假之于弗用也⑨。是故虚室生白，吉祥止也⑩。

【注释】

①"水之性"四句：本自《吕览·本生》。

②"口鼻"句：《文子·九守》作"鼻口之于芳臭也"。

③燠（yù）：温暖。

④痴：傻。

⑤渊清则智明：《文子·九守》作"神清则智明"。

⑥"人莫"二句：见于《庄子·德充符》。鉴，镜子。沫，泥中的泡沫。《文子·九守》作"潦"。

⑦睹：《太平御览·服用部》十九引无"睹"字。易：平。

⑧形：见。

⑨用也：《庄子·知北游》作"是用之者"。《文子·九守》作"故用之者"。

⑩"是故"二句：见于《庄子·人间世》。虚，心。室，身。白，指道。止，栖息。

【译文】

水的特性是清的，但是泥土使它混浊；人的本性是安静的，但是嗜欲使它混乱。人类从上天那儿所接受的本能，耳朵、眼睛能分清声音、色彩，口鼻可以辨出香臭，肌肤可以感觉寒热，他们的情感都是一样的。但是有的同神明相通达，有的却免不了成为傻子、疯子，这是为什么呢？这是由于制约他们的精神不一样。因此说精神是智慧的渊源，渊源平静就会智慧显明；智慧是心灵的府库，神智平正那么心灵就会平静了。没有人用流动的浑水当镜子，而用静止的清水来照面，是因为它平静的缘故；没有人从生铁中观察自己的形容，只会从明镜中观察面容，是因为它平正的缘故。只有平正和安静，才能显现外物的性状。由此可以看出，被使用的东西必定借助于不能被使用的部分。因此只有使身心空虚起来"道"才能产生，吉祥才能停留。

今夫树木者，灌以蘩水^①，畴以肥壤^②，一人养之，十人拔之^③，则必无余蘖^④，有况与一国同伐之哉？虽欲久生，岂可得乎？今盆水在庭，清之终日，未能见眉睫；浊之不过一挠^⑤，而不能察方员^⑥。人神易浊而难清，犹盆水之类也。况一世而挠滑之，曷得须臾平乎？

【注释】

①蘩（fán）：《道藏》本作"灤"，指水暴涨。古楚语。

②畴（chóu）：壅土。

③"一人"二句：出自《韩非子·说林上》："然使十人树之，而一人拔之，则毋生杨矣。"

④蘖（niè）：再生的枝条。

⑤挠（náo）：搅动。

⑥察：见。

【译文】

现在种植树木的人，用大水来浇灌它，用肥沃的土壤来壅培它，如果一个人来培植，十个人来拔掉它，那么必定连枝条也没有了，又何况和一国的人共同砍伐它呢？虽然想要长久地生存下去，又怎么可能呢？现在把一盆水放到庭院中，使它澄清一整天，还不能照见眉毛和睫毛；轻轻搅动一下便使之浑浊，就不能看见方形和圆形的轮廓了。人的精神容易被搅浑而难于变清，就像盆水之类。更何况整个社会都来搅动它，怎么能有一刻的平静呢？

古者至德之世，贾便其肆①，农乐其业，大夫安其职，而处士脩其道②。当此之时，风雨不毁折，草木不夭，九鼎重味③，珠玉润泽④，洛出《丹书》⑤，河出《绿图》⑥，故许由、方回、善卷、披衣得达其道⑦。何则？世之主有欲利天下之心，是以人得自乐其间。四子之才，非能尽善，盖今之世也⑧。然莫能与之同光者⑨，遇唐、虞之时⑩。

逮至夏桀、殷纣⑪，燔生人⑫，辜谏者⑬，为炮烙⑭，铸金柱⑮，剖贤人之心，析才士之胫⑯，醢鬼侯之女⑰，菹梅伯之骸⑱。当此之时，峣山崩⑲，三川涸⑳，飞鸟铩翼㉑，走兽挤脚㉒。当此之间，岂独无圣人哉？然而不能通其道者，不遇其世。夫鸟飞千仞之上㉓，兽走丛薄之中㉔，祸犹及之，又况编户齐民乎㉕？由此观之，体道者不专在于我㉖，亦有系于世者矣。

【注释】

①贾（gǔ）：行商。肆：店铺。

②处士：隐居之人。循：《太平御览》卷七十七《皇王部》二引此作"循"。

③九鼎：古代象征国家政权的传国之宝，传为夏禹所铸。高诱注："九鼎，九州贡金所铸也。一曰象九德，故曰九鼎也。"重：厚。

④润泽：有光泽。

⑤洛：今河南洛河。《丹书》：一种所谓的天书，用丹笔书写。

⑥河：黄河。《绿图》：传说为天赐符命之书。《周易·系辞上》中记载：河出图，洛出书。

⑦许由、方回、善卷、披衣：皆尧、舜时隐士。

⑧盖：掩。

⑨光：赞誉。

⑩唐、虞：指唐尧、虞舜。

⑪夏桀：夏朝末代国君。被商汤所推翻。殷纣：商朝末代之君。被周武王所推翻。

⑫燔（fán）：焚烧。

⑬辜（gū）：无罪而杀。

⑭炮烙：纣王所用酷刑。一说置铜格，布火其下，置人于其上。烙，通"格"。

⑮铸金柱：高诱注：然火其下，以人置其上，人堕陷火中，而对之笑也。此说与"炮烙"无别，疑误。上博简《容成氏》有"金桎三千"。桎（zhì），桎梏。束缚脚、手的刑具。金柱，疑即"金桎"。

⑯析：解开。胫：脚。

⑰醢（hǎi）：肉酱。鬼侯：纣时诸侯。又作九侯。

⑱菹（zū）：把人剁成肉酱。梅伯：纣时诸侯。

⑲峣（yáo）山：在陕西蓝田东南。

⑳三川：指泾水、渭水、汧（qiān）水。涸：干竭。

㉑铩（shā）：本指有鼻的剑，此指折断。

㉒挤：毁坏。

㉓夫：北宋本原作"天"。《道藏》本作"夫"。据正。

㉔丛薄：聚木曰丛，深草曰薄。

㉕编户：编入户籍。

㉖体：实行。

【译文】

在古代德政最好的时代，商人在方便的地方设置店铺，农民以耕种为乐，大夫安于自己的职守，而隐士修养他的道德。在这个时候，狂风暴雨不毁折农作物，草木没有夭折，九鼎中滋味醇厚，珍珠美玉光华润泽，洛水里出现《丹书》，黄河里出了《绿图》。因此许由、方回、善卷、披衣，能够实现他们的道术。为什么这样呢？天子有为天下人谋利益之心，因此人们能够自乐其道于天地之间。这四个人的才能，不能算是最好的，却能超过今世。然而当今之世却没有人能够同他们争名誉，是因为他们遇到了唐尧、虞舜这样的盛世。

　　等到夏桀、商纣王统治时代，烧死活人，杀死劝谏者，设置炮烙酷刑，铸造金柱刑具，剖开贤人比干的五脏，割掉才士的脚胫，把鬼侯的女儿剁成肉酱，把梅伯的骸骨压成肉泥。在这个时候，峣山崩塌了，泾、渭、汧三川枯竭了，天上的飞鸟折断了翅膀，地上的走兽打断了腿脚。在这个时候，难道唯独没有圣人吗？然而圣人不能够推行他们的理想，是因为没有遇到明世。鸟儿飞到千仞的高空，野兽奔跑在草丛之中，灾祸还不能避免，又何况是普通的民众呢？从这里可以看出，实行道的人不仅仅在于我自身，也是和整个社会联系在一起的。

第三卷　天文训

　　本篇是记载淮南王刘安及门客科学技术成果的重要文献，代表了汉代的最高科技成就，也成为《淮南子》自然天道观的重要组成部分。

　　文中探讨了宇宙本原、演化和形成的问题。对五星、二十八宿、八风、二十四节气、岁星和干支纪年法、五音、十二律、旋宫等许多问题进行研究，达到了很高的水平。文中对物候、气象、农事、政事及反常气候等也作了记载。作者运用先进的几何学原理，对正朝夕、大地东西南北的长度、日高等进行了测定。当然其中的数字是不实的，但是敢于探索宇宙奥秘的精神，则是十分可贵的。

　　而高诱的题解是："文者，象也。天先垂文象，日月五星及彗孛，皆谓以谴告一人。"也就是说，用天象的变化，来禁告和责示人君，必须"仰天承顺"，"不乱其常"，顺应天道规律，否则上天必降祸殃。其中带有浓重的"天人感应"的成分。

　　陶方琦《淮南许注异同诂》："（此）高注本也"。

天地未形，冯冯翼翼，洞洞漏漏①，故曰大昭②。道始于虚霩③，虚霩生宇宙④，宇宙生气⑤，气有汉垠⑥。清阳者薄靡而为天⑦，重浊者凝滞而为地⑧。清妙之合专易⑨，重浊之凝竭难⑩，故天先成而地后定。天地之袭精为阴阳⑪，阴阳之专精为四时⑫，四时之散精为万物⑬。积阳之热气生火，火气之精者为日；积阴之寒气为水，水气之精者为月。日月之淫为⑭，精者为星辰。天受日月星辰⑮，地受水潦尘埃⑯。昔者共工与颛顼争为帝⑰，怒而触不周之山⑱，天柱折⑲，地维绝⑳。天倾西北㉑，故日月星辰移焉；地不满东南，故水潦尘埃归焉㉒。

【注释】

① "冯冯"二句：冯翼、洞漏（zhú），高诱注：无形之貌。按，即混沌不分、没有定形的样子。

② 大昭：宇宙原始混沌的状态。大，《道藏》本作"太"。

③ 道：指宇宙本源。虚霩（kuò）：空虚，无形。

④ 宇宙：宇，四方上下；宙，往古来今也。指无穷的空间和时间。

⑤ 气：指构成万物的原始物质。

⑥ 汉垠：高诱注：重安之貌也。汉，庄逵吉本作"涯"。疑"汉"字不误。

⑦ 清阳者：指清轻之气。薄靡：轻微浮散的样子。

⑧ 重浊：沉重混沌之气。

⑨清妙：指清微之气。合专：聚合。专，通"抟（tuán）"，结聚。

⑩凝竭：凝固。

⑪袭精：即合成之精气。袭，合。精，气。

⑫专精：聚合精气。

⑬散精：四散之气。

⑭淫为：《广韵》"星"字注引此云："日月之淫气，精者为星辰。"按，淫气，过甚之气。

⑮受：包容。

⑯潦（lǎo）：积水。

⑰共（gōng）工：古代部落领袖，生活于伏羲、神农之间。颛顼（zhuānxū）：古代部落首领。"五帝"之一，黄帝之孙。

⑱不周之山：在西北方，昆仑之西北。

⑲天柱：古代盖天说认为，上天由八根大柱支撑。

⑳维：系地的大绳。

㉑倾：高。

㉒"地不满"二句：《楚辞·天问》："八柱何当？东南何亏？康回冯怒，地何故以东南倾？"可与此相参。

【译文】

天地没有形成的时候，混沌不分，迷迷茫茫，所以称之为大昭。"道"产生于虚廓的状态，虚廓之中产生了宇宙，宇宙之中产生了大气，大气是有形态的。清轻的部分浮起飞扬而变成天，沉重混浊的部分聚结起来而变成大地。清微之气聚合容易，沉重混浊之气凝结困难，因此上天先形成而后大地才逐渐定形。天地合成的精气变成阴阳，阴阳聚合之气成为四季，四季的消散之气成为万物。阳气积聚热气生成火，火的精气变成太阳；阴气积聚寒气生成水，水的精气变成月亮。日月的过甚之气，精华生成星辰。上天容纳日月星辰，大地接受水潦尘埃。从前共工和颛顼争夺帝位，共工发怒碰倒了西北方的不周之山，撑天的柱子被撞折，系地的大绳子被拉断。西北方的天高起来，所以日月星辰便移向那儿；大地向东南方倾斜，所以水流尘土归向东方。

天有九野①，九千九百九十九隅②，去地五亿万里③。五星④，八风⑤，二十八宿⑥，五官⑦，六府⑧，紫宫、太微、轩辕、咸池、四守、天阿。

【注释】

①九野：九天。野，分野。

②隅（yú）：角落。

③五亿万里："盖天说"对天高的推测。

④五星：岁星、荧惑、镇星、太白、辰星。

⑤八风：八方之风。亦见《地形训》。

⑥二十八宿（xiù）：古代把天球赤道和黄道一带（即月球和太阳视运动的天区部分）的若干恒星，组成二十八星组，称二十八宿。每七宿成一象，称为四象。

⑦五官：即田、司马、理、司空、都五官。

⑧六府：上天藏物之府库。即子午、丑未、寅申、卯酉、辰戌、巳亥。

【译文】

上天中央八方为九野，有九千九百九十九个边相交，离开地面五亿里。有五星，有八风，有二十八宿，有五官，有六府，有紫宫、太微、轩辕、咸池、四守、天阿。

何谓九野？

中央曰钧天①，其星角、亢、氐②。东方曰苍天③，其星房、心、尾④。东北曰变天⑤，其星箕、斗、牵牛⑥。北方曰玄天⑦，其星须女、虚、危、营室⑧。西北方曰幽天⑨，其星东壁、奎、娄⑩。西方曰昊天⑪，其星胃、昴、毕⑫。西南方曰朱天⑬，其星觜嶲、参、东井⑭。南方曰炎天⑮，其星舆鬼、柳、七星⑯。东南方曰阳天⑰，其星张、翼、轸⑱。

【注释】

①钧天：中央天之名。《吕览·有始》高诱注：钧，平也。为四方主，故为钧天。按，钧，通"均"。

②角：东方苍龙七宿的第一宿，有星2颗。亢：东方苍龙七宿的第二宿，有星4颗。氐（dī）：东方苍龙七宿的第三宿，有星4颗。

③苍天：东方天之名。《吕览·有始》高诱注：东方，二月建卯，木之中也。木色青，故曰苍天。

④房：东方苍龙七宿的第四宿，有星4颗。心：亦名商星、大火、鹑火，东方苍龙七宿的第五宿，有星3颗。尾：东方苍龙七宿的第六宿，有星9颗。

⑤变天：东北天之名。高诱注：(扬)〔阳〕气始作，万物萌芽，故曰变天。

⑥箕（jī）：东方苍龙七宿的末宿，有星4颗。斗：北方玄武七宿的第一宿，有星6颗。牵牛：也称牛宿。北方玄武七宿的第二宿，有星6颗。

⑦玄天：北方天之名。《吕览·有始》高诱注：北方，十一月建子，水之中也。水色黑，故曰玄天。

⑧须女：即女宿，也称婺女、婴女。北方玄武七宿的第三宿，有星4颗。虚：亦名天节。北方玄武七宿的第四宿，有星2颗。危：北方玄武七宿的第五宿，有星3颗。营室：亦称室宿、定。北方玄武七宿的第六宿，有星2颗。

⑨幽天：西北方天之名。高诱注：幽，阴也。(西)〔西〕(北)方季秋，将即于阴，故曰幽天也。

⑩东壁：亦称壁宿。北方玄武七宿的末宿，有星2颗。奎：亦称天豕、封豕。西方白虎七宿的第一宿，有星16颗。娄：西方白虎七宿的第二宿，有星3颗。

⑪昊（hào）天：西方天之名。高诱注：皓，白也。西方金色，白，故曰昊天。

⑫胃：西方白虎七宿的第三宿，有星3颗。昴：西方白虎七宿的第四宿，有星7颗。毕：亦称天浊。西方白虎七宿的第五宿，有星8颗。

⑬朱天：西南方天之名。高诱注：朱，阳也。西南为少阳，故曰朱天。

⑭觜嶲（zīxī）：西方白虎七宿的第六宿，有星3颗。

参（shēn）：西方白虎七宿的末宿，有星7颗。东井：亦称井宿、鹑首。南方朱雀七宿的第一宿，有星8颗。

⑮炎天：南方天之名。《吕览·有始》高诱注：南方，五月建午，火之中也，火性炎上，故曰炎天。

⑯舆鬼：亦称鬼宿。南方朱雀七宿中的第二宿，有星4颗。柳：亦称咮。南方朱雀七宿的第三宿，有星8颗。七星：亦称星。南方朱雀七宿中的第四宿，有星7颗。

⑰阳天：东南方天之名。高诱注：东南纯乾用事，故曰阳天。

⑱张：亦称鹑首。南方朱雀七宿中的第五宿，有星6颗。翼：南方朱雀七宿的第六宿，有星22颗。轸（zhěn）：南方朱雀七宿的末宿，也是二十八宿的最后一宿，有星4颗。

【译文】

什么叫九野？

中央叫钧天，二十八宿中的属星是角、亢、氐。东方叫苍天，它的属星是房、心、尾。东北方叫变天，它的属星叫箕、斗、牵牛。北方叫玄天，它的属星叫须女、虚、危、营室。西北方叫幽天，它的属星是东壁、奎、娄。西方叫昊天，它的属星叫胃、昴、毕。西南方叫朱天，它的属星有觜嶲、参、东井三宿。南方叫炎天，属星有舆鬼、柳、七星。东南方叫阳天，它的属星是张、翼、轸。

何谓五星？

东方木也①，其帝太皞②，其佐句芒③，执规而治春，其神为岁星，其兽苍龙④，其音角⑤，其日甲乙⑥。

南方火也⑦，其帝炎帝⑧，其佐朱明⑨，执衡而治夏⑩，其神为荧惑⑪，其兽朱鸟⑫，其音徵⑬，其日丙丁。

中央土也⑭，其帝黄帝⑮，其佐后土⑯，执绳而制四方⑰，其神为镇星⑱，其兽黄龙，其音宫⑲，其日戊己。

西方金也⑳，其帝少昊㉑，其佐蓐收㉒，执矩而治秋，其神为太白㉓，其兽白虎㉔，其音商㉕，其日庚辛。

北方水也㉖，其帝颛顼㉗，其佐玄冥㉘，执权而治冬㉙，其神为辰星㉚，其兽玄武㉛，其音羽㉜，其日壬癸。

【注释】

① 木：即木星，也叫岁星。九大行星之五，太阳系中最大的一颗星，有卫星16颗。古代认为木星十二年一周天（实际是11.86年），每岁行一次，故名。

② 太皞（hào）：伏羲氏有天下之号，被祀为东方之天帝。

③ 句（gōu）芒：少皞氏之裔子，名重，辅佐木德之帝，死为木官之神。

④ 苍龙：高诱注：木色苍，苍龙顺其色也。按，苍龙

为古代四象之一。东方七宿，想象构成龙形，叫青龙或苍龙。《史记·天官书》：东宫苍龙。

⑤角：五音之一。《礼记·月令》孔颖达疏：角是扣木之声，但作乐器之用。

⑥甲乙：代表木日。

⑦火：火星。九大行星之四。呈火红色。古代称荧惑。

⑧炎帝：即神农氏，被祀为南方之帝。

⑨朱明：即祝融。炎帝后裔，被祀为火神。

⑩衡：义同"准"，测量水平的器具。

⑪荧惑：因其隐现不定，使人迷惑而得名。《汉书·天文志》：荧惑出则有大兵。

⑫朱鸟：亦名朱雀。四象之一。古人把南方七宿，想象成朱雀之形。《史记·天官书》：南宫朱鸟。

⑬徵（zhǐ）：五音之一。

⑭土：土星。古称镇星、填星。九大行星之六，有卫星20颗。

⑮黄帝：五帝之首。少典之子。王天下，祀为中央之帝。

⑯后土：炎帝之裔。

⑰绳：绳尺。木工用以取直的墨线和尺子。

⑱镇星：因其28岁行一周天，好像镇压28宿一样，故名。《开元占经·填星占》：填星，其行岁填一宿，故名。

⑲宫：五音之首。

⑳金：金星。又称太白星。九大行星之二。除太阳、月亮外，亮度最高。

㉑少昊：黄帝之子青阳。号金天氏。祀为西方之帝。

㉒蓐（rù）收：少昊之子。

㉓太白：晨出东方，又名启明星。《诗·小雅·大东》："东有启明，西有长庚。"

㉔白虎：四象之一。古人把西方七宿想象成白虎之形，故名。《资治通鉴》胡三省注：白虎，西方之兽，主威武。

㉕商：五音之一。

㉖水：水星。又称辰星。九大行星之一。

㉗颛顼（zhuānxū）：黄帝之孙。号高阳氏。祀为北方之帝。

㉘玄冥：水神。

㉙权：秤锤。

㉚辰星：即水星。水星距太阳最近，常在太阳左右一辰（30°）之内，故称辰星。

㉛玄武：四象之一。北方七宿，形如龟、蛇相交，故名。《史记·天官书》：北宫玄武。四象中的苍龙和白虎，见于湖北随州战国初年古墓中，而完整记载以《天文训》为最早。

㉜羽：五音之一。

【译文】

什么叫五星？

东方是木星，它的主管天帝是太皞，它的辅佐是木神句芒，手执圆规而管理春天，它的保护神是岁星，它的代表兽是苍龙，它在五音中属于角，它的代表时间是十干中的甲乙。

　　南方是火星，它的主管天帝是炎帝，它的辅佐是祝融，执掌衡而管理夏天，它的保护神是荧惑，它的代表动物是朱雀，它在五音中属于徵，它的代表时间是十干中的丙丁。

　　中央是土星，它的主管天帝是黄帝，它的辅佐是后土，执掌绳墨而统治四面八方，它的保护神是镇星，它的代表兽是黄龙，它在五音中属宫音，它的代表时间是十干中的戊己。

　　西方是金星，它的主管天帝是少昊，它的辅佐是蓐收，执掌矩形工具而管理秋天，它的保护神是太白，它的代表兽是白虎，它在五音中属于商，它的代表时间属十干中的庚辛。

　　北方是水星，它的主管天帝是颛顼，它的辅佐是水神玄冥，手执秤锤而管理冬天，它的保护神是辰星，它的代表兽是玄武，它在五音中属于羽，它的代表时间属十干中的壬癸。

　　何谓八风？

　　距日冬至四十五日，条风至①；条风至四十五日，明庶风至②；明庶风至四十五日，清明风至③；清明风至四十五日，景风至④；景风至四十五日，凉风至⑤；凉风至四十五日，阊阖风至⑥；阊阖至四十五日，不周风至⑦；不周风至四十五日，广莫风至⑧。

条风至，则出轻系⑨，去稽留⑩；明庶风至，则正封疆，修田畴⑪；清明风至，则出币帛，使诸侯；景风至，则爵有位⑫，赏有功；凉风至，则报地德，祀四郊⑬；阊阖风至，则收县垂⑭，琴瑟不张；不周风至，则修宫室，缮边城；广莫风至，则闭关梁，决刑罚。

【注释】

①条风：立春时的东北风。

②明庶风：春分时的东风。

③清明风：立夏时的东南风。

④景风：夏至后暖和的风。

⑤凉风：立秋时的西南风。

⑥阊阖（chānghé）风：秋分时的西风。

⑦不周风：立冬时的西北风。

⑧广莫风：冬至时的北风。"八风"之说，见于《吕览·有始》，《地形训》亦载之，并见于《史记·律书》《说文》等。

⑨轻系：轻刑。

⑩稽（jī）留：指拘留的人。

⑪田畴（chóu）：田地。

⑫爵有位：俞樾《诸子平议》云："位"疑"德"字之误。《白虎通·八风》作"爵有德"。《太平御览》卷二十三《时序部》八引作"施爵位"。

⑬四郊：四方之神。

⑭县（xuán）垂：指钟、磬等悬挂的乐器。县，悬挂。

【译文】

什么叫八风？

距离冬至四十五日，立春时的条风到来；条风到后四十五日，春分时的明庶风到来；明庶风到后四十五日，立夏时的清明风到来；清明风至四十五日，夏至时的景风到来；景风到后四十五日，立秋时的凉风到来；凉风到后四十五日，秋分时的阊阖风到来；阊阖风到后四十五日，立冬时的不周风到来；不周风到来四十五日，冬至时的广莫风吹来。

条风到来时，便赦免轻罪之人，放出监狱犯人；明庶风来临时，要修正疆界，整治田地；清明风吹来时，天子要拿出币帛之类的财物，出使诸侯国；景风吹拂之时，要给有功德的人授爵，赏赐有功劳的人；凉风到来时，要报答土地之德，祭祀四方之神；阊阖风吹来时，要收起钟、磬等悬挂的乐器，琴瑟等不再张弦；不周风吹来时，就要修缮房室，整治边城；广莫风来临，就要封闭关卡、桥梁，处罚有罪之人。

两维之间九十一度（也）十六分度之五①，而升日行一度②，十五日为一节，以生二十四时之变③。斗指子④，则冬至⑤，音比黄钟⑥。加十五日指癸，则小寒⑦，音比应钟⑧。加十五日指丑，则大寒⑨，音比无射⑩。加十五日指报德之维，则越阴在地⑪，故曰距日冬至四十六日而立春⑫，阳气冻解，音比南吕^⑬。加十五日指寅，则雨水^⑭，音比夷则^⑮。十五日指甲^⑯，则雷惊蛰^⑰，音比林钟^⑱。加十五日指卯，中绳，故曰春分^⑲，则雷行，音比蕤宾^⑳。加十五日指乙，则清明风至^㉑，音比仲吕^㉒。加十五日指辰，则谷雨^㉓，音比姑洗^㉔。加十五日指常羊之维，则春分尽，故曰有四十六日而立夏^㉕。大风济^㉖，音比夹钟^㉗。加十五日指巳，则小满^㉘，音比太蔟^㉙。加十五日指丙，则芒种^㉚，音比大吕^㉛。加十五日指午，则阳气极，故曰有四十六日而夏至^㉜，音比黄钟。加十五日指丁，则小暑^㉝，音比大吕。加十五日指未，则大暑^㉞，音比太蔟。加十五日指背阳之维，则夏分尽，故曰有四十六日而立秋^㉟，凉风至，音比夹钟。加十五日指申，则处暑^㊱，音比姑洗。加十五日指庚，则白露降^㊲，音比仲吕。加十五日指酉，中绳，故曰秋分^㊳。雷戒^㊴，蛰虫北乡^㊵，音比蕤宾。加十五日指辛，则寒露^㊶，音比林钟。加十五日指戌，则霜降^㊷，音比夷则。加十五日指蹄通之维，则秋分尽，故曰有四十六日而立冬^㊸，草木毕死，音比南吕。加十五日指亥，则小雪^㊹，音比无射。加十五日指壬，则大雪^㊺，音比应钟。加十五日指子^㊻，故曰阳生于子，阴生于午^㊼。阳生于子，故十一月日冬至，鹊始加巢^㊽，人气钟首^㊾。阴生于午，故五月为小刑^㊿，荠、麦、亭历枯⁽⁵¹⁾，冬生草木必死。

【注释】

①"两维"句：刘绩《补注》本、《四库全书》本无"也"字，当衍。一周天为四维，共 $365\frac{1}{4}$ 度，两维之间是 $91\frac{5}{16}$ 度。

②升：王念孙《读书杂志》云："升"当为"斗"，字之误也。言斗柄左旋，日行一度，而以十五日为一节也。

③二十四时：二十四节气。

④子：十二地支之一。

⑤冬至：每年12月21或22日，太阳到达黄经270°（冬至点）开始。

⑥黄钟：十二律之首。高诱注：十一月也。钟者，聚也。阳气聚于黄泉之下也。

⑦小寒：每年1月5日或6日，太阳到达黄经285°时开始。

⑧应钟：高诱注：十月也。言阴应于阳，转成其功，万物应时聚藏，故曰应钟。

⑨大寒：每年1月20日或21日，太阳到达黄经300°时开始。

⑩无射（yì）：高诱注：九月也。阴气上升，阳气下降，万物随阴而藏，无有射出见也，故曰无射。

⑪越：泄散。

⑫立春：每年2月4日或5日，太阳到达黄经315°时开始。

⑬南吕：高诱注：八月也。南，任也。言阴气内藏，

阴侣于阳，任其成功，故曰南吕也。

⑭雨水：每年2月19日或20日，太阳到达黄经330°时开始。

⑮夷则：高诱注：七月也。夷，伤；则，法也。阳衰阴发，万物凋伤，应法成性，故曰夷则也。

⑯十五日：《道藏》本为"加十五日"，当脱"加"字。

⑰惊蛰：每年3月5日或6日，太阳到达黄经345°时开始。

⑱林钟：高诱注：六月也。林，众；钟，聚也。阳极阴生，万物众聚而盛，故曰林钟。

⑲春分：每年3月20日或21日，太阳到达黄经0°时开始。

⑳蕤（ruí）宾：高诱注：五月也。阴气蕤蕤在下，似主人；阳在上，似宾客，故曰蕤宾也。

㉑清明：每年4月4日或5日，太阳到达黄经15°时开始。

㉒仲吕：高诱注：四月也。阳在外，阴在中，所以吕中于阳，助成功也，故曰仲吕。

㉓谷雨：每年4月20日或21日，太阳到达黄经30°时开始。

㉔姑洗：高诱注：三月也。姑，故也；洗，新也。阳气养生，去故就新，故曰姑洗也。

㉕四十六日：刘文典《淮南鸿烈集解》引黄桢曰，凡言四十六日，举成数言之，其实四十五日又三十二分之二十一。立夏：每年5月5日或6日，太阳到

达黄经 45°时开始。

㉖大风：即今东南季风或西南季风。济：停止。

㉗夹钟：高诱注：二月也。夹，夹也。万物去阴夹阳地而生，故曰夹钟也。

㉘小满：每年 5 月 21 日或 22 日，太阳到达黄经 60°时开始。

㉙太蔟（cù）：高诱注：正月律也。蔟，簇也。言阴衰阳发，万物簇地而生，故曰太蔟。

㉚芒种：每年 6 月 5 日或 6 日，太阳到达黄经 75°时开始。

㉛大吕：高诱注：十二月律也。吕，侣也。万物萌动于下，未能达见，故曰大吕。所以配黄钟，助阳宣功也。

㉜夏至：每年 6 月 21 日或 22 日，太阳到达黄经 90°时开始。

㉝小暑：每年 7 月 7 日或 8 日，太阳到达黄经 105°时开始。

㉞大暑：每年 7 月 22 日或 23 日，太阳到达黄经 120°时开始。

㉟立秋：每年 8 月 7 日或 8 日，太阳到达黄经 135°时开始。

㊱处暑：每年 8 月 23 日或 24 日，太阳到达黄经 150°时开始。

㊲白露：每年 9 月 7 日或 8 日，太阳到达黄经 165°时开始。

㊳秋分：每年9月23日或24日，太阳到达黄经180°时开始。

㊴戒：王念孙《读书杂志》云："戒"当为"臧"，字之误也。臧，古"藏"字。

㊵北乡：蛰虫向北，以迎冬至后阳气。

㊶寒露：每年10月8日或9日，太阳到达黄经195°时开始。

㊷霜降：每年10月23日或24日，太阳到达黄经210°时开始。

㊸立冬：每年11月7日或8日，太阳到达黄经225°时开始。

㊹小雪：每年11月22日或23日，太阳到达黄经240°时开始。

㊺大雪：每年12月7日或8日，太阳到达黄经355°时开始。按，二十四节气的第一次完整记载，当见于《淮南子》。《左传·昭公十七年》中只有"分、至、启、闭"四气，《吕览》中有十个节气。

㊻子：指冬至之时。

㊼午：指夏至之时。

㊽加：通"架"，搭筑。

㊾人气钟首：即人所受阴气，聚集在头部。钟，聚集。

㊿小刑：轻微的肃杀之气。指五月之气象。

(51)荠（jì）：荠菜。《地形训》：荠冬生中夏死。亭历：一年生草本植物，立夏后采实。《西京杂记》：亭历，死于盛夏。

《淮南子》二十四节气图

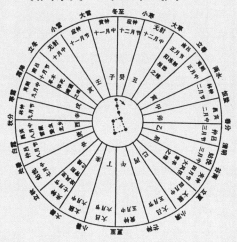

说明:

1. 二十四节气全年为 365 $\frac{1}{4}$ 日,两维之间为 91 $\frac{5}{16}$ 度,具体分配如下:冬至—大寒 46 日,立春—惊蛰 45 日,春分—谷雨 46 日,立夏—芒种 46 日,夏至—大暑 46 日,立秋—白露 46 日,秋分—霜降 46 日,立冬—大雪 45 日。

2. 中间为北斗运行方向,以斗柄所指定四季。"四立"为四季的开始。

【译文】

两维之间 91 $\frac{5}{16}$ 度,北斗斗柄日行一度,十五天为一个节气,运行一周而产生二十四节气。斗柄指向子位,那么正是冬至,其音相应的是十二律中的黄钟。增加十五日斗柄指向癸,那么便是小寒,其音相应的是十二律中的应钟。增加十五日指向丑位，那么则是大寒，其音相应的是十二律中的无射。增加十五日指向报德之维，那么阴气在大地上泄散，所以说距冬至四十六天便是立春，阳气升起、冰冻消释，其音相应的是十二律的南吕。增加十五天斗柄指向寅，便是雨水，其音相应的是十二律中的夷则。增加十五天斗柄指向甲，那么雷发声惊蛰到，其音相应的是十二律中的林钟。增加十五日斗柄指向卯位，正当"绳"处，所以称为春分，那么雷声大起，其音相应的是十二律中的蕤宾。增加十五日斗柄指向乙位，清明之风吹来，其音相应的是十二律中的仲吕。增加十五日斗柄指向辰，那么则是谷雨，其音相应的是十二律中的姑洗。增加十五日指向常羊之维，那么便春分终止，因此说有四十六日而立夏。大风停止，其音相应的是十二律中夹钟。增加十五日指向巳位，那么便是小满，其音相应的是十二律中的太蔟。增加十五日斗柄指向丙位，那么便是芒种，其音相应的是十二律中的大吕。增加十五日斗柄指向午，那么阳气达到极点，因此说有四十六天而夏至，其音相应的是十二律中的黄钟。增加十五日斗柄指向丁位，那么便是小暑，其音相应的是十二律中的大吕。增加十五日指向未，那么便是大暑，其音相应的是十二律中的太蔟。增加十五日指向背阳之维，那么夏节终了，所以夏至后有四十六日而立秋，凉风吹来，其音相应的是十二律的夹钟。增加十五日指向申位，那么便是处暑，其音相应的是二律中的姑洗。增加十五日斗柄指向庚位，那么白露便要降落，其音相应的是十二律中的仲吕。增加十五日北斗斗柄指向酉位，正当

"绳"处，所以叫秋分。雷声躲藏，蛰虫北向冬眠，其音相应的是十二律中的蕤宾。增加十五日斗柄指向辛位，那么便是寒露，其音相应的是十二律中的林钟。增加十五日斗柄指向戌位，那么便是霜降，其音相应的是十二律中的夷则。增加十五日斗柄指向蹄通之维，那么便秋节终了，所以说有四十六日而立冬，草木全部枯死，其音相应的是十二律中的南吕。增加十五日斗柄指向亥位，那么便是小雪，其音相应的是十二律的无射。增加十五日斗柄指向壬位，那么便是大雪，其音相应的是十二律中的应钟。增加十五日指向子位，因此说阳气生于冬至，阴气生于夏至。阳气生于冬至，所以十一月冬至之时，鹊儿开始架巢越冬，人所受阴气也聚集在头部。阴气生于夏至，所以五月含有轻微的肃杀之气，荠菜、麦类、亭历等植物枯黄，越冬生长的草木一定死去。

月日行十三度七十六分度之二十六①，二十九日九百四十分日之四百九十九而为月②，而以十二月为岁③。岁有余十日九百四十分日之八百二十七④，故十九岁而七闰⑤。

【注释】

①二十六：高诱注：六，或作八。按，"六"当作"八"。日行度数：1076（月周）÷76（日周）=13$\frac{28}{76}$（度）

②"二十九日"句：月行度数：27759（日数）÷940（月

数)=$29\frac{499}{940}$（度）

③"而以"句：一岁度数（十二月）：$29\frac{499}{940}×12=354\frac{348}{940}$
（日）

④"岁有余"句：$365\frac{1}{4}$日$-354\frac{348}{940}$日$=10\frac{827}{940}$日

⑤"十九岁"句：$10\frac{827}{940}$日$×19=206\frac{673}{940}$日（约合七个月）

【译文】

月亮每天行进$13\frac{28}{76}$度，$29\frac{499}{940}$日而为一月，而把十二个月作为一岁。每年尚差$10\frac{827}{940}$日（不够$365\frac{1}{4}$日），因而十九年有七次闰年。

日出于旸谷①，浴于咸池②，拂于扶桑③，是谓晨明④。登于扶桑，爰始将行，是谓朏明⑤。至于曲阿⑥，是谓旦明⑦。至于曾泉⑧，是谓蚤食⑨。至于桑野⑩，是谓晏食⑪。至于衡阳⑫，是谓隅中⑬。至于昆吾⑭，是谓正中⑮。至于鸟次⑯，是谓小还⑰。至于悲谷⑱，是谓铺时⑲。至于女纪⑳，是谓大还㉑。至于渊虞㉒，是谓高舂㉓。至于连石㉔，是谓下舂㉕。至于悲泉㉖，爰止其女㉗，爰息其马㉘，是谓县车㉙。至于虞渊㉚，是谓黄昏㉛。至于蒙谷㉜，是谓定昏㉝。日入于虞渊之氾㉞，曙于蒙谷之浦㉟，行九州七舍㊱，有五亿万七千三百九里，禹以为朝、昼、昏、夜㊲。

【注释】

①旸（yáng）谷：日所出之处。

②咸池：东方大泽，日浴之处。

③拂：经过。扶桑：也作扶木、榑木。东方神木名。日所出之处。

④晨明：指晨昏朦胧之时。

⑤朏（fěi）明：天将亮时，即黎明。

⑥曲阿（ē）：山名。

⑦旦明：天明之时。指太阳出地平线的时刻。

⑧曾（zēng）泉：东方多水之地，故曰曾泉。

⑨蚤食：又叫旦食。蚤，通"早"，早晨。

⑩桑野：东方之地。

⑪晏食：约在上午九点钟左右。

⑫衡阳：山名。

⑬隅中：日近中午。

⑭昆吾：日正午所经之处。在南方。

⑮正中：指正当午时。即今十二点。

⑯鸟次：西极之山名。

⑰小还：太阳运行通过鸟次山之时，叫小还。《初学记》卷一作"小迁"。

⑱悲谷：西南方之大壑名。

⑲铺（bū）时：日行至申时为铺时。即午后三至五时。

⑳女纪：太阳运行的第十一个处所，位在西，时在申。

㉑大还：《初学记》卷一作"大迁"。太阳行至女纪的时刻。

㉒渊虞：太阳申时所经之处。

㉓高春：指傍晚时分。

㉔连石：西北山名。

㉕下舂：天将黑，春米结束之时。舂，北宋本原作"春"。《道藏》本作"舂"。据正。

㉖悲泉：古代传说中的水名。

㉗其女：《初学记》卷一作"羲和"。

㉘其马：《初学记》卷一作"六螭"。

㉙县车：指日落之时。

㉚虞渊：传说日落之处。

㉛黄昏：天将近黑时。

㉜蒙谷：北方之山名。

㉝定昏：天已黑之时。

㉞汜（sì）：水边。

㉟曙：明。浦：水涯。

㊱九州：指连同中国在内的大九州。七舍：即七个停宿之处。高诱注：自阳谷至虞渊凡十六所，九州七舍也。

㊲禹：王念孙《读书杂志》云："禹"字义不可通，"禹"当为"离"。"离"者"分"也，言分为朝、昼、昏、夜也。

十六时表

太阳所在	朝	旸谷	咸池	扶桑	曲阿	昼夜	曾泉	桑野	衡阳	昆吾
时间			晨明	朏明	旦明		蚤食	晏食	隅中	正中
太阳所在	昏	鸟次	悲谷	女纪	渊虞		连石	悲泉	虞渊	蒙谷
时间		小还	𫗦时	大还	高舂		下舂	县车	黄昏	定昏

【译文】

太阳从东方旸谷升起，在咸池里洗澡，在扶桑枝下拂过，这时称作晨明。升上扶桑枝头，将开始一天的旅程，这时称作朏明。到了曲阿山，这时称作旦明。到达多水的曾泉之处，这时称作早食。到达东方的桑野，这时称作晏食。到达衡阳山，这时称作隅中。到达昆吾，这时称作正中。到达乌次山，这时称作小还。到达西南悲谷，这时称作铺时。到了西北女纪，这时称作叫大还。到达渊虞，这时称作高舂。到达西北连石山，这时称作下舂。到了悲泉，羲和为太阳驾车停止了，拉车的六条龙也休息了，这时称作悬车。到达虞渊，这时称作黄昏。到达北方蒙谷山，这时称作定昏。太阳进入到虞渊的水边，在蒙谷水边放射着光芒，所行的地方是天下九州七舍，共有五亿万七千三百九里，十六时分别为早晨、白天、黄昏、黑夜。

第四卷　地形训

　　本篇是继《尚书·禹贡》和《山海经》之后，研究古代地理学的重要文献，也是黄老道家自然天道观的有机组成部分。

　　文中首先研究了自然地理。大地可以分八殥、八纮、八极，组成"大九州"。认为地球东西短，南北长，并规定了东西为纬、南北为经的测量方法。文中记载了我国境内的九山、九塞、九薮以及四十余条水道，组成了一幅比较完整的中国古代地形图。经济地理方面，研究了矿产、农作物、稀有物产等。同时对土、气、矿物的形成与转化进行了探讨。人文地理中，记载四方不同的人种、种族及海外三十六国。神话地理中，对崇高而壮美的昆仑山系进行了描绘。特别重要的是，根据五类动物即人类、鸟类、毛类、鱼类、龟类及三类植物的生成、演化规律，提出了生物进化模式。动物和人类都来源于共同祖先"湿玄"。这种生物进化论，具有重要的科学价值。

　　陶方琦《淮南许注异同诂》："（此）乃高注本也。"

地形之所载①，六合之间②，四极之内③，昭之以日月④，经之以星辰⑤，纪之以四时⑥，要之以太岁⑦。天地之间，九州八极⑧。土有九山，山有九塞，泽有九薮⑨，风有八等⑩，水有六品⑪。

【注释】

①地形：《山海经·海外南经》云："地之所载，六合之间，四海之内。"疑衍"形"字。

②六合：即天地四方。

③四极：四方极远之处。

④昭：照耀。刘绩《补注》本作"照"。古昭、照通。

⑤经：治理。

⑥纪：管理。

⑦要：正。

⑧九州：《尔雅·释地》作"冀、豫、雍、荆、扬、兖、徐、幽、营"。《地形训》中指"大九州"。八极：指八方极远之处。

⑨薮（sǒu）：湖泽。

⑩等：等级。

⑪品：品类。按，"天地"至"六品"七句，出自《吕览·有始》。此"品"彼作"川"。

【译文】

大地所负载的，包括有天地四方之间；东南西北极远范围之内，用日月照耀它，用星辰协调它，用春、夏、秋、冬来管理它，用太岁来正天时。天地之间，有九州、八极。

土地上有九座大山，大山中有九个要塞，大泽也有九个，风向有八个方位，水有六个品类。

何谓九州①？东南神州曰农土②，正南次州曰沃土③，西南戎州曰滔土④，正西弇州曰并土⑤，正中冀州曰中土⑥，西北台州曰肥土⑦，正北济州曰成土⑧，东北薄州曰隐土⑨，正东阳州曰申土⑩。

【注释】

①九州：指"大九州"，其学说为战国邹衍所创。《史记·孟子荀卿列传》：以为儒者所谓中国者，于天下乃八十一分居其一耳。中国外如赤县神州者九，乃所谓九州也。

②神州：指东南方地域。农土：后稷所管理，方位为辰，时值三月，农事开始，称为农土。

③次州：指正南方地域。沃土：方位为午，时值五月，稼穑生长，故称沃土。沃，繁盛。

④戎州：指西南方地域。滔土：方位为申，时值七月，五谷长大，故称滔土。滔，大。

⑤弇（yǎn）州：指正西方区域。并土：方位为酉，时值八月，百谷成熟，故称并土。并，成。

⑥冀州：指中央区域。古以中国为冀州。中土：四方之中，故称中土。

⑦台州：指西北方区域。肥土：方位为亥，时值十月。谷物丰收，故曰肥土。

⑧济州：指北方区域。成土：方位为子，时值十一月。大地敛藏已成，故称成土。

⑨薄州：指东北方区域。隐土：方位为寅，时值正月。阳气隐藏，故曰隐土。

⑩阳州：指正东方区域。申土：方位为卯，时值二月。阳气复起，故曰申土。

【译文】

什么是九州？东南神州叫做农土，正南次州叫做沃土，西南戎州叫做滔土，正西弇州叫做并土，正中冀州叫做中土，西北台州叫做肥土，北正济州叫做成土，东北薄州叫做隐土，正东阳州叫申土。

何谓九山？会稽、泰山、王屋、首山、太华、岐山、太行、羊肠、孟门①。

【注释】

①会（kuài）稽：会稽山，在今浙江绍兴东南。泰山：在今山东泰安境内，为五岳之首。王屋：在今山西阳城、垣曲、河南济源三县之间，其山三重，状如屋。首山：指今山西永济南的首阳山。伯夷、叔齐所隐居的地方。太华：西岳华山，远望如华，故名，因其西有少华山，故又称太华山。在今陕西华阴南。岐（qí）山：在今陕西岐山东北。周朝发祥地。太行：绵延山西、河北、河南三省的山脉。又称五行之山。羊肠：高诱注指太原晋阳西北九十

里，通河西、上郡，关曰羊肠坂。一指今山西交城
东的羊肠山。孟门：在今陕西宜川东北、山西吉县
西，绵延黄河两岸。以上九山，并见《吕览·有
始》。

【译文】

什么是九山？指的是会稽、泰山、王屋、首山、太华、
岐山、太行、羊肠、孟门等大山。

何谓九塞？曰：大汾、渑阨、荆阮、方城、崤
阪、井陉、令疵、句注、居庸①。

【注释】

①大（tài）汾：指山西太岳山与汾河结合处的险要地
区。渑阨（miǎn'è）：在今河南渑池西，为古代
扼守崤山、函谷关的门户。荆阮：在今湖北武当山
东南、汉水西岸。方城：战国时楚长城，北从河南
方城北，向西循伏牛山，折向循白河、湍河间分水
岭，至今邓州东北。崤阪（xiáobǎn）：指今陕西潼
关以东至河南新安一带。崤，崤山。井陉（xíng）：
太行支脉。因其四面高，中央低，形似井，故名。
在今河北井陉境内。令疵（cī）：在今河北滦城、迁
安之间，同辽西相接。句（gōu）注：按，在今山
西代县北。因山势勾转，水势流注而得名。居庸：
在今北京昌平西北军都山上。以上九塞并见于《吕
览·有始》。

【译文】

什么是九塞？指的是太汾、渑阨、荆阮、方城、崤阪、井陉、令疵、句注、居庸。

何谓九薮^①？曰：越之具区^②，楚之云梦^③，秦之阳纡^④，晋之大陆^⑤，郑之圃田^⑥，宋之孟诸^⑦，齐之海隅^⑧，赵之巨鹿^⑨，燕之昭余^⑩。

【注释】

①薮（sǒu）：湖泽。

②具区：即今江苏太湖。

③云梦：西汉时云梦在湖北潜江西南、监利以北，处在长江以北。

④阳纡（yū）：在今陕西泾阳。一说在今陕西凤翔附近。

⑤大陆：分歧颇多。一说在今河南获嘉西北。

⑥圃田：故址在今河南中牟西，已淤为平地。

⑦孟诸：又名孟猪、望诸、明都、盟猪、盟诸。故址在今商丘东北、虞城西北。已埋。

⑧海隅：指今山东蓬莱、莱州以西，历寿光、广饶至沾化、无棣以北，延袤千余里的沿海地区。

⑨巨鹿：即指今河北隆尧、巨鹿、任县之间一带地区。现淤为平地。

⑩昭余：在今山西祁县西南、介休东北。以上九薮亦见于《吕览·有始》。

【译文】

什么叫九薮？指的是越国的具区，楚国的云梦，秦国的阳纡，晋国的大陆，郑国的圃田，宋国的孟诸，齐国的海隅，赵国的巨鹿，燕国的昭余。

何谓八风①？东北曰炎风②，东方曰条风③，东南曰景风④，南方曰巨风⑤，西南曰凉风⑥，西方曰飂风⑦，西北曰丽风⑧，北方曰寒风⑨。

【注释】

①八风：八方之风。"八风"是古代研究八方、四季风向、气候等的重要资料。

②炎风：又叫融风。即立春时从东北方向吹来的风。

③方：北宋本原作"玄"。于大成《地形校释》:《广博物志》引作"方"，《吕览·有始》同。据正。条风：又叫明庶风。指春分时从东方吹来的暖风。

④景风：又叫清明风。立夏时从东南方吹来的热风。

八风图

（括号中为《天文训》之记载）

⑤巨风：又叫凯风。夏至时从南方吹来的炎热之风。

⑥凉风：立秋时从西南方吹来的凉爽之风。

⑦飂（liú）风：秋分时从西方吹来的凉风。

⑧丽风：又叫阊阖风。立冬时从西北方吹来的寒风。

⑨寒风：又叫广莫风。冬至时从北方吹来的寒风。

【译文】

什么叫八风？东北方吹来的叫炎风，东方吹来的叫条风，东南方吹来的叫景风，南方吹来的叫巨风，西南方吹来的叫凉风，西方吹来的叫飂风，西北方吹来的叫丽风，北方吹来的叫寒风。

何谓六水？曰：河水、赤水、辽水、黑水、江水、淮水①。

【注释】

①河水：高诱注：河水出昆仑东北陬。按，黄河发源于青海巴颜喀拉山，与高注相合。赤水：高诱认为发源于昆仑山东南。大约在今青海湖一带。此地有赤水县古城。一说即今雅砻江。分歧颇多。辽水：指流经吉林、辽宁的辽河，源自塞外。黑水：高诱注：在邕州。按，"黑水"之方位说法颇多。当指甘肃、青海及内蒙古黑河流域。江水：高诱注：江水出岷山，在蜀西徼（jiào）外。高氏认为岷山为江水源头。其说不确。长江源于青海境内沱沱河，下游称通天河、金沙江，入长江。淮水：淮水源于河南

桐柏山。以上六水亦见于《吕览·有始》。

【译文】

什么是六水？指的是黄河、赤水、辽水、黑水、江水、淮水。

东方之美者，有医毋闾之珣玕琪焉[1]；东南方之美者，有会稽之竹箭焉[2]；南方之美者，有梁山之犀象焉[3]；西南方之美者，有华山之金石焉[4]；西方之美者，有霍山之珠玉焉[5]；西北方之美者，有昆仑之球琳、琅玕焉[6]；北方之美者，有幽都之筋角焉[7]；东北方之美者[8]，有斥山之文皮焉[9]；中央之美者，有岱岳以生五谷桑麻[10]，鱼盐出焉。

【注释】

①医毋闾：在今辽宁北镇北，或称广宁山，主峰名望海山。亦见于《周礼·夏官·职方氏》《尔雅·释地》等。珣玕琪：美玉名。玕，《道藏》本、《尔雅·释地》作"玗"。

②竹箭：又叫箭竹。一种坚硬的竹子，可为箭。

③梁山：在今湖南南部。犀象：犀角、象牙。

④华山：即西岳华山。金石：金，美金。石，含玉之石。

⑤霍山：今山西霍州东南。珠玉：指夜光之珠，五色之玉。

⑥球琳、琅玕：皆美玉。

⑦"有幽都"句：古之幽都，在雁门以北，多牛羊马，

出好筋角，可以为弓弩。

⑧东北方:《尔雅·释地》作"东方"。"北"字衍。

⑨斥山:在今山东荣城石岛，因海滨广斥而得名。文皮:指虎豹之皮。

⑩岱岳:即泰山。

【译文】

东方出产的珍贵物产，有辽东医毋闾的美玉珣玗琪；东南方出产的珍贵的物产，有会稽山的竹箭；南方出产的贵重的物产，有湘南出产的犀角和象牙；西南方出产的宝贵的东西，有华山出产的黄金、美石；西方出产的宝贵的物产，有霍山的珍珠、宝玉；西北方出产的美好物产，有昆仑山的球琳、琅玕；北方出产的美好的物产，有雁门关以北的筋角做成的硬弓；东方出产的珍贵的物产，有斥山的虎豹五彩之皮；中央出产的美好的物产，有泰山一带出产的五谷、桑麻，鱼类和食盐也出产在这里。

凡地形，东西为纬，南北为经①。山为积德，川为积刑②。高者为生，下者为死③。丘陵为牡，溪谷为牝④。水员折者有珠，方折者有玉⑤。清水有黄金，龙渊有玉英⑥。

土地各以其类生。是故山气多男⑦，泽气多女⑧；障气多喑⑨，风气多聋⑩；林气多癃⑪，木气多伛⑫；岸下气多肿⑬，石气多力⑭；险阻气多瘿⑮；暑气多夭⑯，寒气多寿；谷气多痹⑰，丘气多狂⑱；衍气多仁⑲，陵气多贪⑳。轻土多利㉑，重土多迟㉒；清水音小，浊水音大；湍水人轻㉓，迟水人重㉔；中土多圣人。皆象其气，皆应其类。故南方有不死之草，北方有不释之冰㉕；东方有君子之国，西方有形残之尸㉖。寝居直梦㉗，人死为鬼；磁石上飞㉘，云母来水㉙；土龙致雨㉚，燕雁代飞㉛；蛤蟹珠龟，与月盛衰㉜。

【注释】

①"东西"二句：纬，横线。经，纵线。

②"山为"二句：山仁惠，生出万物，故为"积德"。川水智慧，智主制断，故为"积刑"。

③"高者"二句：高者阳，主生。下者阴，主死。

④"丘陵"二句：丘陵高敞，属阳，故为牡；溪谷污下，属阴，故为牝。按，牡，本指雄性。牝，指雌性。

⑤"水员"二句：高诱注：员折，属阳。珠，阴中之阳。方折，属阴。玉，阳中之阴。皆按其类产生。按，员折，圆形而有波折。方折，方形而有波折。

⑥"清水"二句：清水澄，故生黄金。龙渊，龙所出游之渊。按，玉英，即玉的精华。

⑦山气：指山中云气。

⑧泽气：水泽雾气。

⑨障气：我国南方丛林中的湿热之气。障，同"瘴"。喑（yīn）：哑。

⑩风气：风邪之气。

⑪林气：森林中散发出来的湿润而寒凉的气体。癃

（lóng）：一种类似瘫痪的疾病。

⑫木气：不详。《史记·天官书》正义引作"水气多伛"。伛（yǔ）：驼背。

⑬岸下气：指岸边潮湿之气。肿：王念孙《读书杂志》云：《太平御览·天部》十五引作"尰"。又引高注云："岸下下湿，肿足曰尰。"按，尰（zhǒng），即脚肿之类的疾病。

⑭石气：大山区的一种气体。

⑮瘿（yǐng）：类似粗脖子病。

⑯暑气：暑热之气。夭：夭折。

⑰谷气：深山峡谷中阴冷的气体。痹（bì）：一种类似风湿麻木的病。

⑱丘气：丘陵地带的气体。狂：王念孙《读书杂志》："狂"当作"尪"。《吕览·尽数》："苦水所多尪与伛人。"按，尪（wāng），类似今鸡胸。

⑲衍气：指平原洼地一种气体。

⑳陵气：山陵之气。

㉑轻土：质地疏松的土壤。利：敏捷。

㉒重土：质地板结的土壤。

㉓湍水：急流。

㉔迟水：水流平缓。

㉕"故南方"二句：南方湿热，故草有不死者。北方寒，故冰有不融化的。

㉖"东方"二句：东方木德仁，故有君子之国。西方属金，金主断割、攻战之事，故有形残之尸。形残

之尸，一说即《山海经·海外西经》中的神话人物刑天。

㉗寝居：睡觉。直梦：所梦得到验证。

㉘磁石：俗名吸铁石。

㉙云母：矿石名。古人以此石为云之根，故称云母。《太平御览》卷八百八《珍宝部》七引注："云母石可致水。"

㉚土龙：古代天旱时扎制的求雨的工具。

㉛代：更替。

㉜"蛤蟹"二句：古人认为，这些水生动物的肥瘦与月相盈亏变化有关。月望（十五日）则蚌蛤实；月晦（月末）则蚌蛤虚。本节记载，尚见于《大戴礼记·易本命》等。

【译文】

大凡地形位置，东西方向叫纬线，南北方向叫经线。高山生万物是积德的，大河冲刷万物是积刑的。高者为阳主管万物生长，低者为阴主管万物死亡。丘陵高属于阳性，溪谷低属于阴性。水纹圆形有波折者出珍珠，方形而有波折者藏美玉。清澈的水中有黄金，龙所栖息的深渊中有玉英。

土地按照各自的类别产生特性不同的人。所以山中云雾之气大多使人生男子，水泽之气多使人生女子；南方瘴疠之气使人变哑，风邪之气使人变聋；森林中寒湿之气使人软瘫，朽木之气使人驼背；岸边湿气使人脚肿大，石气使人多勇力；深山峡谷之气使人得粗脖子类病；酷热之气使人早死，寒冷之气使人长寿；空谷阴冷之气使人手脚麻木，丘陵地带的气体使人得鸡胸；平原之气使人仁慈，山陵之气使人贪婪。生活在质地疏松土地上的人行动迅速，生活在板结土地上的人行动迟缓；生活在清水边的人声音小，生活在混水边的人声音大；生活在湍急水边的人身体轻，生活在流速缓慢水边的人身体重，在中央土地上生活的多出圣贤之人。以上这些人大多和他们所处的地气相像，都和各自的类别相应。所以南方有四季常青的草木，北方有常年不化的冰雪；东方有君子之国，西方有刑天的尸体。睡觉时所梦与真实一样，人死后灵魂成为鬼；磁石可以向上飞，云母石可以生水；土龙可以使雨水降落，燕子、大雁相互交换往来时间；蛤蚌、螃蟹、珍珠、龟类，随着月亮盈亏而变化。

　　是故坚土人刚①，弱土人肥②；垆土人大③，沙土人细；息土人美④，耗土人丑⑤。食水者善游能寒⑥，食土者无心而慧⑦，食木者多力而奰⑧，食草者善走而愚⑨，食叶者有丝而蛾⑩，食肉者勇敢而悍⑪，食气者神明而寿⑫，食谷者知慧而夭⑬，不食者不死而神⑭。凡人民禽兽万物贞虫⑮，各有以生，或奇或偶，或飞或走，莫知其情，唯知通道者能原本之⑯。

【注释】

① 坚土：土质坚硬。

② 弱土：地力弱的土壤。肥：俞樾《诸子平议》："肥"

当作"脆"。《广雅·释诂》:"脆，弱也。""脆"即
"脃"之俗体。

③垆（lú）土：即黑土。

④息土：指沃土。

⑤耗（hào）土：贫瘠的土地。

⑥食水者：指鱼及水鸟之类。能：通"耐"，忍受。

⑦食土者：蚯蚓之类。慧：《孔子家语·执辔》《大戴
礼记·易本命》作"不息"。

⑧食木者：指熊罴之类。奰（bì）：怒。又有壮大义。

⑨食草者：指麋鹿之类。

⑩食叶者：指蚕类。

⑪食肉者：指虎豹鹰雕之类。

⑫食气者：指赤松子等练气的神仙家。一说是龟类。

⑬食谷者：指人类。

⑭不食者：古代指蓍草，用于占卜。

⑮贞虫：细腰蜂之类。按，"食水者"至"原本之"，亦
见于《孔子家语·执辔》《大戴礼记·易本命》等。

⑯知：《大戴礼记·易本命》《孔子家语·执辔》无
此字。

【译文】

因此土质坚硬的地区的人性格刚毅，地力差的地区的
人柔弱；黑土地上生活的人高大，沙土地上生活的人瘦小；
肥沃土地上的人漂亮，土地贫瘠地区的人丑陋。食水的鱼
类、鸟类善于游泳并能耐寒，食土的蚯蚓类无心而不息，
食木的熊罴之类多力而易怒，食草的麋鹿之类善奔跑而愚

蠢，吃叶子的蚕类吐丝并能成蛾，食肉的虎豹类勇敢而强悍，食气的龟类神明而长寿，食五谷的人类聪明而短命，不需要食物的蓍草不死而有神灵。大凡人类、飞禽走兽及昆虫，各自都有用来生存的本领，有奇蹄、有偶蹄，有的飞行、有的奔走，没有办法知道它们形成的原因，只有通晓大道的人才能探求到它们的本原。

是故白水宜玉，黑水宜砥①，青水宜碧，赤水宜丹②，黄水宜金，清水宜龟。汾水濛浊而宜麻③，济水通和而宜麦④，河水中浊而宜菽⑤，雒水轻利而宜禾⑥，渭水多力而宜黍⑦，汉水重安而宜竹，江水肥仁而宜稻。平土之人慧而宜五谷⑧。

【注释】

①砥（dǐ）：质地细的磨刀石。

②丹：丹砂。

③汾水：源于山西管涔山，入黄河。

④济（jǐ）：古济水源于王屋山，经大野泽，入渤海。今堙。

⑤中浊：王念孙《读书杂志》云：《太平御览·百谷部》五引此作"中调"。

⑥雒（luò）：即洛水。

⑦渭水：源出甘肃鸟鼠山，进入陕西，入黄河。

⑧平土：平原。指中原。土，北宋本原作"大"。《道藏》本作"土"。据正。

【译文】

因此白水适宜产美玉，黑水适宜产细石，青水适宜产青绿色美玉，赤水适宜产丹砂，黄水适宜产黄金，清水适宜产龟类。汾河水混浊而适宜麻类生长，济水平和而适宜麦类生长，黄河水适中平和而适合豆类生长，洛河水轻流畅而适宜谷类生长，渭水汹涌多力而适宜黍子生长，汉水质重安流而适合竹子生长，江水肥厚仁慈而适宜稻子生长。平原之人聪慧而适宜五谷生长。

木胜土，土胜水，水胜火，火胜金，金胜木。故禾春生秋死①，菽夏生冬死②，麦秋生夏死③，荠冬生中夏死④。木壮，水老，火生，金囚⑤，土死；火壮，木老，土生，水囚，金死；土壮，火老，金生，木囚，水死；金壮，土老，水生，火囚，木死；水壮，金老，木生，土囚，火死。

【注释】

① "故禾"句：高诱认为，禾属木，春木王（wàng）而生，秋金王而死。

② "菽夏生"句：高诱认为，豆，属火。夏火王而生，冬水王而死。

③ "麦秋生"句：高诱认为，麦，属金。金王而生，火王而死。

④ "荠冬生"句：高诱认为，荠，属水。水王而生，土王而死。按，《说文系传》十三引此作"荠冬生夏

死"。无"中"字。

⑤囚：被制服。此为五行休王理论。《天文训》有"生、
壮、死"，五行相生，与此异。

五行生克图

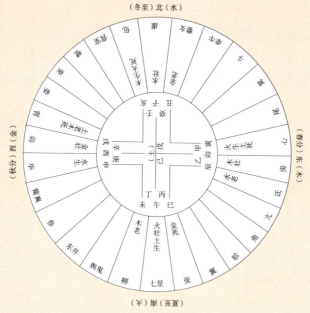

【译文】

五行中木胜过土，土胜过水，水胜过火，火胜过金，
金胜过木。因此禾苗春天生长秋天死亡，豆类夏天生长冬
天枯死，麦类秋天生长夏天死亡，荠菜冬天生长夏天死去。
木强盛，水干涸，火产生，金被制服，土死亡；火强盛，
木枯死，土产生，水被制服，金死亡；土强盛，火衰弱，
金产生，木被制服，水死亡；金强盛，土衰老，水产生，

火被制服，木死亡；水强盛，金衰老，木产生，土被制服，火死亡。

音有五声①，宫其主也。色有五章，黄其主也。味有五变，甘其主也。位有五材②，土其主也。是故炼土生木，炼木生火，炼火生云，炼云生水，炼水反土③；炼甘生酸，炼酸生辛，炼辛生苦，炼苦生咸，炼咸反甘。变宫生徵，变徵生商④，变商生羽，变羽生角，变角生宫。是故以水和土，以土和火，以火化金，以金治木，木复反土，五行相治，所以成器用⑤。

【注释】

①五声：宫、商、角、徵、羽。相当于简谱1、2、3、5、6。

②位：方位，东、西、南、北、中。五材：即金、木、水、火、土。

③"是故"五句：《淮南子》"五行相生"的记载有两种："水生木"，见《天文训》。此为主流。本文"土生木"，为第二种。

④"变宫"二句：五音为正音，正音之外为变音。

⑤"是故"七句：《地形训》"五行相克"的记载有两种："木胜土"，此为主流。"以水和土"，为第二种。

【译文】

乐音中有五声，宫是它的主音。色彩中有五章，黄是它的主色。味道中有五变，甘是它的主味。方位中有五材，土是它的主位。因此整治土可以生出木，冶炼木可以生出火，冶炼火可以生金，冶炼金可以生水，整治水可以返回到土；提炼甘可以生出酸，提炼酸可以生出辛，提炼辛可以生出苦，提炼苦可以生出咸，提炼咸又可以返回到甘。变宫隔八可以生出徵音，变徵隔八可以生出商音，变商可以生出羽音，变羽可以生出角音，变角可以生出宫音。所以用水可以调和土，用土可以调和火，用火可以熔化金，用金可以制服木，木又返回到土。金、木、水、火、土五行相克相生，这就是成为器用的原因。

凡海外三十六国：自西北至西南方，有修股民、天民、肃慎民、白民、沃民、女子民、丈夫民、奇股民、一臂民、三身民。自西南至东南方，结胸民、羽民、讙头国民、裸国民、三苗民、交股民、不死民、穿胸民、反舌民、豕喙民、凿齿民、三头民、修臂民。自东南至东北方，有大人国、君子国、黑齿民、玄股民、毛民、劳民。自东北至西北方，有跂踵民、句婴民、深目民、无肠民、柔利民、一目民、无继民^①。

【注释】

①修股民：《说文》"股"指大腿。高诱注说"股"指脚"。天民：《山海经·大荒西经》：西北海之外，赤水之西，有先民之国，食谷，使四鸟。肃慎民：

《山海经·海外西经》认为：肃慎之国，在白民北。而诸书言肃慎在东北。白民：高诱注：白身民。被发，发亦白。按，疑为今白种人。沃民：《山海经·大荒西经》：其国土地肥沃。女子民：《山海经·海外西经》：女子国在巫咸北，两女子居，水周之。丈夫民：《山海经·海外西经》：丈夫国，其为人衣冠带剑。奇股民：《山海经·海外西经》"股"作"肱"。一臂民：高诱注：其人一臂一手一鼻孔。三身民：高诱注：盖一头有三身。结胸民：指其国人胸部突起。羽民：《山海经·海外南经》：其为人长头，身生羽。瓘（huān）头国民：《山海经·海外南经》：其为人，人面有翼，鸟喙，方捕鱼。裸国民：《吕览·求人》高诱注：裸民，不衣衣裳。三苗民：高诱注：三苗，国名。在豫章之彭蠡（lí）。按，即在今江西鄱阳湖一带。交股民：《山海经·海外南经》"股"作"胫"。不死民：《山海经·海外南经》：其为人黑色，长寿，不死。穿胸民：高诱注：胸前穿孔，达背。反舌民：《吕览·功名》高诱注一说：南方有反舌国，舌本在前，末倒向喉，故曰反舌。豕喙（huì）民：高诱注：其喙如豕。凿齿民：高诱注：吐一齿出口下，长三尺。三头民：高诱注：身有三头。脩臂民：高诱注：一国民皆长臂，臂长于身。大人国：高诱注：东南垆土，故大人。君子国：《山海经·大荒东经》：有君子之国，其人衣冠带剑。黑齿民：高诱注：其人黑齿，食稻，吃蛇，在汤谷上。玄股民：《山海经·海外东经》：玄股之国，其为人衣鱼，食鸥，使两鸟夹之。毛民：高诱注：其人体半生毛，若矢镞也。劳民：《山海经·海外东经》：劳民国在其北，其为人黑。或曰教民。跂踵（qízhǒng）民：高诱注：民踵不至地，用五指行走。句（jiǔ）婴民：《山海经·海外北经》：拘缨之国在其东，一手把缨。深目民：《山海经·大荒北经》：有人方食鱼，名曰深目民之国。无肠民：《山海经·海外北经》郭璞注：为人长大，腹内无肠，所食之物直通过。柔利民：《山海经·海外北经》：柔利国，为人一手一足，反膝，曲足居上。一目民：《山海经·海外北经》：一目民，一目中其面而居。无继民：《山海经·海外北经》：无继之国在长股东，其民人无后代。

【译文】

海外共有三十六国：从西北至西南方，有修股民、天民、肃慎民、白民、沃民、女子民、丈夫民、奇股民、一臂民、三身民。从西南至东南方，有结胸民、羽民、谨头国民、裸国民、三苗民、交股民、不死民、穿胸民、反舌民、豕喙民、凿齿民、三头民、修臂民。从东南至东北方，有大人国、君子国、黑齿民、玄股民、毛民、劳民。从东北到西北方，有跂踵民、句婴民、深目民、无肠民、柔利民、一目民、无继民。

江出岷山①，东流绝汉入海②。左还北流，至于开母之北③。右还东流，至于东极④。河出积石，雎出荆山⑤，淮出桐柏山⑥，睢出羽山⑦，清漳出褐戾⑧，浊漳出发包⑨，济出王屋⑩，时、泗、沂出臺、台、术⑪，洛出猎山⑫，汶出弗其⑬，流合于济。汉出嶓冢⑭，泾出薄落之山⑮，渭出鸟鼠同穴⑯，伊出上魏⑰，雒出熊耳⑱，浚出华窍⑲，维出覆舟⑳，汾出燕京㉑，衽出溃熊㉒，淄出目饴㉓，丹水出高褚㉔，股出譙山㉕，镐出鲜于㉖，凉出茅卢、石梁㉗，汝出猛山㉘，淇出大号㉙，晋出龙山结绌㉚，合出封羊㉛，辽出砥石㉜，釜出景㉝，歧出石桥㉞，呼池出鲁平㉟，泥涂渊出横山㊱，维湿北流出于燕㊲。

【注释】

①岷山：为昆仑山南支巴颜喀拉山的分支，黄河、长江的分水岭。

②绝：经过。汉：汉水。

③开母：高诱注：开母山，在东海中。

④东极：东方极远之处。

⑤雎：北宋本原作"雎"。刘绩《补注》本作"雎（jū）"。于大成《地形校释》云："雎"当为"雎"，即《水经》之沮水也。据正。按，为今石川河的一部分，源出陕西宜君。荆山：即北条荆山，在今陕西富平境内。

⑥桐柏山：在今河南、湖北交界处。

⑦睢（suī）：古睢水受浚仪（今河南开封）浪荡水，

今已堙没。羽山：地望不清。今江苏连云港、山东临沂等皆有"羽山"，与"睢水"不合。

⑧清漳：有两源。东源出自今山西昔阳西南，西源出自山西和顺八赋岭，在左权汇合。楬（jié）戾：山名。在今山西长治一带。

⑨浊漳：有三源。西源出自山西沁县西北千峰岭；南源出自长子西南发鸠山；北源出榆社北。发包：又名发鸠山，为太行山分支。

⑩济：济水。分黄河南、北两部分。黄河之北部分源出河南济源西王屋山。王屋：位于今山西阳城、垣曲、河南济源三县间。

⑪时：时水。源出山东临沂西南的乌河。泗：源出山东泗水东蒙山。沂：源出山东沂源鲁山。臺、台、术：高诱注：皆山名。处则未闻也。

⑫洛：指陕西北部大河北洛河。北洛河入渭河。猎山：即今山西北部白于山一带。

⑬汶：即大汶河。源出山东莱芜北七十里马耳山。弗其：俞樾《诸子平议》疑"弗其"二字为"马耳"之误。高诱原注中指的是东汶河，误。

⑭汉：即西汉水。嶓冢（bōzhǒng）：在今甘肃天水、礼县一带。

⑮泾：泾水有两源。北源出甘肃平凉，南源出甘肃华亭，至泾川汇合，再在陕西高陵汇入渭水。薄落之山：又称笄头山。在甘肃平凉西，属崆峒山。

⑯渭：源出今甘肃渭源西北鸟鼠山。鸟鼠同穴：山名。

《山海经·海内东经》载：渭水出鸟鼠同穴山，东注河，入华阴北。

⑰伊：伊水源于河南熊耳山。上魏：高诱注：山名也。处则未闻。按，当是熊耳山之一峰。

⑱雒：今称洛河。源出山西洛南，沿熊耳山东南方向入黄河。伊、洛二水分别源于熊耳山两侧。

⑲浚：古浚水在今河南开封（古称浚仪）、浚县、濮阳一带，因黄河多次泛滥而埋没。华窍：位置未详。

⑳维：即潍河。源出今山东五莲西南的箕屋山。覆舟：地望未明。一说即箕屋山。

㉑汾：汾水源出山西宁武管涔山。燕京：即管涔山。

㉒衽（rèn）：未明。溃（fén）熊：未明。

㉓淄（zī）：淄水源出山东莱芜鲁山。目饴（yī）：地望未明。

㉔丹水：即丹江。源于今陕西商县冢领山。高褚（zhǔ）：一名冢领山。

㉕股：未明。王念孙《读书杂志》王引之曰："股"疑当为"般"。按，般水出自山东淄博淄川一带。嶕（jiāo）山：未明。

㉖镐（hào）：未明。鲜于：应在今河北正定一带。

㉗凉：未明。茅卢、石梁：应在今河南洛阳北。

㉘汝：汝水上游即今河南北汝河。猛山：在今河南舞阳、汝南一带。

㉙淇：淇水出自今河南辉县淇山。大号：即今淇山。

㉚晋：晋水源出山西太原西南悬瓮山，分北、中、南

三源，东流入汾河。龙山：一名悬瓮山，又名结绌山。结绌：北宋本、《道藏》本"绌"作"给"。王念孙《读书杂志》王引之曰："结给"当作"结绌"。《水经·晋水注》:《晋书·地道纪》及《十三州志》并言晋水出龙山，一云出结绌山，在晋阳西北。按，"给"字误。当正。

㉛合：合水源出陕西合阳北，东南流入黄河。封羊：未明。

㉜辽：辽河有两源。东辽河源出吉林东辽县萨哈岭，西辽河上游西拉木伦河源出内蒙古克什克腾。砥石：地望未明。

㉝釜：即今滏阳河。源于河北磁县西北釜山。景：景山即釜山。

㉞歧：通"岐"，岐水，源出今陕西凤翔一带。石桥：未明。

㉟呼池：池、沱上古音声纽、韵部相同，即滹沱河。源出山西繁峙东之泰戏山。鲁平：地望未明。

㊱泥涂渊：水名。地望未明。横（mán）山：未明。

㊲维湿：水名。燕：即燕山。

【译文】

长江之源出岷山，向东流经过汉水入海。左拐返回向北流，到达东方的开母山之北。向右拐返回向东流，到达东方极远之处。黄河出自积石山，睢水出自荆山，淮水出自桐柏出，睢水出于羽山，清漳出自楬戾山，浊漳河出于发包山，济水出自王屋山，时水出乌河，泗水源于东蒙山，沂水出于鲁山，北洛河出于猎山，大汶河出于弗其山，向西汇流入到济水。西汉水出自嶓冢山，泾水北源出自薄落之山，渭水源于鸟鼠同穴山，伊水源于上魏山，雒河出自熊耳山，浚水出自华窍，潍河出自覆舟山，汾水出自燕京山，袿水出自溃熊，淄水出自鲁山，丹水出自高褚山，股水出自嶕山，镐水源于鲜于，凉水出自茅卢石梁，汝水出于猛山，淇水出自大号山，晋水出自结绌山，合水出自封羊山，辽水出自砥石山，釜水出自景山，岐水出自石桥，呼池河出自鲁平山，泥涂渊出自横山，维湿向北流出于燕山。

第五卷　时则训

人类是大自然的骄子，在自然规律的支配和制约下，生存、繁衍和发展。高诱题解中说："则，法也。四时、寒暑、十二月之常法也。"

本训记载了十二个月中节气、农事、政事、物候、星宿、音律、祭祀、官制等的不同变化，它是古代人民适应自然变化，利用自然规律为人类服务的基本准则，也是长期以来同大自然进行斗争的智慧结晶。它是天子治理天下的主要依据。文末提出"五位""六合""六度"之说，对天道规律作了进一步的概括。强调只有顺应自然规律，"听政施教"才能成功。其部分内容尚见于《吕氏春秋》之十二纪、《礼记·月令》《逸周书·时训解》，其雏形当源于《大戴礼记·夏小正》及《管子·五行》。可见它的法规为历代统治者和劳动人民所重视。

陶方琦《淮南许注异同诂》："（此）高注本也。"

孟春之月，招摇指寅①，昏参中②，旦尾中③。其位东方④，其日甲乙，盛德在木。其虫鳞⑤，其音角⑥，律中太蔟⑦，其数八⑧，其味酸⑨，其臭膻⑩，其祀户⑪，祭先脾⑫。东风解冻，蛰虫始振苏⑬。鱼上负冰，獭祭鱼⑭，候雁北⑮。

天子衣青衣，乘苍龙⑯，服苍玉⑰，建青旗，食麦与羊，服八风水⑱，爨其燧火⑲。东宫御女青色衣⑳，青采，鼓琴瑟。其兵矛，其畜羊。朝于青阳左个㉑，以出春令㉒。布德施惠㉓，行庆赏㉔，省徭赋。

立春之日，天子亲率三公九卿大夫以迎岁于东郊㉕。修除祠位㉖，币祷鬼神㉗，牺牲用牡㉘。禁伐木，母覆巢杀胎夭㉙，母麛母卵㉚，毋聚众置城郭㉛，掩骼薶骴㉜。

【注释】

①招摇：星名，北斗杓端第七星。寅：十二地支第三位。

②昏：黄昏。参：西方白虎七宿之一。中：正中南天。

③尾：东方苍龙七宿之一。

④其位东方：指主宰东方之神太皞之位。

⑤鳞：指鳞虫。鱼龙之属。

⑥角：五音之一，属木。

⑦律：律管。中：应。太蔟（cù）：十二律之一。其管长八寸。配正月。

⑧其数八：高诱注：五行数五，木第三，故曰八也。

⑨酸：木味酸。

⑩臭（xiù）：气味。羴（shān）：五臭之一，羊的气味。

⑪其祀户：高诱注：蛰伏之类始动生，出由户，故祀户。按，户，五祀之一。

⑫祭先脾：高诱注：脾属土，陈设俎豆，脾在前。按，一说脾属木。

⑬蛰虫：冬眠的动物。振：振动。苏：苏醒。

⑭獭（tǎ）：水獭。祭鱼：高诱注：是月之时，獭祭鲤鱼于水边，四面陈之，谓之祭鱼。《汉书·郊祀志上》颜师古注：祭有杀死义。

⑮候雁：大雁。北：向北。

⑯苍龙：指八尺以上青色的马。

⑰服：佩带。

⑱服八风水：高诱注：取铜木（盘）中露水服之，八方风所吹。

⑲爨（cuàn）：烧火做饭。萁：豆秸。燧：古代取火的工具。即阳燧。

⑳东宫：指东向的宫室。御女：宫中侍女。

㉑青阳：即明堂。它是一种中方外圆，通达四出的建筑。向东出的叫青阳。左个：东向堂的北头室。个，隔。

㉒春令：宽和的命令。

㉓布：布施。

㉔庆：赏赐。

㉕率：使。三公：周代以太师、太傅、太保为三公。西汉以丞相、太尉、御史大夫为三公。九卿：秦汉

时以奉常、郎中令、卫尉、太仆、廷尉、典客、宗正、治粟内史、少府为九卿。迎岁：指迎春。东郊：郭外八里之地。

㉖祠位：神位。

㉗币：圭璧。祷：向鬼神求福。

㉘牺牲：古代用于祭祀的牲畜。牡：雄性。

㉙母：《道藏》本作"毋"。母，同"毋"。夭：通"麇"，麋的幼子叫麇。

㉚麑（mí）：幼鹿叫麑。

㉛聚众：聚合大众。

㉜骼（gé）：骨枯曰骼。薶（mái）：同"埋"，埋藏。骴（cī）：残骨。

【译文】

孟春正月，斗柄招摇指向寅位，黄昏时参星位于南天正中，黎明时尾星位于南天正中。木神太皞的神位在东方，它的天干是甲乙，美盛的德泽属于木。它的代表虫是鱼类，代表音是角，律管由太蔟与之相应。它的序数排列是八，它的主味是酸，气味是膻气，它祭祀的是"户"神，祭祀时把脾放在前面。这个月里东风吹来冰冻解开，冬眠的动物开始苏醒活动。鱼儿向上靠着冰游弋，水獭开始捕杀鱼类，大雁随着季节向北飞去。

天子身穿青色衣裳，驾着青色骏马，佩带青色宝玉，树起绣有龙虎的青色旗帜，吃麦类和羊肉，饮用八方之风吹来的露水，用燧取火燃烧豆萁。东宫的侍女们身穿青色衣服，佩戴青色彩饰，弹奏起琴和瑟。这个月里使用的兵器是矛，畜养的动物是羊。天子月初在明堂东向堂北头室召见群臣，并发出春天宽和的政令。广布德泽、遍施恩惠，施行庆善赏赐，减省徭役和赋税。

立春的时候，天子亲自率领文武百官到东郊八里迎接春天的来临。修整清扫祭坛祭神牌位，用圭璧祈祷鬼神赐福，祭祀用的牺牲都用雄性。禁止砍伐正在生长的树木，不能捣毁鸟巢、不能捕杀怀胎的麛子，不要捕捉幼鹿和产卵的动物，不要聚集大众修筑城郭，要掩埋裸露在外的尸骨。

仲夏之月，招摇指午，昏亢中①，旦危中②。其位南方，其日丙丁，其虫羽，其音徵，律中蕤宾③，其数七，其味苦，其臭焦，其祀灶，祭先肺。小暑至④，螳螂生⑤，鵙始鸣⑥，反舌无声⑦。

天子衣赤衣，乘赤骝，服赤玉，载赤旗，食菽与鸡，服八风水，爨柘燧火。南宫御女赤色衣，赤采，吹竽笙。其兵戟，其畜鸡，朝于明堂太庙⑧。命乐师⑨，修鞀鞞、琴瑟、管箫，调竽篪⑩，饰钟磬⑪，执干戚戈羽⑫。命有司，为民祈祀山川百原，大雩帝⑬，用盛乐⑭。天子以雏尝黍⑮，羞以含桃⑯，先荐寝庙。禁民无刈蓝以染⑰，毋烧灰，毋暴布⑱，门间无闭⑲，关市无索⑳。挺重囚㉑，益其食。存鳏寡，振死事㉒。游牝别其群，执腾驹㉓，班马政㉔。日长至㉕，阴阳争㉖，死生分㉗。君子斋戒，慎身无躁，节声色，薄滋味，百官静㉘，事无径㉙，以定晏阴之所成^㉚。鹿角解，蝉始鸣，半夏生^㉛，木堇荣^㉜。禁民无发火，可以居高明，远眺望，登丘陵，处台榭^㉝。

【注释】

①亢：东方苍龙七宿之一。

②危：北方玄武七宿之一。

③蕤（ruí）宾：十二律之一，配五月。

④小暑：小的暑热。亦为二十四节气之一，每年7月7日或8日。

⑤螳螂：又名天马。

⑥鵙（jué）：鸟名，又叫伯劳。

⑦反舌：高诱注：反舌，百舌鸟。能辨变其舌，反易其声，以效百鸟之鸣，故谓百舌无声。

⑧明堂太庙：南向堂中央室。

⑨乐师：乐官之长。

⑩鼗：有柄的小鼓。鼙（pí）：军鼓。一说骑鼓。篪（chí）：古管乐器。

⑪磬：古代石制的敲击乐器。

⑫干：盾牌。戚：斧子。羽：舞蹈者指挥乐舞的道具。

⑬大雩（yú）：大旱求雨的祭祀。帝：上帝。

⑭盛乐：指六代之乐。

⑮雏：北宋本原作"雉"。刘绩《补注》本正文改作"雏"。《礼记·月令》《吕览·仲夏》亦作"雏"。据正。

⑯羞：进献。含桃：即樱桃。

⑰刈（yì）：割。蓝：蓼蓝。可用来染制衣服。

⑱暴（pù）：后作"曝"，晒。

⑲门闾：城门，巷道。

⑳关：关塞。市：市场。索：指征税。

㉑挺：缓刑。

㉒振：救济。死事：为国死难之事。

㉓执：通"絷"，羁系。驹：马五尺以下为驹。

㉔班：告诉。马政：掌马之官。

㉕日长至：即夏至。长，北宋本原作"短"，刘绩《补注》本改作"长"。《吕览·仲夏》《礼记·月令》并作"长"。据正。

㉖阴阳争：阴气始升，阳气压之，所以叫"争"。

㉗死生分：指有的草木生长，而荠、麦、亭历等枯死。分，分别。

㉘百官：指百事。

㉙径：急速。

㉚晏：平安。阴：微阴。一说晏阴即微阴。阴气将始，故曰微阴。

㉛半夏：药草名。生夏之半，故名。

㉜木堇（jǐn）：木名。落叶灌木，夏、秋开红、白或紫红花，朝开暮敛。堇，通"槿"。

㉝台榭：积土四方而高为台，台加屋为榭。

【译文】

仲夏五月，北斗斗柄指向午位，黄昏时亢星位于南天正中，黎明时危星位于南天正中。火神炎帝的神位在南方，它的天干是丙丁，它的代表虫是鸟类，代表音是徵，律管中与之相对应的是蕤宾，它的代表数是七，主味是苦的，气味是焦气，它祭祀的是灶神，祭祀中把肺放在前面。这时小的暑热到了，螳螂生出来了，伯劳鸟开始鸣叫，百舌鸟却哑然无声。

天子身穿红色衣服，驾赤黑色骏马，佩带红色美玉，树起红色的旗帜，吃豆类和鸡肉，饮八方之风吹来的露水，用燧取火燃烧柘木。南宫侍女们身穿红色衣服，佩戴红色彩饰，吹奏竽和笙。这个月使用的兵器是戟，畜养的动物是鸡，天子在明堂太庙朝见群臣。命令乐师修治好小鼓、军鼓、琴、瑟、管、箫，调整好竽、簴，装饰起大钟、石磬，手执盾牌、大斧、戈和用来指挥的羽饰。命令主管官员，为老百姓祈祷祭祀高山、大川和各个水源，旱天到来举行盛大雩祭向天求雨，使用极隆重的六代之乐。天子让小鸡品尝成熟的谷物，把新熟的樱桃，首先进献给祖先的寝庙。禁止老百姓采割蓝草来染制衣服，不要砍伐树木烧灰肥田，不能暴晒葛麻织成的布，不要关闭城门、巷道，不去关塞、市场征索税收。缓解重囚的刑罚，增加他们的饮食。抚恤鳏寡之人，救济死于国事之人的亲属。把怀孕的母马从马群中分开，将雄健的小马套上马络头，并且告诫管马的官员。这个月夏至白天长、夜里短，阴、阳二气交争，有的草木死去、有的生长。暑热到来君子要整洁身心，谨慎行止，不要急躁，节制音乐和美色，食用清淡食物，百事安静，行事不要急切，以便平安地促成微阴之时事情的成功。鹿角开始脱落，蝉振翼鸣叫，半夏生长，木槿开花。禁止百姓燃火，可以居留在高爽而明亮之处，眺望远方，登上丘陵，处在高高的台榭之中。

季秋之月，招摇指戌，昏虚中①，旦柳中②。其位西方，其日庚辛，其虫毛，其音商，律中无射③。其数九，其味辛，其臭腥，其祀门，祭先肝。候雁来，宾雀入大水为蛤④，菊有黄华，豺乃祭兽戮禽⑤。

天子衣白衣，乘白骆，服白玉，建白旗，食麻与犬，服八风水，爨柘燧火。西宫御女白色衣，白采，撞白钟，其兵戈，其畜犬，朝于总章右个⑥。命有司，申严号令，百官贵贱，无不务入⑦，以会天地之藏⑧，无有宣出⑨。乃命冢宰⑩，农事备收，举五谷之要⑪，藏帝籍之收于神仓⑫。是月也，霜始降，百工休。乃命有司曰："寒气总至⑬，民力不堪⑭，其皆入室。"上丁⑮，入学习吹⑯。大飨帝⑰，尝牺牲⑱，合诸侯，制百县⑲，为来岁受朔日⑳，与诸侯所税于民㉑，轻重之法，贡岁之数㉒，以远近土地所宜为度㉓。乃教于田猎，以习五戎㉔。命太仆及七驺㉕，咸驾戴莅㉖，授车以级㉗，皆正设于屏外㉘。司徒搢朴㉙，北向以赞之㉚。天子乃厉服广饰㉛，执弓操矢以猎，命主祠祭禽四方㉜。是月草木黄落，乃伐薪为炭，蛰虫咸俯。乃趋狱刑㉝，毋留有罪。收禄秩之不当㉞，供养之不宜者㉟。通路除道，从境始，至国而后已。是月天子乃以犬尝麻㊱，先荐寝庙。

【注释】

①虚：北方玄武七宿之一。

②柳：南方朱雀七宿之一。

③无射：十二律之一，配九月。

④宾雀：即麻雀。栖息在屋宇檐下，如宾客一样，故名。《吕览·季秋》作"宾爵"。《礼记·月令》郑玄注："鸿雁来宾"，"宾"字断于上。知东汉已有分歧。蛤（gé）：水中蚌类，叫蛤蜊。按，雀化为蛤，亦见于《大戴礼记·夏小正》等。乃古人误解。

⑤豺：似狗而长尾，黄色。祭兽：高诱注：是月时，豺杀兽，四面陈之，世谓之祭兽。戮：杀。

⑥右个：北头室。

⑦入：收敛。

⑧会：合。

⑨宣：散失。

⑩冢（zhǒng）宰：周代官名。主治万事，辅佐太子。见于《周礼·天官·冢宰》。类似后代宰相。

⑪举：建立。要：簿书，账目。

⑫帝籍之收：高诱注：天子籍田千亩，故曰帝籍之收。按，籍，户籍。神仓：所藏财物以供上帝神祇祭祀之用，故谓之神仓。

⑬总：聚合。

⑭不堪：忍受不了。

⑮上丁：指上旬丁日。

⑯学：学官。习：指习礼乐。吹：指学吹笙竽。

⑰飨（xiǎng）：用酒食招待。指飨祭。

⑱尝：秋祭。

⑲制：规定。

⑳来岁：指明年。朔日：农历每月初一。秦以十月为岁首，故于秋季便要考虑明年之事。汉初因之。

㉑税：收税。

㉒贡岁：《吕览·季秋》《礼记·月令》作"贡职"。即四方贡奉赋税。

㉓度：标准。

㉔五戎：指五种兵器，即刀、剑、矛、戟、矢。

㉕太仆：即田仆，掌管君主猎车的官。《礼记·月令》作"仆"。七驺（zōu）:《周礼·夏官·序官》为趣马，掌养马之官。天子之马六种，加总主之人，故为七。

㉖咸：一同。戴茬：《礼记·月令》作"载旌旐（zhào）"。《吕览·季秋》作"载旍（jīng）旐"。王念孙《读书杂志》认为"旌""茬"相似而误。按，旌，彩色旗帜。旐，画有龟蛇的旗帜。戴，通"载"，插。

㉗授车：给予猎车。级：等级。

㉘正：整齐。屏：本指帝王的门屏。这里指猎场。

㉙司徒：主管教导众人之官。搢：插。朴：通"扑"，马鞭。《礼记·月令》正作"扑"。

㉚赞：告诫。

㉛厉服：猛厉的服装。广饰：增佩饰物。

㉜主祠：掌祭祀的官员。

㉝趋：通"促"，催促。

㉞禄秩：俸禄官爵。不当：指无德受禄。

㉟不宜：指不孝之人。

㊱麻：《礼记·月令》《吕览·季秋》作"稻"。当是。

【译文】

季秋九月，斗柄招摇指向戌位，黄昏时虚宿正中南天，黎明时柳宿正中南天。少昊的神位在西方，它的天干是庚辛，它的代表虫是兽类，代表音是商，律管中与之相应的是无射。它的代表数是九，主味是辛，气味是焦气。它祭祀的是门神，祭祀时把肝放在前。这时大雁从北方飞来，麻雀投入到水中变成蛤蜊，秋菊开出黄花，豺开始捕杀禽兽。

天子身穿白色衣服，乘坐白色骏马，佩带白玉，树起白色旗帜，吃糜子和狗肉，饮用八方之风吹来的露水，用燧取火燃烧柘木。西宫侍女们身穿白色衣服，佩戴白色彩饰，撞击白钟。这个月使用的兵器是戈，畜养的动物是犬，天子在西向堂北头室朝见群臣。命令主管法律部门，申述严明法令，文武百官和不分贵贱之人，没有不是忙着秋收的，来集中天地所出产的财物，不能有所散失。于是便命令主持政务的冢宰，在农事全部完毕之时，把五谷收成全部记在账簿中，并把天子畿内田赋收入藏入神仓。在这个月里，寒霜开始下降，各种工匠可以休息。便命令主管部门说："寒冷之气一起就要来到，百姓忍受不了寒气侵袭，他们应该进入室内。"这个月的上旬丁日，开始进入学宫学习礼仪和音乐。隆重地祭祀五帝，用牺牲祭祀诸神，会盟诸侯，规定百县，准备明年诸事，以及诸侯向百姓取税，轻重多少之别，职贡大小之数，按照距离远近、土地质量收成情况作为标准。开始教民田猎习武，训练使用五种兵器。命令掌管君主猎车的田仆及趣马之官，一起驾车、插着旌旗，按照等级分配猎车，全部整齐地排列在猎场之内。官员司徒腰插马鞭，面向北来训告他们。天子穿着威厉的军服、佩带刀剑，手执弓矢前去打猎，命令主祭官员按四面方位排列禽兽祭神。在这个月里，草木枯黄败落，可以伐薪烧炭，冬眠动物已全部躲藏。督促主管刑狱的官员，不要留下有罪之人。没收那些无功无德而受禄，以及供养老人不讲孝道的人的俸禄。清除道路，从边境开始，一直到国都才结束。在这个月里天子让狗品尝新稻，而后首先奉献给祖先宗庙。

孟冬之月，招摇指亥，昏危中^①，旦七星中^②。其位北方^③，其日壬癸，盛德在水。其虫介^④，其音羽^⑤，律中应钟^⑥。其数六，其味咸，其臭腐^⑦，其祀井^⑧，祭先肾。水始冰，地始冻，雉入大水为蜃^⑨，虹藏不见。

天子衣黑衣，乘玄骊^⑩，服玄玉，建玄旗，食黍与彘，服八风水，爨松燧火。北宫御女黑色衣，黑采，击磬石。其兵铄^⑪，其畜彘，朝于玄堂左个^⑫，以出冬令。命有司，修群禁^⑬，禁外徙，闭门闾^⑭，大搜客^⑮，断罚刑，杀当罪，阿上乱法者诛^⑯。

立冬之日⑰，天子亲率三公、九卿、大夫以迎岁于北郊。还，乃赏死事⑱，存孤寡。是月命太祝祷祀神位⑲，占龟策⑳，审卦兆㉑，以察吉凶。于是天子始裘㉒。命百官，谨盖藏㉓；命司徒，行积聚，修城郭，警门闾，修楗闭㉔，慎管籥㉕，固封玺㉖，修边境，完要塞，绝蹊径㉗；饬丧纪㉘，审棺椁衣衾之薄厚㉙，营丘垄之小大高庳㉚，使贵贱卑尊，各有等级。是月也，工师效功㉛，陈祭器，案度呈㉜，坚致为上㉝。工事苦慢㉞，作为淫巧㉟，必行其罪。是月也，大饮蒸㊱，天子祈来年于天宗㊲，大祷祭于公社㊳，毕，飨先祖。劳农夫㊴，以休息之㊵。命将率讲武㊶，肄射御㊷，角力劲㊸。乃命水虞渔师㊹，收水泉池泽之赋，毋或侵牟㊺。

【注释】

①危：北方玄武七宿之一。

②七星：南方朱雀七宿之一。

③其位北方：高诱注：颛顼之神治北方也。

④介：甲壳类。龟为之长。

⑤羽：五音之一。

⑥应钟：十二律之一，配十月。

⑦腐：腐朽之气味。

⑧井：高诱注：井，或作"行"。行，门内地。按，《礼记·月令》《吕览·孟冬》并作"行"。

⑨"雉（zhì）入大水"句：并见于《大戴礼记·夏小

正》等。此说乃古代传闻。雉，野鸡。大水，指淮水。蜃（shèn），大蛤蜊。

⑩玄骊（lí）：黑色的马。

⑪铩（shā）：一种长刃矛。

⑫玄堂左个：北向堂西头室。

⑬群禁：多种禁忌。

⑭闾：里门。

⑮大搜客：指搜索各国往来之人，为保密和安全。《左传·昭公十八年》有"旧客""新客"之记载。

⑯阿上乱法：高诱注：阿意曲从，取容于上，以乱法度。

⑰立冬：二十四节气之一。在每年10月6日或7日。

⑱死事：为国而牺牲的人。

⑲太祝：掌管祭祀之事。《礼记·月令》作"太史"，《吕览·孟冬》作"太卜"。

⑳龟策：龟甲、蓍草，皆用以占卜吉凶。

㉑卦：占卜用的符号，即卦象。兆：烧灼龟甲而形成的裂纹。

㉒裘：皮衣。此指穿上皮衣。

㉓盖藏：指掩盖好贮藏的菜蔬果品粮食等冬用之物。

㉔楗：门上的木栓。《礼记·月令》作"键"。闭：穿门栓之孔。

㉕籥（yuè）：假借为"钥"，钥匙之古称。

㉖封玺：印封。

㉗绝：断绝。《礼记·月令》《吕览·孟冬》作"塞"。

蹊径：小路。

㉘饬（chì）：治理，修整。丧纪：指二十五月所服丧的规定礼数。

㉙椁（guǒ）：棺材外面的套棺。衾（qīn）：被子。

㉚营：度量。丘：坟墓。垅：即"垄"，冢。高庳（bēi）：按照规定，尊贵的人坟墓高大，卑贱的人坟墓低小。庳，低小。

㉛工师：掌管百工和官营手工业之官。效：献出。

㉜案：察看。呈：通"程"，法式。黄锡禧本作"程"。

㉝坚致：坚固细密。

㉞苦（gǔ）：粗陋。慢：不牢固。

㉟淫巧：过分奇巧。

㊱蒸：冬祭。

㊲天宗：高诱注：凡属天上之神，日月星辰皆为天宗。

㊳祷：祈祷，祈求。公社：高诱注：公社，国社也，后土之祭。

㊴劳：慰劳。

㊵休息：使农夫休养生息。

㊶讲：训练。

㊷肄（yì）：北宋本原作"律"。刘绩《补注》本改作"肄"。《吕览·孟冬》亦作"肄"，高诱注：习也。据正。

㊸角力：比武。角，试。

㊹水虞：管理水泽之官。渔师：管理渔业之官。

㊺牟（móu）：夺取。与"侵"义同。

【译文】

孟冬十月，北斗斗柄招摇指向亥位，黄昏时危星正中南天，黎明时七星正中南天。颛顼的神位处在北方，它的天干是壬癸，美好的德泽属水。它的代表虫是甲壳类，代表音是羽，律管中和应钟相对应。它的代表数是六，主味是咸，气味是腐木之气，它祭祀的是井神，祭祀时把肾放在前面。这时水开始结冰，地已经上冻，野鸡进入淮水中变成大蛤蜊，彩虹隐藏不再出现。

天子身穿黑色衣服，乘黑色骏马，佩带黑色美玉，树起黑色旗帜，吃黍与猪肉，饮用八方之风吹来的露水，用燧取火燃烧松木。北宫侍女身穿黑色衣服，佩戴黑色彩饰，打击磬石。这个月的代表兵器是铩，代表畜是彘，天子在北向堂西头室朝见群臣，并且发出冬季的政令。命令主管法律部门，修治各种禁令，禁止居民向外地迁徙，关闭城门和巷道，大力搜捕外来人员，决断该处罚之人，处决判死罪之人，拍马逢迎扰乱法度的也要被制裁。

立冬这一天，天子亲自率领文武百官在北郊六里迎接冬季的到来。返回后，赏赐为国捐躯的人的后代，抚恤孤寡之人。在这个月里命令太祝向神灵祈祷祭祀，用龟甲、蓍草占卜，审查八卦和龟兆的迹象，以便考察吉凶之事。在这个月里天子开始穿上皮衣。命令百官，贮藏好过冬的食物；命令司徒，巡视积聚人力财力的情况，修筑城郭，警戒城门和闾巷，修理好开关城门的门栓，谨慎地管好钥匙，牢固地加好印封，整治边境，修缮险要关隘，堵塞蹊径小路；制订服丧的礼数规定，审核内、外棺及随葬衣物的厚薄等级，度量坟墓的大小高下尺寸，使贵贱、尊卑的人，各自符合等级规定。在这个月里，工师献出自己的产品，排列起各种祭器，察看式样规格，以坚固精细作为上等。如果工匠制出的产品粗劣易破，或者制作过分奇巧，必定追究他们的罪过。在这个月里，天子举行盛大的宴飨冬祭，向上天日月星辰祈求来年赐福，在后土的公社里举行大祭，结束以后，把牺牲奉献给先祖。使辛勤劳作的农夫，能够得以休息。命令将领习武，演习射术和抵御，并进行比武。命令管理水泽和渔业的官员，收纳河流湖泽的赋税，不准侵害民众的利益。

六合①：孟春与孟秋为合，仲春与仲秋为合，季春与季秋为合，孟夏与孟冬为合，仲夏与仲冬为合，季夏与季冬为合。

【注释】

①六合：指一年十二个月中，季节相对应的变化。合，相对应。

【译文】

六合是十二个月季节相应变化：孟春和孟秋是相对应的，仲春和仲秋是相合的，季春和季秋是相对应的，孟夏和孟冬是相对应的，仲夏和仲冬是相对应的，季夏与季冬是相对应的。

第六卷　览冥训

　　"览冥"的含义，就是"览观幽冥变化之端"。它所探究的是自然界和人类以及万事万物之间的关系。

　　"物类之相应"，"同气之应，阴阳之合"，揭示了万物之间互相影响而又相互制约的一些关系。如阳燧取火、磁石引铁、葵之向日等，有的至今也不得其解。

　　自然规律对人类的影响是巨大的。"夫道者，无私就也，无私去也"。"顺之则利，逆之则凶"。黄帝、女娲功烈被后世，而不居功。"以从天地之固然"。夏桀暴政和七国纷争，背离天道，而导致失败。

　　自然界和人类的关系确实是千丝万缕的。对许多无法解释的现象，便用"至精感天，通达无极"来诠释，如"庶女叫天"，"抗戈反日"等，当然是不科学的。

　　只有"行自然无为之道"，即按自然规律办事，"使万物各复归其根"，"全性保真"，"至虚无纯一"，才能促进人类社会的安定和发展。

　　陶方琦《淮南许注异同诂》："（此）高注本也。"

天道者①，无私就也②，无私去也③；能者有余，拙者不足；顺之者利，逆之者凶。譬如隋侯之珠、和氏之璧④，得之者富，失之者贫。得失之度⑤，深微窈冥⑥，难以知论，不可以辩说也。何以知其然？今夫地黄主属骨⑦，而甘草主生肉之药也⑧。以其属骨，责其生肉；以其生肉，论其属骨，是犹王孙绰之欲倍偏枯之药⑨，而欲以生殊死之人，亦可谓失论矣。若夫以火能焦木也，因使销金，则道行矣。若以磁石之能连铁也⑩，而求其引瓦，则难矣。物固不可以轻重论也。

【注释】

① 天：北宋本原作"夫"。刘绩《补注》本作"天"。高诱注、《文子·精诚》亦作"天"。据正。

② 就：靠近。

③ 去：离开。

④ 隋侯之珠：春秋时隋国国君曾救活一条受伤的大蛇，后来大蛇从江中衔来一颗明珠报答他。隋，在今湖北随州。和氏之璧：春秋楚人卞和在山中得一玉璞，献给楚厉王、武王，被认为是石头，而被砍断左、右腿。楚文王时，卞和抱玉璞哭于荆山之下，文王派人治理，果得美玉。见于《韩非子·和氏》。

⑤ 度：尺度。

⑥ 窈冥：深远，奥妙。

⑦ 地黄：药用植物，分鲜生地、生地、熟地多种。《政

和本草》：地黄主折跌筋伤中，填骨髓，长肌肉。属（zhǔ）：连，生长。

⑧甘草：药草名。性平和，味甘，能和百药。

⑨王孙绰：鲁人，通医术。一说为周、卫人。偏枯：即半身不遂。此条化自《吕览·别类》。

⑩磁石：矿物名，俗名吸铁石。

【译文】

天道，不会私自靠近谁，也不会私自离开谁；能行天道的人功德有余，不能行天道的人功德不足；顺应天道就能得到便利，违背它就会遇到凶灾。比如就像隋侯珠、和氏璧，得到它便可以富裕，失去它便会贫穷。得失的尺度，深微奥妙，难于用智慧论说，不能够辨析清楚。怎么知道它是这样的呢？现在用的地黄是主治健骨的药物，而甘草是主治生肌的药物。用它健骨的功效，却要求它生肌；用它生肌的功用，却要让它健骨，这就像王孙绰把治疗半身不遂的药加倍，而想让死人复苏一样，也可以说是失去常理了。至于像因为用火能够烧焦木头，因而用它熔化金属，那么这样的道理是行得通的。假若因为磁石能够吸引铁器，而要求它吸引瓦块，那么就十分困难了。万物本来不能够用轻重来衡量的。

夫燧之取火于日，磁石之引铁，解之败漆①，葵之乡日②，虽有明智，弗能然也③。故耳目之察，不足以分物理④；心意之论，不足以定是非。故以智为治者，难以持国；唯通于太和⑤，而持自然之应者，为能有之。故峣山崩而薄落之水涸^⑥，区冶生而淳钧之剑成^⑦；纣为无道，左强在侧^⑧；太公并世^⑨，故武王之功立。由是观之，利害之路，祸福之门，不可求而得也。

【注释】

①解：《道藏》本作"蟹"。孙诒让《札迻·说苑·复恩》："蟹，即解之借字。"

②葵：葵菜，又名冬葵。其叶向日。

③然：明辨。

④物理：事物的常理。

⑤太和：指阴阳变化的和谐。

⑥峣（yáo）山：在今陕西蓝田境内。薄落之水：高诱注有两说：其一，薄落水在冯翊临晋，山穷相通也。即今陕西大荔境，当指洛水。一说薄落，泾水。泾水源于甘肃平凉薄落山。

⑦区（ōu）冶：古代越国人，善铸剑。淳钧之剑：古代名剑。

⑧左强：纣之佞臣。

⑨太公：姜姓，名尚。为周文王师，佐武王灭商，封于齐。

【译文】

阳燧向日取火，磁石吸引铁器，螃蟹败坏生漆，冬葵向着太阳，即使有高明的智慧，也不能够明辨清楚。所以光凭耳目的考察，不能够分辨事物的常理；凭着心中的看法，不能够确定是非标准。因此凭着智巧治国的人，难以维持国家；只有通达阴阳变化，而掌握自然万物感应规律的人，才能够掌握持国的方法。所以峣山崩塌而造成薄落之水干涸，区冶出现淳钧宝剑才能够铸成；商纣王暴虐无道，就有佞人左强在旁边诱惑；姜太公和周武王一起出世，因而武王的大业才能够成功。从这里来看，利害的路子，祸福的门径，不是预求而能得到的。

昔者黄帝治天下^①，而力牧、太山稽辅之^②，以治日、月之行律，治阴、阳之气^③；节四时之度，正律历之数；别男女^④，异雌雄；明上下，等贵贱；使强不掩弱，众不暴寡；人民保命而不夭，岁时熟而不凶^⑤；百官正而无私，上下调而无尤^⑥；法令明而不暗，辅佐公而不阿^⑦；田者不侵畔^⑧，渔者不争隈^⑨；道不拾遗，市不豫贾^⑩；城郭不关，邑无盗贼；鄙旅之人^⑪，相让以财；狗彘吐菽粟于路，而无忿争之心。于是日月精明，星辰不失其行；风雨时节，五谷登熟；虎狼不妄噬^⑫，鸷鸟不妄搏^⑬；凤皇翔于庭^⑭，麒麟游于郊；青龙进驾^⑮，飞黄伏皂^⑯；诸北、儋耳之国^⑰，莫不献其贡职，然犹未及虙戏氏之道也。

【注释】

①黄帝：传说中中原各族人民的共同祖先。事载《史记·五帝本纪》等。

②力牧：黄帝的臣子。黄帝梦人执千钧之弩，驱牛万群，寤而求之，得力牧于大泽。敦煌汉简作"力墨"，马王堆汉墓帛书《十六经》作"力黑"。太山稽：黄帝的臣子。

③"以治"二句：于大成《淮南杂志补正》：许作"律日月之行，治阴阳之气"，高作"理日月之行，治阴阳之气"。其"律，度也"之注，校者以许本"律"字并注写于高本"治日月之行"旁（以成今本之误）。按，律，法度。《文子·精诚》作"调日月之行，治阴阳之气"。无"律"字。

④别男女：废除男女杂居。原始社会有过群婚制，男女杂处。

⑤凶：年成坏。

⑥尤：责怪，怨恨。

⑦阿（ē）：曲从。

⑧畔：田界。

⑨隈（wēi）：河道弯曲之处。

⑩豫：欺骗。

⑪鄙旅：边鄙的行旅之人。

⑫噬（shì）：咬。

⑬鸷（zhì）鸟：凶猛的鸟。如鹰、鹯之类。

⑭翔：止。

⑮青龙：一作苍龙，东方之神。驾：古代帝王车乘。

⑯飞黄：传说中神马名。高诱注：飞黄，乘黄。出西方，状如狐，背上有角，寿千岁。皂（zào）：马槽。

⑰诸北：北极国名。儋（dān）耳：《山海经·大荒北经》中有儋耳之国，任姓，禺号子，食谷。《地形训》有"耽耳"，疑即此国。

【译文】

从前黄帝治理天下的时候，有力牧、太山稽两个大臣辅助他，按照日、月运行规律来进行治理，依照阴、阳变化制定法则；调整四季变化的节气，确立律历的标准；废除男女杂居，分别男女不同职责；明确上下权限，分出贵贱等级；使强健有力的人不欺负弱小之人，人多势众的人不压迫势单力薄的人；人民善于养生而能够长寿，庄稼按时成熟而没有凶年；百官公正而无私，上下协调而没有怨恨；法令制度严明而不昏暗，辅佐大臣公正而不逢迎；种田的人不去侵占别人的土地，打渔的人不去争夺多鱼的港湾；路上丢失东西无人据为己有，市场上没有骗人的物价；城郭之门无须关闭，偏僻村镇也无盗贼；边鄙的行旅之人，也把财物相让；猪狗之类把食物吐在路上，而没有愤怒争斗之心。在这种情况下日月光辉清明，星辰不偏离运行轨道；风雨按照时节到来，五谷年年丰收；虎狼不胡乱咬人，凶鸟不随意捕杀；凤凰落在庭院之中，麒麟在郊外游戏；神龙为黄帝进献车驾，神马飞黄供他驱使；直到遥远的北方诸北、儋耳之国，没有不献上它的贡物，虽然如此还不能赶得上伏羲氏治国的主张。

往古之时，四极废①，九州裂，天不兼覆②，地不周载③；火爁炎而不灭④，水浩洋而不息⑤；猛兽食颛民⑥，鸷鸟攫老弱⑦。于是女娲炼五色石以补苍天⑧，断鳌足以立四极⑨，杀黑龙以济冀州⑩，积芦灰以止淫水⑪。苍天补，四极正；淫水涸，冀州平；狡虫死⑫，颛民生；背方州，抱员天⑬；和春阳夏⑭，杀秋约冬，枕方寝绳⑮。阴阳之所壅沉不通者⑯，窍理之⑰；逆气戾物、伤民厚积者⑱，绝止之。当此之时，卧倨倨⑲，兴眄眄⑳，一自以为马㉑，一自以为牛；其行蹎蹎㉒，其视瞑瞑㉓；侗然皆得其和㉔，莫知所由生；浮游不知所求㉕，魍魉不知所往㉖。当此之时，禽兽蝮蛇㉗，无不匿其爪牙，藏其螫毒，无有攫噬之心㉘。考其功烈㉙，上际九天，下契黄垆㉚；名声被后世，光晖重万物㉛。乘雷车，服驾应龙㉜，骖青虬㉝，援绝瑞㉞，席萝图㉟，黄云络㊱，前白螭㊲，后奔蛇㊳，浮游消摇㊴，道鬼神㊵，登九天，朝帝于灵门，宓穆休于太祖之下㊶。然而不彰其功，不杨其声㊷，隐真人之道㊸，以从天地之固然㊹。何则？道德上通，而智故消灭也㊺。

【注释】

①四极：四方撑天的柱子。

②兼：尽。

③周：遍。

④滥（làn）炎：大火延烧的样子。

⑤浩洋：浩瀚无涯。

⑥颛（zhuān）民：善良的人民。

⑦攫（jué）：抓取。

⑧女娲：传说中的人类始祖。

⑨鳌（áo）：大龟。

⑩黑龙：水怪。能兴水危害人。

⑪芦灰：芦草烧成的灰。淫水：平地生水。

⑫狡虫：指毒虫猛兽。

⑬"背方州"二句：此为"天圆地方"说。方州，指
　大地。

⑭阳：通"炀"，火炽热。

⑮枕：北宋本原作"枕"，刘绩《补注》本作"枕"。
　据正。方：指矩。绳：绳墨。

⑯壅沉：壅滞。

⑰窍理：贯通。

⑱逆气：逆乱之气。戾：违背。

⑲倨倨（jù）：无思无虑的样子。

⑳眄眄（miǎn）：眼睛斜视的样子。《庄子·应帝王》
　作"于于"。

㉑一：有时。按，"卧倨倨"至"以为半"，化自《庄
　子·应帝王》。

㉒蹎蹎（diān）：安详缓慢的样子。

㉓暝暝：似明未明的样子。

㉔侗（tóng）然：无知的样子。

㉕浮游：任意游玩。

㉖魍魉（wǎngliǎng）：《庄子·在宥》作"猖狂"，恣
　意妄行的样子。

㉗蝮蛇：毒蛇。

㉘噬（shì）：咬。

㉙考：考察。功烈：功业。

㉚契：刻。黄垆：黄泉下的垆土。

㉛重：王念孙《读书杂志》："重"字义不可通。《尔雅·释鱼》疏引此作"光辉熏万物"，是也。熏犹熏炙也。

㉜服驾：王念孙《读书杂志》："服"下不当有"驾"字。应龙：有翼之龙。

㉝骖（cān）：在两旁驾车。

㉞援：持、执。绝瑞：最吉祥的瑞应。

㉟萝图：高诱注有两说：罗列图籍，以为席蓐。一说：萝图，车上席。

㊱黄云：黄色云气。络：缠绕。

㊲白螭（chī）：白色的龙。

㊳奔蛇：能腾云驾雾的蛇。

㊴消摇：又作"逍遥"，自由自在义。

㊵道：通"导"，引导。

㊶宓（mì）穆：安定，平和。太祖：道之大宗。

㊷杨：《道藏》本作"扬"，彰显义。

㊸真人：修真得道之人。

㊹固然：自然。

㊺智故：巧诈。

【译文】

很古的时候，四方撑天的柱子倒塌了，九州大地裂开了，上天不能全部覆盖大地，大地也不能遍载万物；大火蔓延而不能熄灭，洪水漫流而无法控制；猛兽吞食善良的人民，凶鸟捕食老弱之人。在这种情况下女娲熔炼五彩神石来补缀天穹，斩断鳖足作为撑天的柱子，杀死黑龙以解救中原人民，积聚芦灰来堵塞平地涌出的大水。苍天补好了，四极立定了；淫水平息了，冀州安定了；毒虫猛兽杀死了，善良的人民得以生存；背朝大地，拥抱上天；春天温暖，夏天炎热，秋天肃杀，冬天严寒，人们以方正的矩为枕，卧于正直的绳墨之上。阴阳变化壅塞失调不能通达的地方，使它贯通；逆乱之气危害万物、妨害百姓积聚财物的气候，能够制止它。在这个时候，睡卧无忧无虑，起来心神平静，有时自认为是马，有时自认为是牛；人们的行动是安详缓慢的，看东西似明未明的；无知无识但是都能得到天和，没有人知道所产生的地方；任意遨游不知需要什么，随意行走不知到什么地方去。在这个时候，猛兽毒虫，没有不缩藏起它们的爪牙，隐匿起螫毒，没有捕杀吞食人的动机。考察女娲的功烈，向上可以通达九天，向下可以镂刻在黄垆之上；美名传遍后代，光辉照射万物。她乘着雷车，中间驾着应龙，两边配着青虬，持着殊绝之瑞玉，铺着萝图，缠绕着黄云，前有白螭开道，后有奔蛇护卫，逍遥自在，由鬼神引导，登上了九天，在灵门朝拜天帝，在大道的祖先旁边平静地休息。但是不彰显她的功德，不宣扬她的名声，隐藏起真人的道术，来随从天地的自然规律而行动。为什么这样呢？道德已经与上天相通，而智巧已经消灭了。

逮至夏桀之时，主暗晦而不明①，道澜漫而不修②；弃捐五帝之恩刑③，推蹶三王之法籍④；是以至德灭而不扬，帝道掩而不兴⑤；举事戾苍天⑥，发号逆四时；春秋缩其和⑦，天地除其德⑧；仁君处位而不安⑨，大夫隐道而不言；群臣准上意而怀当⑩，疏骨肉而自容⑪；邪人参耦比周而阴谋⑫，居君臣父子之间而竞载⑬；骄主而像其意⑭，乱人以成其事。是故君臣乖而不亲⑮，骨肉疏而不附；植社槁而墟裂⑯，容台振而掩覆；犬群嗥而入渊⑱，豕衔蓐而席澳⑲；美人挐首墨面而不容⑳，曼声吞炭内闭而不歌㉑；丧不尽其哀，猎不听其乐；西老折胜㉒，黄神啸吟㉓；飞鸟铩翼㉔，走兽废脚㉕；山无峻干㉖，泽无洼水㉗；狐狸首穴㉘，马牛放失㉙；田无立禾，路无莎薠㉚；金积折廉㉛，璧袭无理㉜；磐龟无腹㉝，蓍策日施㉞。

【注释】

①暗晦：昏暗。

②澜漫：杂乱，混乱。

③弃捐：丢弃。捐，弃。五帝：诸说不一。《史记·五帝本纪》以黄帝、颛顼、帝喾、尧、舜为五帝。恩刑：恩化及刑罚。

④推蹶（jué）：推倒、践踏。三王：指夏禹、商汤、周文王。

⑤帝道：指五帝之道。掩：掩盖、遮蔽。兴：举兴。

⑥戾：违反。

⑦缩：藏匿。和：平和之气。

⑧除：解除。德：恩德。

⑨仁君：《文子·上礼》作"人君"。

⑩准：望，揣度。怀：思念。当：适当。

⑪自容：自求逢迎献媚。

⑫参（cān）：三人为参。耦（ǒu）：二人。比周：结党营私。

⑬竞载：争逐。

⑭骄主：使君主放纵。像：随。

⑮乖：背戾，不合。

⑯植社：大夫以下按居住地立社，叫置社。植，与"置"通。槁（gǎo）：枯坏。墆（yú）：王念孙《读书杂志》："墆"当为"墆（xià）"，隶书之误也。《说文》："墆，坼也。"按，即裂缝义。

⑰容台：行礼容之台。

⑱嗥（háo）：野兽吼叫。

⑲蓐（rù）：草垫子。澳：水边。

⑳挐（rú）首：头发与乱草糅合在一起。挐，乱。墨面：用墨色涂面。不容：不修饰面容。

㉑曼声：善唱歌。吞炭：食炭可以使声音变哑。

㉒西老：指西方女神西王母。胜：女人头上的首饰。

㉓黄神：指黄帝之神。啸吟：长啸而哀叹。

㉔铩（shā）翼：指羽毛伤残。

㉕废脚：指脚残。

㉖峻干：即高材。

㉗洼水：水坑。

㉘首穴：传说狐狸死时，头朝着巢穴。

㉙放失：逃逸。

㉚莎（suō）：野草名，俗名"香附子"。蕡（fán）：草名。似莎而大。

㉛廉：侧边，棱角。

㉜袭：积聚。理：《文子·上礼》作"蠃"，通"蠃（luǒ）"，指蠃形文理。

㉝罄：通"磬（qìng）"，空。

㉞蓍（shī）策：古人用来占卜的蓍草茎。

【译文】

等到暴君夏桀统治之时，帝王昏庸不明国情，道德混乱而不加整肃；抛弃五帝有效的治政措施，推倒三王有利的法规；因此最好的德性泯灭而无人宣扬，五帝之道藏匿而不能举兴；行事背戾上天意志，命令违背四时的规律；春光秋色隐藏起了平和之气，天地解除了赐给人类的恩德；贤明君主在位而心中不安，大夫深藏隐忧而不愿说话；群臣看着帝王的脸色行事，挑拨亲属关系而自求逢迎；奸佞小人结党营私而施展阴谋，竞相奔走于君臣父子之间；使君主骄奢淫逸而随己意，而奸人则从中谋取私利。因此君臣上下背离而不亲近，骨肉离散而不亲附；于是祭祀用的神社破败而裂开，行礼的容台震动而彻底倒塌；成群野狗吼叫着跳进了深渊，头头蠢猪衔草移居水边；美女蓬头垢面而不加修饰，歌女吞炭哑声而不再放歌；丧葬不能抒尽悲哀之情，田猎不能得到应有的快乐；西王母折断了头上的玉簪，黄帝之神咆哮哀鸣；天上的飞鸟折断了双翼，山中的野兽伤残了双腿；青山变成秃岭，沼泽干涸见底；狐狸头朝洞穴而死去，马牛狂奔乱跑；田野里没有禾苗，道路边没有野草；金银堆积磨破了棱角，璧玉积久玷污了纹理；占卜的龟板钻空了，求神的蓍草用个不停。

第七卷　精神训

何谓"精""神"？高诱题解中说："精者，人之气；神者，人之守也。""精气"，是构成人体的基本物质，是人的生命活动的原始动力。《黄帝内经·素问·金匮真言论》说："夫精者，身之本也。"而"神"是人体生命活动总的外在表现，也指精神意识活动；"神"是以精气、气血为物质基础的，对人体起到守护的作用。本训的主旨，"所以使人爱养其精神，抚静其魂魄，不以物易己，而坚守虚无之宅者也"。本篇为《淮南子》养生论的核心。

本训研究了精神和形体的关系。指出"夫精神者，所受于天也；而形体者，所禀于地也"。就是说，人的精神和形体各有其自己的来源，而精神对形体的生命活动有主宰作用。"心者形之主也，而神者心之宝也"。心与神是人的精神，形与气是人的肉体。人的形体、精神、血气是互相依赖、密不可分的。

在精神与外物关系上，《精神训》继承了老庄豁达和豪放的气魄，强调要以无为处世，不以外物累身，要养生以和，理性命之情，返太素而入于大通。指出要"轻天下，细万物，齐生死，同变化"。只有这样，才是"无累之人"，才是懂得了人生的真谛。

陶方琦《淮南许注异同诂》："序目有'因以题篇'字，乃高注本也。"

古未有天地之时，惟像无形^①。窈窈冥冥^②，芒芠漠闵^③；澒濛鸿洞^④，莫知其门。有二神混生^⑤，经天营地^⑥，孔乎莫知其所终极^⑦，滔乎莫知其所止息^⑧。于是乃别为阴、阳，离为八极^⑨；刚柔相成^⑩，万物乃形；烦气为虫^⑪，精气为人^⑫。是故精神天之有也，而骨骸者地之有也。精神入其门，而骨骸反其根^⑬，我尚何存？是故圣人法天顺情^⑭，不拘于俗，不诱于人。以天为父，以地为母；阴阳为纲，四时为纪；天静以清，地定以宁，万物失之者死，法之者生。

【注释】

① 惟：只有。像：形象。当化自《楚辞·天问》："上下未形，何由考之？冯翼惟象，何以识之？"无形：万物未成形之时。

② 窈窈冥冥：深远的样子。

③ 芒芠（wén）漠闵（mǐn）：广大无边的样子。

④ 澒（hòng）濛鸿洞（tóng）：混沌不分的样子。

⑤ 二神：指阴、阳之神。混生：一起产生。混，同。

⑥ 经、营：指营造。

⑦ 孔乎：深远的样子。

⑧ 滔乎：广大的样子。

⑨ 离：分离。八极：八方之极。

⑩ 刚柔：指阴阳。

⑪ 烦气：混杂之气。

⑫精气：指元气中精微细致的部分，是生命的根源。

⑬根：指归根、归土。

⑭法天顺情：《文子·九守》作"法天顺地"。

【译文】

古时没有出现天地的时候，只有无形的形象。深远幽深，广大无边，混沌不分，没有人知道它的大门。有阴、阳二神一起产生，开辟天地，深远啊没有办法知道它终极的地方，广大啊没有办法知道它所止息的处所。这时便分为阴、阳二气，离散为八极；阴柔、阳刚二气相互作用，万物便形成了；杂乱之气成为虫类，精微之气变成人类。因此说精神是上天所有的，而骨骸是大地所有的。精神无形进入天门，骨骸有形归根大地，我还有什么存留的呢？所以圣人取法上天而依顺大地，不被世俗所拘束，不被他人所诱惑。把上天作为父亲，把大地作为母亲；把阴阳变化作为纲领，把四季的规律作为准则；上天安静而洁净，大地安定而宁静，万物失掉它就会死去，效法它就能生存。

夫精神者，所受于天也；而形体者，所禀于地也①。故曰："一生二，二生三，三生万物②。万物背阴而抱阳，冲气以为和③。"故曰：一月而膏④，二月而胅⑤，三月而胎⑥，四月而肌，五月而筋，六月而骨，七月而成，八月而动，九月而躁，十月而生⑦。形体以成，五藏乃形。是故肺主目，肾主鼻，胆主口，肝主耳⑧。外为表而内为里，开闭张歙⑨，各有经纪⑩。故头之圆也象天，足之方也象地。〔天〕有四时、五行、九解、三百六十六日^⑪，人亦有四支、五藏、九窍、三百六十六节^⑫。天有风雨寒暑，人亦有取与喜怒。故胆为云，肺为气，肝为风，肾为雨，脾为雷，以与天地相参也^⑬，而心之为主。是故耳目者，日月也；血气者，风雨也。日中有踆乌^⑭，而月中有蟾蜍^⑮。日月失其行，薄蚀无光^⑯；风雨非其时，毁折生灾；五星失其行，州国受殃^⑰。

【注释】

①禀：施予。

②"一生二"三句：高诱注：一谓道也，二曰神明也，三曰和气也。或说一者元气也；生二者，乾坤也；二生三，三生万物。天地设位，阴阳通流，万物乃生。按，引文见《老子》四十二章。本文无"道生一"句。

③"万物"二句：高诱注：万物以背为阴，以腹为阳，身中空虚，和气所行。冲气，此指冲虚之气。按，冲，通"盅"，空虚。和，指阴阳结合而产生的和气。

④膏：黏稠状的物质。

⑤胅（dié）：肿大。

⑥胎：指妇女怀孕三月。

⑦生：北宋本原作"坐"。《道藏》本作"生"。《文子·九守》同。据正。

⑧肝主耳：刘绩《补注》本有"脾主舌"，与"脾为雷"相应。

⑨歙（xī）：和合。

⑩经纪：指纲常、法度。

⑪"〔天〕有四时"句：北宋本"有"上无"天"字。刘绩《补注》本、《四库全书》本有"天"字。据补。《文子·九守》同。四时，四季。五行，指金、木、水、火、土。九解：高诱注列三说：九十为一解。一说：九解，六一之所解合也。一说：八方中央，故曰九解。按，以天文论之，当以"八方中央"为胜。三百六十六日，《文子·九守》作"三百六十日"。

⑫三百六十六节：《文子·九守》作"三百六十节"。

⑬参：配合。按，"天有"至"三百六十六节"，本自《韩非子·解老》。

⑭蹲乌：三足乌。《道藏》本亦作"蹲"。刘绩《补注》本作"踆（zún）"。三足乌，疑即日中黑子之形象。

⑮蟾蜍（chánchú）：虾蟆。据《灵宪》《论衡·说日》等记载，传说为嫦娥所化。

⑯薄（bó）蚀：日月相掩映，失其光泽。薄，迫，指日月无光。蚀，通"食"，即今日食。

⑰"五星"二句：高诱注：五星，荧惑、太白、岁星、辰星、镇星。今荧犯角、亢，则州国受其殃。

【译文】

精神，是由上天授予的；而形体，是由大地给予的。正如《老子》中所说："一产生了二（即天地）；二产生了三（即阴气、阳气、和气）；三产生了万物。万物的背面是阴气而前面是阳气，阴气、阳气交流便成为和气。"因此说人受孕一个月受精卵像黏稠状物质，两个月开始膨胀，三个月成胎，四个月长肌肉，五个月长筋，六个月长骨骼，七个月开始成形，八个月开始活动，九个月剧烈躁动，十个月便可以生下来。形体全部长成，五脏便能成形。因此肺主管目，肾主管鼻子，胆主管嘴巴，肝主管耳朵。外面五官是表象而内部是脏腑，张开闭合，各自有一定的准则。所以头是圆形像上天，脚是方形像大地。上天有四季春夏秋冬、五行金木水火土、九解八方中央、一年三百六十六日，人也有四肢、五脏、九窍、三百六十六个关节。天有风雨寒暑，人也有取与喜怒。因此，五脏中胆是云，肺是气，肝是风，肾是雨，脾是雷，以此来和天地相配合，而心是五脏之主。所以人的耳目，就像天上的日月；人的血气，就像上天的风雨。太阳中有三足乌，而月亮中有蛤蟆。日月失去运行轨道，就会发生相食而失去光辉；风雨不能按时到来，就会毁折万物发生灾荒；五星乱了行驶轨道，大地上的州国就要遭殃。

夫天地之道，至纮以大①，尚犹节其章光②，爱其神明③，人之耳目曷能久熏劳而不息乎④？精神何能久驰骋而不既乎⑤？是故血气者⑥，人之华也⑦；而五藏者，人之精也。夫血气能专于五藏而不外越⑧，则胸腹充而嗜欲省矣。胸腹充而嗜欲省，则耳目清、听视达矣⑨。耳目清、听视达，谓之明。五藏能属于心而无乖，则教志胜而行不僻矣⑩。教志胜而行之不僻，则精神盛而气不散矣。精神盛而气不散则理，理则均，均则通，通则神，神则以视无不见，以听无不闻也，以为无不成也。是故忧患不能入也，而邪气不能袭⑪。故事有求之于四海之外而不能遇⑫，或守之于形骸之内而不见也。故所求多者所得少，所见大者所知小。

【注释】

①纮：通"宏"，宏大。

②章光：光明。

③爱：北宋本原作"变"。《道藏》本作"爱"。据正。

④曷（hé）：何。熏劳：过度忧劳。孙诒让《札迻》："熏"当作"勤"。俞樾《诸子平议》："熏"当作"勖"。按，《广韵》文韵："熏，火气盛皃。"引申有过甚、过度义。息：止。

⑤驰骋：奔走，奔竞。既：尽。

⑥血：北宋本此文与下文原作"面"。刘绩《补注》本、《四库全书》本作"血"。《文子·九守》同。据正。

⑦华：精华。

⑧专：专一。越：离散。

⑨达：通达。

⑩敦（bó）志：即旺盛之志。僻（pì）：邪僻。

⑪"是故"二句：化自《庄子·刻意》。袭，侵入。

⑫遇：得到。

【译文】

天地施予万物的道理，极其深远而广大，尚且还要节制它的光明，爱惜它的精神的清明，人的耳目怎么能够长期忧劳而不停息呢？精神怎么能够长久奔竞而不耗尽呢？因此说血气，是人的精华；而五脏，则是人的精粹所在。血气能够专一运行于五脏之间而不向外泄散，那么胸腹中就会充实而嗜欲就会减少了。胸腹中充实而嗜欲减少，那么耳目就会清新、听觉视觉就会通达了。耳目清新、听力视觉通达，它就叫做"明"。五脏能够隶属于心而不乖离，那么旺盛之志自能战胜，而不会有邪僻之行了。旺盛之志能够战胜而不会有邪僻之行，那么精神就会旺盛而精气就不会泄散了。精神旺盛而精气不泄散就能掌握规律，掌握规律就能够平均，能够平均那么就能够通达，能够通达就能达到神明的境界，达到神明的境界去观察事物没有不能见到的，用它来倾听声音没有不能听到的，用它来做事情没有不能成功的。所以忧患不能够侵入，而邪气也不能够侵袭它。由于精神蔽塞，所以有的事情向四海之外寻求也得不到它，有的事情守持在身体之内也不能被发现。因此贪求多的人反而得到的少，所见到大的人反而知道的就小。

　　若吹呴呼吸①，吐故内新②，熊经鸟伸③，凫浴猿躞④，鸱视虎顾⑤，是养形之人也，不以滑心。

【注释】

①吹呴（xǔ）：张口出气。出自《庄子·刻意》："吹呴
　呼吸，吐故纳新，熊经鸟申，为寿而已矣。"

②吐故：吐出体内混浊的空气。内（nà）新：吸进新

鲜的气体。内，同"纳"。

③熊经：像熊一样悬吊在树上。鸟伸：像鸟一样伸展
　身体。

④凫（fú）浴：像野鸭浴水一样。猿躩（jué）：像猿
　猴一样跳跃。

⑤鸱（chī）视：像鸱鸟一样环视。虎顾：像虎一样回
　头看。

【译文】

　　至于像张口呼吸，排出污浊的气体、吸进新鲜的空气，
像熊一样攀援，像鸟一样展翅，如鸭子浴水，似猿猴跳跃，
像鸱鸟一样观察，像老虎一样回顾，这是养形之人的举动，
不能够扰乱真人之心。

　　人之所以乐为人主者①，以其穷耳目之欲②，而
适躬体之便也③。今高台层榭④，人之所丽也，而尧
朴棳不斫⑤，素题不枅⑥；珍怪奇味，人之所美也，
而尧粝粢之饭⑦，藜藿之羹⑧；文绣狐白⑨，人之所
好也，而尧布衣掩形⑩，鹿裘御寒⑪。养性之具不加
厚⑫，而增之以任重之忧⑬，故举天下而传之于舜⑭，
若解重负然，非直辞让⑮，诚无以为也。此轻天下
之具也。

【注释】

①人主：指国君。
②穷：穷尽。

③适：适合。躬体：自己的身体。

④台、榭（xiè）：四方而高为台，台上亭阁为榭。

⑤朴：未加工的木材。桷（jué）：方椽子。斫（zhuó）：砍削。

⑥素题：不加彩饰。题，端。枅（jī）：柱上横木。

⑦粝（lì）：粗米。粢（zī）：谷物。

⑧藜（lí）：一种草本植物。藿（huò）：豆叶。

⑨文绣：绣画的锦帛。狐白：狐腋下之皮，其毛纯白色。

⑩布衣：指藤、麻、葛纤维织成的布。

⑪鹿裘：鹿皮制的皮衣。

⑫养性：保养其生命。具：指衣食之物。

⑬任重：指国家大事。

⑭传：禅让。

⑮直：只。辞让：谦让。

【译文】

人们之所以向往当国君的原因，是因为它能使人满足耳目的欲望，而可以得到适合自己的任何便利。当今之人对于楼台亭阁，都是认为美丽的，但是尧的住房的椽子不做加工，梁柱也不加修饰；珍奇的美味佳肴，人人都是向往的，但是尧吃的是糙米饭，喝的是野菜汤；鲜艳的彩帛、昂贵的狐白，是人人都喜爱的，但是尧用布衣遮蔽身体，用低劣的鹿皮御寒。用来养生的东西一点也不增多，而日益增加的是对于国家大事的忧虑，因此把天子之位禅让给舜，就像解除了沉重的负担，不是尧仅仅具有谦让的美德，君主之位实在是没有什么值得贪恋的。这就是看轻天子权势的事例。

今夫穷鄙之社也①，叩盆拊瓴②，相和而歌③，自以为乐矣。尝试为之击建鼓④，撞巨钟，乃性仍仍然知其盆瓴之足羞也⑤。藏《诗》《书》⑥，修文学⑦，而不知至论之旨⑧，则拊盆叩瓴之徒也。夫以天下为者⑨，学之建鼓也。

【注释】

①穷鄙：穷巷。社：即土地之神的神主。

②拊（fǔ）：拍，敲。瓴（líng）：一种盛水的罐子。

③和：应和。

④建鼓：古代大型乐器。流行于战国初期。

⑤乃性：王念孙《读书杂志》云："性"字义不可通，"性"当为"始"。"乃始"犹言然后也。仍仍然：不得志的样子。

⑥《诗》：《汉书·艺文志》有《诗经》二十八卷，三〇五篇，孔子整理。《书》：《汉书·艺文志》有《尚书古文经》四十六卷。为孔子所纂。

⑦文学：指典籍文章。

⑧至论：最精深的道理。

⑨"夫以"句：《文子·九守》作"夫无以天下为者"。疑脱"无"字。

【译文】

现在穷乡僻巷社祭时，敲打瓦盆瓦罐，跟着应和唱起

一三二

歌来，自己认为是十分快乐的了。试着为他们擂起建鼓，撞响巨钟，然后他们才不好意思地知道敲打盆罐作乐是多么的羞愧。珍藏《诗》《书》，修治文学，而不知道最深刻真实的道理，那么也不过是敲盆击罐之类的人物而已。只有不把天下权势当作一回事的人，才是学问中的建鼓。

人大怒破阴，大喜坠阳；大忧内崩①，大怖生狂；除秽去累②，漠若未始出其宗，乃为大通。清目而不以视③，静耳而不以听；钳口而不以言④，委心而不以虑⑤；弃聪明而反太素，休精神而弃知故；觉而若昧⑥，以生而若死⑦；终则反本未生之时⑧，而与化为一体⑨，死之舆生⑩，一体也⑪。

【注释】

①内崩：指内脏崩摧。

②秽：邪恶。累：拖累。

③清：明亮。

④钳口：闭口。

⑤委心：听任本心的自然。

⑥昧：暗昧。王念孙《读书杂志》王引之曰：字当作"眛"。按，此处有梦魇义。

⑦以：王念孙《读书杂志》认为是衍文。

⑧未：北宋本原作"末"。《道藏》本作"未"。据正。

⑨化：造化。

⑩舆：《道藏》本作"舆"。俞樾《群经平议·周易

一》："舆，当读为與。是舆、與古通用。"

⑪一体也：于鬯《香草续校书》："体"当作"实"，上
文可例。作"体"者涉上一句"一体"而误。

【译文】

人大怒就会破坏体内阴气，大喜就会挫伤体内阳气；
大的忧虑内脏便会崩发，特别恐怖就会使人变成疯癫；除
去邪恶抛开拖累，不如从来未曾离开根本，才能算是最高
的通达。有明亮的眼睛而不用来看东西，有安静的耳朵而
不用来听声音；闭上嘴巴而不用来说话，听任本心而不去
思虑；抛开聪明而反归自然，止息精神而除去巧诈；觉醒
了而像在梦境中，活着而就像死去；最终则要返回到本来
未生之时，而和自然造化在一起，死去和活着，存在于一
个整体之中。

第八卷　本经训

高诱解题云："本，始也。经，常也。天经造化出于道，治乱之由，得失有常，故曰本经。"本经，即根本常法的意思。治理国家要解决根本常法的问题。

全篇用太清之治、至人以及容成氏、尧舜治世与衰世、晚世、桀纣治世作对比研究，说明只有掌握根本大道，按照自然和社会规律行事，天下才能得到治理。而仁义、礼乐、孝悌是不能解决根本问题的。

文中指出造成天下混乱、民怨沸腾的根本原因，是统治者追求无穷的嗜欲即"五遁"所产生的。强调统治者要爱惜民力，清静无为。充分说明了刘安作为学者和诸侯王的远见卓识。

陶方琦《淮南许注异同诂》："（此）乃高注本也。"

太清之治也①，和顺以寂漠②，质真而素朴③，闲静而不躁④，推移而无故⑤，在内而合乎道，出外而调于义。发动而成于文⑥，行快而便于物⑦。其言略而循理⑧，其行悦而顺情⑨。其心愉而不伪⑩，其事素而不饰。是以不择时日，不占卦兆⑪，不谋所始，不议所终。安则止，激则行。通体于天地，同精于阴阳。一和于四时，明照于日月，与造化者相雌雄⑫。是以天覆以德，地载以乐⑬。四时不失其叙，风雨不降其虐⑭。日月淑清而扬光⑮，五星循轨而不失其行。当此之时，玄元至砀而运照⑯，凤麟至，著龟兆，甘露下⑰，竹实满⑱，流黄出而朱草生⑲，机械诈伪，莫藏于心。

【注释】

①太清：高诱注：无为之始者，谓三皇之时。

②和顺：指不逆天暴物。寂漠：指不侵扰百姓。漠，北宋本原作"汉"。《道藏》本作"漠"。据正。

③质真：指本性不变。素朴：指精气不泄散。

④闲静：指无欲。躁：烦扰。

⑤故：常法。

⑥发动：行动举止。文：文采。

⑦行快：行动疾速。便：便利。

⑧略：简要。

⑨悦（tuō）：简易。

⑩愉：和悦。

⑪卦：八卦。兆：契龟之兆，以断吉凶。

⑫造化：指天地。雌雄：指和适。

⑬乐：生。

⑭虐：灾害。

⑮淑：美好。

⑯玄：天。元：气。至砀（dàng）：最大。砀，大。
　运：遍。

⑰甘露：甘美的雨露。

⑱竹实：竹子所结的果实，状如小麦，又名竹米。满：
　刘典爵《淮南子韵谱》："满"原作"盈"，"盈"与
　下文"生"为韵。今作"满"者，盖避讳改。

⑲流黄：即硫黄。炼丹原料。朱草：一种红色的草。
　可作染料，被称为瑞草。

【译文】

三皇统治的无为之世，帝王顺应天道、澹漠无为，本
性纯真而质朴，没有欲望而不烦扰他人，与时变化而没有
常则，在内部心志符合道的要求，在外部言行用义来协调。
行动举止可以构成文章，迅速行事而可以便利外物。他的
言辞简要而遵循条理，他的行为简易而顺乎性情。他的心
情平和而不虚伪，他的行事朴实而不加掩饰。因此举行大
事不必选择合时的日子，不必要用龟策进行占卦，开始的
时候不必要商量，终结的时候也不必要议论。安定的时候
就停止活动，奋激的时候则开始行动。形体同天地相通，
精神与阴阳共存。和气同四时相一致，光辉同日月一起照
耀，和大自然配合协调。因此上天用德泽覆盖万物，大地

运载万物而使之生存。春夏秋冬四季不会失去秩序，风雨不会降下灾害。日月美好清明而放光明，五星依循轨道运行而不会错乱。在这个时候，上天元气广大而遍照海内，凤凰麒麟来到庭中，蓍草、龟甲露出吉兆，甘美的雨露降下，竹子结满果实，硫黄流出，而朱草产生，机巧诈伪之念，没有人隐藏在心中。

夫仁者，所以救争也[①]；义者，所以救失也；礼者，所以救淫也；乐者，所以救忧也。神明定于天下[②]，而心反其初[③]；心反其初，而民性善；民性善而天地阴阳从而包之，则财足；财足而人瞻矣[④]，贪鄙忿争不得生焉。由此观之，则仁义不用矣。道德定于天下而民纯朴，则目不营于色，耳不淫于声，坐俳而歌谣[⑤]，被发而浮游，虽有毛嫱、西施之色，不知悦也；《掉羽》《武象》[⑥]，不知乐也；淫泆无别[⑦]，不得生焉。由此观之，礼乐不用也。是故德衰然后仁生，行沮然后义立[⑧]，和失然后声调，礼淫然后容饰。是故知神明，然后知道德之不足为也；知道德，然后知仁义之不足行也；知仁义，然后知礼乐之不足修也。今背其本而求于末，释其要而索之于详，未可与言至也[⑨]。

【注释】

①救：制止。

②神明：精神清明。

③心：指精神、意识。

④瞻：通"澹"，安静。

⑤俳：杂戏。1957年四川成都天回山东汉墓出土俳优坐俑，造型极为生动，表情幽默风趣。

⑥《掉羽》：即翟羽，以雄羽舞蹈。周武王乐舞。《武象》：周武王克殷之后所作乐名。

⑦淫泆（yì）：纵欲放荡。

⑧沮（jǔ）：败。

⑨至：至德之道。

【译文】

仁爱，是用来制止互相争斗的；大义，是用来解救本性丧失的；礼节，是用来制服相互淫乱的；乐教，是用来解救忧愁的。精神清明在天下安定了，而意识就会返回到当初未有情欲之时；意识返回到当初，那么百姓便出现没有情欲的善良之性；返回到善良之性而天地阴阳的变化便可以包容进去了，那么就财物充足了；财物充足而人民便可以安静了，贪婪庸俗争斗的情况就不会出现了。从这里可以看出，那么仁义便可以不用了。道德在天下确立而百姓就会纯真质朴，那么眼睛可以不被美色所迷惑，耳朵不会被五音所惑乱，观看坐俳表演而唱着歌谣，披着长发而自由漫游，即使有西施、毛嫱这样的美色，也不知道喜欢；观看《掉羽》《武象》这样的舞乐，也不知道快乐；那种纵欲放荡、男女无别的情况，就不会发生了。从这里可以看出，礼乐就可以不用了。因此德性沦丧而后仁产生，行为败坏而后义建立，和谐丧失后才用乐来调节，礼节混乱后才有仪容修饰。因此知道精神清明，然后才懂得道德是不足取的；懂得道德，而后才知道仁义是不值得推行的；知道仁义，然后才知道礼乐是不值得修治的。现在背离它的根本而探求末节，放弃要害而在细节上去探求，是不可以跟他谈论最精深的道理的。

昔容成氏之时①，道路雁行列处②，托婴儿于巢上，置余粮于亩首③，虎豹可尾④，虺蛇可蹍⑤，而不知其所由然。逮至尧之时，十日并出⑥，焦禾稼，杀草木，而民无所食；猰貐、凿齿、九婴、大风、封豨、修蛇⑦，皆为民害。尧乃使羿诛凿齿于畴华之野⑧，杀九婴于凶水之上⑨，缴大风于青丘之泽⑩，上射十日而下杀猰貐，断修蛇于洞庭⑪，禽封豨于桑林⑫，万民皆喜，置尧以为天子。于是天下广陕、险易、远近⑬，始有道里。

【注释】

①容成氏：古帝名。一说黄帝的臣子。《汉书·艺文志》"阴阳家"有《容成子》十四篇。上海博物馆战国楚竹书（二）有《容成氏》。

②雁行：谓相次而行，如群雁飞行之有行列。列处：并列而处。

③亩首：田头。

④尾：牵尾巴。

⑤虺（huǐ）蛇：毒蛇。蹍：压平。

⑥十日：传说中十个太阳轮流出现。其记载见于《山海经·大荒南经》《楚辞·天问》《庄子·齐物论》及马王堆汉墓帛画等。

⑦猰貐（yàyǔ）：传说中一种食人凶兽。凿齿：半人半兽的怪物，齿长三尺，其状如凿。九婴：一种有九个脑袋的水火之怪。大风：一种凶猛的大鸟，飞后能兴起大风，又叫风伯。封豨（xī）：大野猪。楚语称猪为"豨"。修蛇：大而长的蟒蛇，能把象吞掉，三年才吐骨头。

⑧畴华：南方大泽名。

⑨凶水：北狄之地有凶水。

⑩缴（zhuó）：一种带绳的箭。青丘：东方之泽名。

⑪洞庭：南方泽名，即今洞庭湖。

⑫禽：同"擒"。桑林：高诱注：汤所祷旱桑山之林。

⑬陕：同"狭"，狭窄。

【译文】

从前容成氏统治天下的时候，道路上行走的人长幼有序，把婴儿寄托在鸟巢之上，把余粮放置在田头，老虎、豹子可以牵着尾巴，毒蛇可以把它压平，而不知道造成这种局面的原因。等到尧的时候，十个太阳一起出来，庄稼都烧焦了，草木全部干死，而百姓连吃的食物都没有；猰貐、凿齿、九婴、大风、封豨、修蛇，都一起出来危害人民。尧便派后羿在畴华之野杀死凿齿，在凶水之上杀掉九婴，在东方青丘之泽射死巨鸟大风，上面射落了十个太阳，下面杀死猰貐，在洞庭湖斩断修蛇，在桑林活捉了大野猪，老百姓都非常欢喜，一致拥戴尧为天子。在这个时候，天下各地不论广阔狭窄、险阻平坦、远处近郊，都开始修建了道路。

舜之时，共工振滔洪水①，以薄空桑②。龙门未开③，吕梁未发④，江、淮通流⑤，四海溟涬⑥，民皆上丘陵，赴树木。舜乃使禹疏三江五湖⑦，辟伊阙⑧，导瀍、涧⑨，平通沟陆⑩，流注东海。鸿水漏⑪，九州干，万民皆宁其性，是以称尧、舜以为圣。

【注释】

①滔：激荡。

②薄：迫近。空桑：古山名，在鲁国。传为孔子出生地。今名空窦，在山东曲阜南。

③龙门：山名，在今山西、陕西境内，跨黄河两岸，形如门阙。

④吕梁：高诱注：在彭城吕县，石生水中，禹决而通之，民所由得度也。故曰吕梁也。按，在今江苏铜山境，已湮。

⑤通流：贯通混流。

⑥四海：指天下各地。溟涬（míngxìng）：水势盛大，没有边界。

⑦三江：三江所指，分歧颇多。这里指长江流域众多的水道。五湖：指江淮流域五大湖泊。

⑧辟：开通。伊阙：古山名，在洛阳西南九十里。

⑨瀍（chán）、涧：瀍水出河南孟津。涧水出河南渑池。

⑩沟陆：水沟，道路。

⑪鸿水：即洪水。鸿，通"洪"。漏：排泄。按，本则化自《吕览·爱类》。

【译文】

舜的时候，水神共工兴起了洪水，大水逼近了东方的空桑。这时候龙门山没有开通，吕梁也没有开掘，长江、淮河水道互相沟通，四海混混茫茫，百姓纷纷爬上高丘，攀援树枝逃命。舜便命禹疏通了三江五湖，劈开伊阙山，疏导了瀍、涧二条水道，沟通水流、平整道路，洪水流注到东海。洪水泄退了，九州水干了，百姓都能安居乐业，因此称颂尧、舜为神圣之人。

晚世之时，帝有桀、纣。〔桀〕为琁室、瑶台、象廊、玉床①。纣为肉圃、酒池②，燎焚天下之财，罢苦万民之力③。刳谏者，剔孕妇④，攘天下⑤，虐百姓。于是汤乃以革车三百乘⑥，伐桀于南巢⑦，放之夏台⑧。武王甲卒三千，破纣牧野⑨，杀之于宣室⑩。天下宁定，百姓和集⑪，是以称汤、武之贤。由此观之，有贤圣之名者，必遭乱世之患也。

【注释】

①"为琁（xuán）室"句：王念孙《读书杂志》："为琁室"上脱"桀"字。《太平御览·皇王部》七引此，"为"上皆有"桀"字。按，琁室，即用玄玉饰其

室。瑶，美玉名。

②肉圃、酒池：积酒肉为园圃、渊池。今河南淇县西
有糟丘，即酒池之处。此事亦见《韩非子·喻老》
《韩诗外传》卷二、《史记·殷本纪》等。

③罢：同"疲"，疲苦。

④"刳（kū）谏者"二句：高诱注：王子比干，纣之诸
父也。数谏纣之不道，纣剖其心而观之，故曰刳谏
者。孕妇，妊身将就草之妇也。纣解剔观其胞裹，
故曰剔孕妇也。按，刳，剖开。剔（tī），分解骨肉。

⑤攘（rǎng）：侵夺。

⑥革车：兵车。

⑦南巢：今安徽巢湖西北。

⑧夏台：大台，监狱名。在今河南禹州西。

⑨牧野：在今河南淇县西南。

⑩宣室：朝歌城外宫殿名。一说监狱名。

⑪和集：和谐安定。《太平御览》卷八十二《皇王部》
七引作"和辑"。集、辑音义并同，集亦和义。

【译文】

晚世的时候，暴君有夏桀、商纣。夏桀造了琁室、瑶
台、象廊、玉床。纣王兴建了肉林、酒池，耗尽了天下的
财富，使万民疲于劳苦。剖开直谏者王子比干的心脏，解
剖临产孕妇的肚子，侵夺天下人民的资财，残害万民百姓。
在这种情况下商汤用兵车三百辆，讨伐夏桀于南巢，并把
他拘禁在夏台。周武王率领甲卒三千人，在牧野大破纣军，
纣王被杀死在宣室。天下安宁平静了，百姓和谐安定，因

此称颂商汤、周武的贤德。从这里可以看出，具有圣贤名声的人，必定遭到乱世的祸患。

帝者体太一^①，王者法阴阳，霸者则四时^②，君者用六律^③。

秉太一者^④，牢笼天地^⑤，弹压山川^⑥；含吐阴阳，伸曳四时^⑦；纪纲八极^⑧，经纬六合^⑨；覆露照导^⑩，普汜无私^⑪；蠉飞蠕动，莫不仰德而生。

阴阳者，承天地之和，形万殊之体；含气化物，以成垧类^⑫；赢缩卷舒^⑬，沦于不测；终始虚满，转于无原^⑭。

四时者，春生夏长，秋收冬藏；取予有节，出入有时；开阖张歙^⑮，不失其叙；喜怒刚柔，不离其理。

六律者，生之与杀也，赏之与罚也^⑯，予之与夺也^⑰，非此无道也。故谨于权衡准绳，审乎轻重，足以治其境内矣。

【注释】

①体：效法。太一：北极神之别名。整个天体似围绕北极而转动。

②霸：诸侯中的霸主。则：法则。

③六律：生杀、赏罚、予夺。

④秉：执持、执掌。《太平御览》卷七十七《皇王部》二"秉"作"体"，"阴阳者"上有"法"字，"四时

者"上有"则"字，"六律者"上有"用"字。

⑤牢笼：包罗。

⑥弹压：高诱注：弹山川，令出云雨，复能压止之。按，有制服、镇压义。

⑦伸曳（yè）：牵引和调。

⑧纪纲：管理。

⑨经纬：规划治理。

⑩覆露：荫庇，沾润。照导：照耀，引导。

⑪普汜：普遍。

⑫坺（liè）：形。

⑬嬴缩：伸缩，进退。嬴，通"赢"，长。卷舒：卷曲，舒展。

⑭转：转化。原：本源。

⑮开阖（hé）：开闭。歙（xī）：敛藏。

⑯赏：北宋本原作"实"。《道藏》本作"赏"。据正。

⑰予：布施，给予。夺：收取。

【译文】

称帝的人是取法太一之神的，称王的人是效法阴阳变化的，诸侯中称霸的人以四时为准则，诸侯国君则使用六律。

掌握太一运行规律，能够包罗天地，制服山川；吐纳阴阳之气，调和四时节令；管理八极，规划六合；滋润万物照耀抚育，普及大众无所爱憎；小到飞翔和爬行的动物，没有什么不仰仗它的德泽而生长。

执掌阴阳二气的变化，承受天地的和气，生成了不同种类的形体；含怀元气化育万物，而形成了生物的类别；增长减少卷曲舒展，而进入到无法测量的境地；从结束到开始、由空虚到充满，转化到无法探究的本源之中。

掌握春、夏、秋、冬四时变化，春天种植、夏天生长，秋季收获、冬季贮藏；取予有一定的节令，出入有规定的时期；开闭张合，不会失去它的次序；喜怒、刚柔，不会离开它的道理。

执掌六律的规定，生存与杀戮，赏赐和刑罚，施予与夺取，不用这六种治国的方法，就没有其他的办法了。因此谨慎地掌握权衡准绳所规定的法则，慎重审查刑法的轻重，这样就足以治理它的国家了。

第九卷　主术训

高诱解题云:"主,君也。术,道也。君之宰国,统御臣下,五帝三王以来,无不用道而兴,故曰主术也。"主术,就是国君统治天下之道。

淮南王认为,治国要实行"无为而治",就是要按照自然和社会规律办事。治国之本在于安民,"民者,国之本也"。要减轻赋税,爱惜民力,富裕民生。治国要依靠大众,人尽其才,物尽其用。即"乘众人之智,用众人之力"。治国要任人唯贤。"所任者得其人,则国家治,百姓附;所任者非其人,则国家危,百姓乱"。治国要用法制,"法者,天下之度量"。法律面前人人平等,同时要"立法禁君"。对国君自身,要"诚正"、"无私"、"先自为检式仪表"。国君治国要正确运用"权"、"势"的力量,"循名责实",就能达到"天下尽力"的要求。

《史记·太史公自序》中说:"道家使人精神专一,动合无形,赡足万物。其为术也,因阴阳之大顺,采儒、墨之善,撮名、法之要,与时迁移,应物变化,立俗施事,无所不宜,指约而易操,事少而功多。"本训与司马谈所言相合。它是研究汉初黄老道家治国理念和方略的重要文献。

陶方琦《淮南许注异同诂》:"(此)高注本也。"

　　人主之术①，处无为之事，而行不言之教②；清静而不动，一度而不摇③；因循而任下，责成而不劳④。是故心知规而师傅谕导⑤，口能言而行人称辞⑥，足能行而相者先导⑦，耳能听而执正进谏⑧。是故虑无失策，谋无过事⑨；言为文章⑩，行为仪表于天下⑪；进退应时，动静循理；不为丑美好憎，不为赏罚喜怒⑫；名各自名，类各自类，事犹自然，莫出于己。故古之王者，冕而前旒⑬，所以蔽明也；黈纩塞耳⑭，所以掩聪；天子外屏⑮，所以自障。故所理者远，则所在者迩⑯；所治者大，则所守者少⑰。夫目妄视则淫⑱，耳妄听则惑，口妄言则乱。夫三关者，不可不慎守也。若欲规之，乃是离之；若欲饰之，乃是贼之⑲。

【注释】

①术：君主统治的手段和策略。其内容包括任免、考核、赏罚各级官吏的手段。

②“处无为”二句：见于《老子》二章。

③一度：统一法度。摇：动摇。

④“因循”二句：此为汉代道法家融合之治国思想。因循，沿袭旧法而不加改变。责成，督责完成任务。

⑤规：法度。师：指太师。周代三公之一。傅：指太傅，周代三公之一。谕导：劝谕，引导。《群书治要》引“导”作“道”。

⑥行人：《周礼·秋官》有行人之官，掌朝觐聘问。称

辞：陈说。

⑦相者：指赞礼之人。有司仪、引导等职责。

⑧执正：主持政务之人。正，通“政”。谏：高诱注：或作谋也。按，谋，计谋。《淮南子》此节出自《慎子》。

⑨谋：王念孙《读书杂志》：“谋”本作“举”，“举”犹“动”也。《群书治要》引此正作“举无过事”。过：失误。

⑩文章：指礼乐法度。

⑪行为仪表于天下：《文子·自然》作“行为仪表”。于大成《主术校释》：《大戴礼·曾子制言中》：“言为文章，行为表缀于天下。”《淮南》文所本也。

⑫“不为丑美”二句：《文子·自然》作：“美丑不好憎，赏罚不喜怒。”

⑬冕（miǎn）：王者之冠。高诱注：天子玉县十二，公侯挂珠九，卿点珠六，伯子各应随其命数也。按，前旒（liú）：王冠前面的玉串。天子前后十二，公侯九。下垂自目，故曰“蔽明”。旒，北宋本原作“旅”。《道藏》本作“旒”。据正。

⑭黈纩（tǒukuàng）：即黄绵。古之冕制，用大如丸的黄绵，悬于冕之两旁，以示不听无益之言。黈，黄色。纩，絮。纩，北宋本原作“续”。《道藏》本作“纩”。据正。

⑮外屏：皇帝的门屏。屏是对着门的小墙，后称照壁。

⑯在：察。迩（ěr）：近。

⑰少：《群书治要》引此作"小"。

⑱妄：北宋本原作"安"。《道藏》本作"妄"。据正。下二"妄"字同。

⑲贼：败坏。按，"故古"至"贼之"，参见《晏子春秋》卷七《外篇第七》等。

【译文】

国君统治天下的手段，用无为去处理事务，用不言去教化大众；清虚安静而不妄动，统一法度而不动摇；沿袭规则而任用臣下，督责臣下而自己不辛劳。因此国君知道谋划而要太师太傅劝谕教导，口中能够表达而要行人来陈说，腿脚能行动而却要赞礼之人引导，耳朵能够听清却要执政之人来进谏。所以天子思虑中没有失策的地方，谋划没有错误的地方；用言语表达就成为礼乐法度，行动表现就可以作为天下的表率；进退适应时代变化，动静依循一定的道理；不因为美丑而有好憎，也不因为赏罚而喜怒；事物名称各自符合自己的名分，分类各自符合自己的类别，各种事情就像来自天然一样，没有什么是从自己一方发出的。因此古代的帝王，头上戴冕前面有旒，它是用来掩蔽自己视觉的，表示不视邪行；用黄绵塞耳，是用来掩蔽自己听觉的，表示不听邪说；天子居处前有外屏，是用来阻隔自己的，表示不亲近奸佞。因此天子所治理的地方远，那么他所考察的就近；所治理的地方大，那么他所持守的地方就小。眼睛乱看就会淫乱，耳朵乱听就会迷惑，嘴巴乱说就会造成混乱。目、耳、口这三关，是不能够不谨慎把守的。如果要去规范三关，那么便是使它们离散；如果把三关装饰起来，那么则是伤害了它。

昔者神农之治天下也^①，神不驰于胸中^②，智不出于四域，怀其仁成之心^③；甘雨时降^④，五谷蕃植^⑤；春生夏长，秋收冬藏；月省时考^⑥，岁终献功^⑦；以时尝谷，祀于明堂。明堂之制，有盖而无四方；风雨不能袭，寒暑不能伤；迁延而入之^⑧，养民以公。其民朴重端悫^⑨，不忿争而财足，不劳形而功成^⑩，因天地之资^⑪，而与之和同^⑫。是故威厉而不杀^⑬，刑错而不用^⑭，法省而不烦^⑮，故其化如神^⑯。其地南至交阯^⑰，北至幽都^⑱，东至汤谷^⑲，西至三危^⑳，莫不听从。当此之时，法宽刑缓，囹圄空虚，而天下一俗^㉑，莫怀奸心。

【注释】

①神农：上古部落领袖，主南方，又称炎帝。

②"神不"句：高诱注：言释神安静，不躁动也。

③成：通"诚"。刘绩《补注》本作"诚"。

④甘雨时降：《文子·精诚》作"甘雨以时"。甘雨，适宜农事的雨水。

⑤植：生长。

⑥月省时考：每月按时查看考察。省，视。

⑦献功：奉献收成。功，成。

⑧迁延：逍遥自在。

⑨朴重：敦厚，庄重。端悫（què）：端正，诚笃。

恧，诚。

⑩功成：杨树达《淮南子证闻》："功成"当作"成功"。"功"字与上文"公"，下文"同"字为韵，作"功成"则失其韵矣。

⑪资：资助，供给。

⑫和同：把光荣和尘浊同等看待。见于《老子》五十六章。

⑬不杀：王念孙《读书杂志》："杀"本作"试"。不试犹不用也。《太平御览·皇王部》三引此，正作"不试"。

⑭刑错：指无人犯法，刑法搁置不用。错，通"措"，放置。

⑮烦：繁多。

⑯其化如神：《文子·精诚》作"教化如神"。

⑰交阯（zhǐ）：指两广以南和越南北部一带。《脩务训》作"交趾"。古人认为其民足趾相交，与中原不同，故名。

⑱幽都：指北方山名。

⑲汤谷：日出之处。

⑳三危：山名。在甘肃敦煌南。

㉑一俗：习俗一同。

【译文】

　　从前神农氏统治天下的时候，精神安静不在胸中躁动，智慧施行不离开四方疆界，怀抱着他的仁诚之心；于是甘雨按照时节降落，五谷旺盛生长；春天播种夏季生长，秋天收获冬天贮藏；每月按时考察下情，年终奉献收成；按时品尝新谷，在明堂上举行祭祀。明堂的建筑形制，有顶盖而没有四面墙壁；风雨不能侵袭，冷热不能伤害；逍遥自在地进入，以公心教育万民。他的百姓端正朴实，不去忿争而财物充足，不辛劳形体而大功告成，凭借着天地的资助，而与天地融为一体。因此虽然威严但是不去杀戮，刑法搁置而不去使用，法令条文简约而不烦琐，所以他的化育万民就像有神灵驱使一样。他的地域南边到达交阯，北方到达幽都，东方到达汤谷，西方到达三危，没有人不听从的。当这个时候，刑法宽松，牢狱空空，而天下习俗统一，没有人怀有奸诈之心。

蘧伯玉为相①，子贡往观之②，曰："何以治国？"曰："以弗治治之③。"简子欲伐卫④，使史黯往觇焉⑤。还反报曰："蘧伯玉为相，未可以加兵。"固塞险阻，何足以致之⑥？故皋陶喑而为大理⑦，天下无虐刑，有贵于言者也⑧；师旷瞽而为大宰，晋无乱政，有贵于见者⑨。故不言之令，不视之见，此伏牺、神农之所以为师也⑩。

【注释】

①蘧（qú）伯玉：名瑗，春秋卫国人，有贤相之名。

②子贡（前520—前456）：孔子弟子，春秋末卫人，以外交和经商著称。

③"以弗治"句：即无为而治。指顺应自然和社会规

律而治理。

④简子：春秋末晋卿，亦称赵孟，战胜范氏、中行氏，为其子建立赵国奠定基础。事见于《吕览·召类》。卫：周初封国，都朝歌（今河南淇县）。后迁楚丘（今河南滑县）、帝丘（今河南濮阳）。

⑤史黯（àn）：春秋末晋太史，姓蔡，名墨。觌（dí）：观看。

⑥致：达到。

⑦皋陶（gāoyáo）：传说中东夷族首领，曾为舜掌刑法，禹选为接班人，早死。喑（yīn）：哑。大理：掌管刑狱之官。

⑧"有贵"句：高诱注：虽喑，平狱理讼能得人之情，故贵于多言者也。

⑨"师旷"三句：高诱注：虽盲，而大治晋国，使无有乱政，故贵于有所见。按，大宰，西周置官，掌王家内外事务。于大成《主术校释》："太宰"当作"大师"。今本《文子》亦作"太宰"，而《太平御览》七百四十引作"太师"。

⑩师：指师法。

【译文】

蘧伯玉担任卫相，孔子弟子子贡前往观察，问道："先生用什么办法来治理国家？"回答说："用弗治来治理。"赵简子准备讨伐卫国，派史黯先去察看情势。归来报告说："蘧伯玉担任相国，不能够派兵伐卫。"牢固的关塞、险要的地形，怎么能达到这样的效果呢？因此皋陶是哑巴而担任司法之官，天下没有出现暴虐的刑法，所以哑巴比多言有可贵之处；乐师师旷双目失明而担任太师之职，晋国没有出现乱政，所以瞎子比那些视力好的人有可贵之处。因此皋陶不用说话的命令，师旷不用眼看的见解，这就是伏栖、神农氏成为后世师法的原因。

汤、武圣主也，而不能与越人乘幹舟而浮于江湖①。伊尹贤相也②，而不能与胡人骑骡而服骐骥③。孔、墨博通，而不能与山居者入榛薄险阻也④。由此观之，则人知之于物也，浅矣；而欲以偏照海内⑤，存万方，不因道之数⑥，而专己之能，则其穷不达矣⑦。故智不足以治天下也。桀之力⑧，别觡伸钩⑨，索铁歙金⑩，椎移大牺⑪，水杀鼋鼍⑫，陆捕熊罴⑬。然汤革车三百乘，困之鸣条⑭，擒之焦门⑮。由此观之，勇力不足以持天下矣⑯。智不足以为治，勇不足以为强，则人材不足任，明也。而君人者，不下庙堂之上⑰，而知四海之外者，因物以识物，因人以知人也。故积力之所举，则无不胜也；众智之所为，则无不成也。垎井之无鼋鼍⑱，隘也；园中之无脩木，小也。夫举重鼎者，少力而不能胜也⑲。及至其移徙之，不待其多力者。故千人之群无绝梁⑳，万人之聚无废功。

【注释】

①"汤、武"二句：高诱注：幹（gàn）舟，小船也，

危险，越人习水，自能乘之，故汤、武不能也。一曰：大舟也。按，《群书治要》引作"艎（qióng）"。艎，小船。汤，商汤。商朝开国之君。武，周武王。周朝开国之君。姬姓，名发。谥号武王。在位19年。

②伊尹：商汤相。佐汤灭夏桀。《汉书·艺文志》"道家"有《伊尹》五十一篇。

③骒（yuán）：《道藏》本有"马"字，当脱。黄马白腹曰骒。《群书治要》作"原马"。驹骒（táotú）：北方之野马。

④榛（zhēn）薄：聚木曰榛，深草为薄。险阻：王念孙《读书杂志》："险阻"上脱"出"字。《群书治要》引此有"出"字。

⑤偏：通"徧"，即"遍"字。《道藏》本作"徧"。

⑥道之数：《群书治要》引此作"道理之数"，《文子·下德》同。

⑦达：王念孙《读书杂志》："达"当为"远"，字之误也。其穷不远，谓其穷可立而待也。《文子·下德》正作"远"。

⑧桀：名癸、履癸，夏朝末代之君。商汤谥其为"桀"。在位52年。

⑨别：分解。《四库全书》本作"制"。觡（gé）：角。伸钩：使钩伸直。伸，北宋本原作"仲"。《道藏》本作"伸"。据正。

⑩索：绞。歙（xī）：合。

⑪椎移、大牺：《墨子·明鬼》：“禽推哆、大戏。”《吕览·简选》：“遂禽推移、大牺。”当是人名，不合本文之意。椎（chuí）：推。大牺：大的牺尊。古代类似牺牛的大型酒器。

⑫鼋鼍（yuántuó）：大鳖、鳄鱼。

⑬熊：哺乳类动物。罴（pí）：熊类中形体最大的动物。

⑭困：北宋本原作“因”。《道藏》本作“困”。据正。鸣条：在今山西运城夏县西。

⑮焦门：即巢门、南巢。今安徽巢湖西南。

⑯勇力：王念孙《读书杂志》：“力”字因“勇”字而衍。“勇不足以持天下”，与上文“智不足以治天下”相对为文。《太平御览》卷四百三十七《人事部》七十六引此皆无“力”字。

⑰庙堂：宗庙和明堂。代指朝廷。

⑱埳：北宋本原作“塪”。《道藏》本作“埳（kǎn）”。据正。《庄子·秋水》陆德明释文引司马云：“埳井，坏井也。”成玄英疏：“犹浅井也。”

⑲少力：《道藏》本作“力少”。

⑳绝梁：《吕览·用众》高诱注：《淮南记》曰：“万人之众无废功，千人之众无绝良。”而《文子·下德》作“千人之众无绝粮”。梁、良同音，古通用。

【译文】

商汤、周武王是英明的君主，但是却不能和越人一样乘着小船在长江湖泽中遨游。伊尹是商汤时著名的贤相，但是却不能和北方胡人比赛骑马及驯服野马。孔子、墨翟是一代博学通达之人，但不能够和山里人一样穿越草木树丛和高山险阻。从这里可以看出，人们对于万物的了解，是肤浅的；却想凭着这点肤浅的东西遍照海内，存恤万国，不按照道的规律，而专靠自己的才能，那么将会步入穷途而不能通达了。因此光凭着智慧是不能够治理天下的。夏桀的勇力，可以分解牛角、拉直铁钩，把生铁扭成绞索、歃合金属，推移大的牺尊，在水中能杀死鼋鼍，在陆上可以捕捉熊罴。然而商汤用兵车三百辆，把夏桀围困在鸣条，在南巢被活捉。从这里可以看出，凭借匹夫之勇是不能够完全用来掌握天下的。光凭个人的智慧不能够来治理国家，单靠个人的勇力不能够成为强人，那么依靠个人的才力不能完成重任，也是很明显的。而作为统治人民的国君，身不下庙堂之上，而能够知道天下的事情，是凭借外物而认识外物，依靠人而知道人。所以积聚众人的力量，那么没有什么不能战胜；集中大众的智慧，那么没有什么事情不能成功。在浅井里生长不出鼋鼍来，是因为狭小的缘故；庭园中长不出参天大树，是因为环境狭隘的缘故。要举起重鼎，力气小了是不能够胜任的。等到把它平行移动位置，不需要大力之人就能办到。因此上千人聚集不会缺少优秀人才，上万人的力量汇聚就没有什么功劳不能建立。

夫人主之听治也，清明而不暗，虚心而弱志，是故群臣辐凑并进，无愚智贤不肖，莫不尽其能[1]。于是乃始陈其礼，建以为基[2]，是乘众势以为车，御众智以为马，虽幽野险涂则无由惑矣[3]。人主深居隐处，以避燥湿；闺门重袭④，以避奸贼⑤。内不知闾里之情，外不知山泽之形、惟幕之外⑥，目不能见十里之前，耳不能闻百步之外⑦，天下之物无不通者，其灌输之者大，而斟酌之者众也。是故不出户而知天下，不窥牖而知天道⑧。乘众人之智，则天下之不足有也。专用其心，则独身不能保也。

【注释】

①"夫人主"六句：下文重见，疑衍。听，治理，处理。辐（fú）凑，像车轮辐条一样聚集。

②建：建立。基：基业。

③幽：幽深。

④闺门：指内室。闺，北宋本原作"闺"。《道藏》本作"闺"。据正。重袭：重叠掩袭。

⑤避：王念孙《读书杂志》：当作"备"。重门所以防贼，故言备。《文选·西京赋》注引此，正作"备"。

⑥惟：通"帷"。《道藏》本作"帷"。

⑦百步之外：于大成《主术校释》断作："帷幕之外，目不能见。十里之前，耳不能闻。百步之外。""百步之外"四字，衍文也。《吕览·任数》："十里之间，而耳不能闻；帷墙之外，而目不能见。"正《淮南》所本。

⑧"是故"二句：见于《老子》四十七章。牖，窗户。

【译文】

国君治理国家，清静明朗而不昏暗，虚怀若谷而减少志趣，因此群臣像辐条聚集齐头并进，无论愚蠢智慧、贤德不肖，没有人不奉献出自己的才能。在这时便开始陈列它的礼制，立下它们作为建立基业的准则，这是凭借着众人的力量作为车子，驾驭大众的智慧作为马匹，即使是在幽暗的荒野、险恶的路途也不会迷惑。国君身居幽深隐蔽之处，以便用来避开干燥和潮湿；居室层层掩蔽，用来避开奸邪之人。对内不知道巷道、门闾之情，对外不知道山河之形、帷幕之外，眼睛不能见到十里之前的情景，耳朵不能听到百步之外的事情，但是天下的万物没有不能知道的，主要是他的灌输的渠道众多，而从事谋划的人多的缘故。因此不出房门而可以知道天下之事，不看窗外便知道天道的变化。依靠众人的智慧，那么天下也不够被占有。专门使用个人的心志，那么自己独身也不能够保全。

文王智而好问①，故圣；武王勇而好问②，故胜。夫乘众人之智，则无不任矣③；用众人之力，则无不胜也。千钧之重，乌获不能举也④；众人相一，则百人有余力矣。是故任一人之力者，则乌获不足恃；乘众人之制者⑤，则天下不足有也。

【注释】

①"文王"句：高诱注：好问，欲与人同其功。

②"武王"句：高诱注：胜殷。

③任：胜。北宋本原作"仕"。《道藏》本作"任"。据正。

④乌获：秦武王时大力士。

⑤制：《文子·自然》作"势"，刘绩《补注》本改从之。

【译文】

周文王富有智慧而勤学好问，所以无所不通；周武王勇敢而勤于学问，所以战无不胜。依靠众人的智慧，那么没有什么不能胜任的；利用大众的力量，那么没有什么不能战胜的。三万斤的重量，大力士乌获不能够举起来；众人帮助一个人，那么一百个人的力量都有剩余。因此任用一个人的力量，那么乌获也不能够依靠；凭借着大众的力量，那么天下也不能够被拥有。

禹决江疏河，以为天下兴利，而不能使水西流；稷辟土垦草①，以为百姓力农②，然不能使禾冬生。岂其人事不至哉？其势不可也③。夫推而不可为之势④，而不修道理之数⑤，虽神圣人不能以成其功，而况当世之主乎？夫载重而马羸⑥，虽造父不能以致远⑦；车轻马良，虽中工可使追速。是故圣人举事也，岂能拂道理之数，诡自然之性⑧，以曲为直，以屈为伸哉？未尝不因其资而用之也。是以积力之所举，无不胜也；而众智之所为，无不成也。聋者可令嗺筋⑨，而不可使有闻也；喑者可使守圉⑩，而不可使言也。形有所不周，而能有所不容也。是故有一形者处一位，有一能者服一事。力胜其任，则举之者不重也；能称其事⑪，则为之者不难也。毋小大脩短，各得其宜，则天下一齐，无以相过也。圣人兼而用之，故无弃才。

【注释】

①稷（jì）：周朝先祖，教民播种五谷。

②力农：致力农事。

③势：形势，规律。

④推：推行。《文子·自然》作"权"。

⑤修：《文子·自然》作"循"。

⑥羸：《道藏》本作"赢"。二字上古同音，可通。羸，疲弱。

⑦造父：周穆王之善御者。

⑧诡：违背。

⑨瞠筋：《易林》作"聋跛摧筋"。摧，疑通"椎"，击。即加以椎打，使之柔熟，以缠弓弩。

⑩守围：守卫防御。围，通"御"，防御。

⑪能称：向宗鲁《淮南校文》：《意林》引"能称"作"智能"。

【译文】

大禹疏通长江、黄河，而为天下人谋取利益，但是却不能使水向西流动；后稷开垦荒地，而为百姓致力农事，然而不能使禾苗冬季生长。难道只是人事的力量达不到这样吗？是因为它们的自然规律不能得到改变。只是推行那些不可能做到的事情，而不去依循道德的法则，即使是神圣之人也不能成就功业，而何况是当今的人主呢？疲弱的老马拉着重车，即使是造父也不能使它到达远方；轻车快马，即使是普通驭手也可以使它快速奔走。因此圣人的行事，怎么能违背道理的准则，改变自然的特性，把弯曲变成径直，使倦屈伸展开去呢？圣人未尝不是按照自然的特性来使用它们的。因此积聚众力来举事，没有不能取胜的；而会合大众的智慧去干事，没有不能成功的。聋子可以使他们缠绕弓箭，而不能够使他们听见；哑巴可以让他们守城防御，而不能够使他们与人讲话。身体生理有不全备的地方，而才能也有不被容纳的时候。所以有特殊形体的人处于专门的位置，有特殊才能的人从事特别的事情。才能胜任他的工作，就是把重物举起来也不感到沉重；才能适合做与己相称的事情，那么把事情干好也不会感到困难。不管大小，长短，各自得到他们适宜发挥才能的地方，那么天下便可以整齐划一，没有用来相互责备的地方了。圣人兼用各自的才智，所以不会发生遗弃才能的现象。

人主贵正而尚忠，忠正在上位，执正营事①，则谗佞奸邪无由进矣。譬犹方员之不相盖，而曲直之不相入。夫鸟兽之不可同群者②，其类异也；虎鹿之不同游者，力不敌也。是故圣人得志而在上位，谗佞奸邪而欲犯主者，譬犹雀之见鹯而鼠之遇狸也③，亦必无余命矣。是故人主之一举也，不可不慎也。所任者得其人，则国家治，上下和，群臣亲，百姓附；所任非其人，则国家危，上下乖，群臣怨，百姓乱。故一举而不当，终身伤④。得失之道，权要在主。是故绳正于上，木直于下，非有事焉，所缘以修者然也⑤。

【注释】

①营：主管。高诱注：营，典也。

②群：北宋本原作"详"。《道藏》本作"群"。据正。

③鹯（zhān）：一种似鹞鹰的猛禽。

④伤：创伤，失败。

⑤修：刘绩《补注》本作"循"。向宗鲁《淮南校文》："修"疑"循"。

【译文】

国君珍视正直而崇尚忠诚，忠正之士在高位，执掌大政主管事务，那么谗佞奸邪之人便没有办法向上爬了。比如就像方、圆不能互相覆盖，而曲、直不能互相嵌入一样。飞鸟、走兽不能够合群的原因，是因为它们的种类是不同的；老虎、麋鹿不能够在一起游玩的原因，是因为麋鹿的力量抵挡不过。因此圣人得其心愿而执掌高位，谗佞奸邪之人要想冒犯主上，比如就像麻雀见到鹯、老鼠遇到狸猫，也必定没有小命了。所以国君的每一个举动，不能够不慎重。所任用的人是合适的，那么国家便得到治理，上下和洽，群臣亲近，百姓归附；所任用的不是合适的人，那么国家发生危险，上下相互背离，群臣互相怨恨，百姓造成混乱。所以国君一个举动不适当，将终身受到损害。得到和失去的途径，关键在于国君。因此在上面绳墨拉得正直，那么下面的木料也就能取直，不是有心去修整，只是依照绳墨整治造成了这个样子。

故人主诚正，则直士任事，而奸人伏匿矣；人主不正，则邪人得志，忠者隐蔽矣。夫人之所以莫抓玉石而抓瓜瓠者①，何也？无得于玉石弗犯也。使人主执正持平，如从绳准高下，则群臣以邪来者，犹以卵投石，以火投水。故灵王好细腰②，而民有杀食自饥也③；越王好勇④，而民皆处危争死。由此观之，权势之柄，其以移风易俗矣⑤。尧为匹夫⑥，不能仁化一里；桀在上位，令行禁止。由此观之，贤不足以为治，而势可以易俗明矣。《书》曰："一人有庆，万民赖之⑦。"此之谓也。

【注释】

①抓（guā）：击。

②灵王：春秋楚君，在位12年。

③杀食：省食。见于《管子·七臣七主》等。

④越王：指春秋末越君勾践。在位32年。

⑤"其以"句：顾广圻《校淮南子》：衍"俗"字，"易"去声。按，"故灵王"至"易俗矣"，化自《管子·七臣七主》等。

⑥匹夫：平民。按，"尧为"至"明矣"，亦见于《慎子》《韩非子·难势》。

⑦"一人"二句：见于《尚书·吕刑》。赖，利。

【译文】

　　因此国君诚实公正，那么正直的人担任要职，而奸邪之人便要躲藏起来了；国君不正派，那么奸邪小人便能得志，忠直之士就要隐藏起来了。人们没有去剖开坚硬的玉石而能打开瓜瓠，这是什么原因呢？对于玉石是不能够轻易冒犯的。假使人主执掌权力平正无邪，就像依循准绳高下一致，那么群臣中有用邪道来干扰的，就像用鸡蛋碰石头，把火投到水中。所以楚灵王钟爱细腰的美女，而宫廷中就有许多人省食饿饭的；越王勾践喜爱勇武之人，人民面临水火之难便不怕死。从这里可以看出，掌握了权势的把柄，用它来改变风气是很容易的。尧是一个普通的平民，不能够用仁爱感化一里；而夏桀当了天子，就能有令必行有禁必止。从这里可以看出，光凭贤德是不能治理国家，而权势可以改变社会习俗是很明显的。《尚书》中说："一个人干了好事，万民便会得到利益。"说的就是这样的情况。

君人之道，处静以修身，俭约以率下，静则下不扰矣，俭则民不怨矣。下扰则政乱，民怨则德薄。政乱则贤者不为谋，德薄则勇者不为死。是故人主好鸷鸟猛兽，珍怪奇物，狡躁康荒①，不爱民力，驰骋田猎，出入不时，如此，则百官务乱②，事勤财匮③，万民愁苦，生业不修矣。人主好高台深池，雕琢刻镂，黼黻文章，绨绤绮绣④，宝玩珠玉，则赋敛无度，而万民力竭矣。

尧之有天下也，非贪万民之富而安人主之位也，以为百姓力征⑤，强凌弱，众暴寡。于是尧乃身服节俭之行，而明相爱之仁，以和辑之⑥。是故茅茨不翦⑦，采椽不斫⑧，大路不画⑨，越席不缘⑩，大羹不和⑪，粢食不毇⑫，巡狩行教，勤劳天下，周流五岳⑬，岂其奉养不足乐哉？举天下而以为社稷，非有利焉⑭。年衰志悯⑮，举天下而传之舜，犹却行而脱躧也⑯。

【注释】

①狡躁：凶暴。康荒：淫乐，荒乱。康、荒古字通。

②务：通"骛"，乱驰。

③勤：劳。匮：缺乏。

④绨绤（chīxì）：指葛织品。精细的叫绨，粗疏的叫绤。

⑤力征：用武力征服。

⑥和辑：谐和。

⑦茅茨：用茅草盖的房子。

⑧采：木名，即今之栎（lì）木。橡：房梁上承屋顶的木头。

⑨大路：高诱注：上路，四马车也。天子驾六马。路，通"辂"。画：文饰。

⑩越席：结蒲草为席。越，通"括"，编织。

⑪大羹（gēng）：不和五味的汁。

⑫粢（zī）食：用以祭神的黍稷。毇（huǐ）：舂细。

⑬五岳：指古代五大名山。《尚书·禹贡》孔颖达疏指嵩、岱、衡、华、恒五山。

⑭"举天下"二句：何宁《淮南子集释》：此"社稷"二字乃尊礼之义，犹言举天下而尊事之，尧不以为利也。俞樾《诸子平议》认为"举天下而"四字为

衍文。

⑮悯（mǐn）：忧虑。

⑯却行：退却而行。跣（xǐ）：草鞋。

【译文】

国君统治人民的方法，自己处于静虚状态来修养身心，勤俭节约来率领百官，静虚则臣下不受扰乱，节俭则百姓没有怨恨。臣下扰乱那么政治就会混乱，人民怨恨那么恩德就变得淡薄。政治混乱那么贤人就不为你出谋划策，恩德淡薄那么勇敢的人就不为国君去死。因此国君喜好凶鸟猛兽，珍宝怪异奇特之物，就会凶暴急躁政事混乱，不爱惜民力，奔驰打猎，出入不按照季节，像这样下去，那么百官务必混乱，事力辛劳而财力匮乏，万民愁苦不堪，产业得不到修治了。国君爱好高耸的亭台、深深的沟池，雕琢金玉刻镂柱石，白黑青赤色彩灿烂，衣饰华美五彩缤纷，搜罗珍宝珠玉玩好，那么就会赋敛无度，而百姓的财力就会枯竭了。

尧在执掌天下的时候，不是贪图天下的财富而安享国君之位，认为百姓常以武力相争，强大的欺凌弱小的，人多的伤害人少的。这时尧便亲自提倡节俭的办法，来表明爱民的仁慈之心，而使天下人民和睦相处。因此所住的茅草房不加修剪，栎树橡子不加砍削，大车不用文饰，蒲草席连边也不剪掉，汤汁不调五味，主食中的谷米也不舂，巡察天下推行教化，为天下辛勤劳作，踏遍了五岳，难道是奉养不能够供他享乐吗？让整个天下来敬奉他，那种做法是不利的。尧年老体衰心中忧虑，把整个天下禅让给了舜，就像退却行走、脱去鞋子一样轻松。

衰世则不然。一日而有天下之富^①，处人主之势，则竭百姓之力，以奉耳目之欲，志专在于宫室台榭、陂池苑囿、猛兽熊罴、玩好珍怪^②。是故贫民糟糠不接于口，而虎狼熊罴厌刍豢^③；百姓短褐不完^④，而宫室衣锦绣。人主急兹无用之功，百姓黎民憔悴于天下^⑤。是故使天下不安其性。

【译文】

衰世就不是这样。一旦拥有了天下的财富，处于国君的地位，便竭尽百姓的力量，来供养自己耳目的贪欲，心思专门集中在宫室台榭、池塘苑囿、虎豹熊罴、珍奇玩好上面。因此贫苦百姓糟糠之食都吃不饱，而虎狼熊罴却吃厌了家畜之肉；老百姓粗衣烂衫，而宫室贵族穿的是锦衣华服。国君急于建立这些无益于国计民生的功劳，而导致天下的平民百姓面容憔悴不堪。因此让天下人民不能安享天性。

夫人主之情，莫不欲总海内之智，尽众人之力。然而群臣志达效忠者，希不困其身^①。使言之而是，虽在褐夫刍荛^②，犹不可弃也；使言之而非也，虽在卿相人君，榆策于庙堂之上^③，未必可用。是非之所在，不可以贵贱尊卑论也。是明主之听于群臣，其计乃可用，不羞其位；其主言可行^④，不责其辩。

暗主则不然。所爱习亲近者^⑤，虽邪枉不正，不能见也；疏远则卑贱者^⑥，竭力尽忠，不能知也。有言者穷之以辞，有谏者诛之以罪。如此而欲照海内，存万方，是犹塞耳而听清浊^⑦，掩目而视青黄也，其离聪明则亦远矣。

【注释】

①希：少。困：危困，困窘。

②褐（hè）夫：古者卑者衣褐，因称卑贱者为褐夫。刍荛（chúráo）：砍草、打柴的人。

③榆：通"揄"，拿出。策：谋划。

④主：刘绩《补注》本无"主"字。王念孙《读书杂志》："主"字因上下文而衍。《文子·上仁》作"其言可行，不责其辩"。

⑤习：近习。指帝王的亲信。

⑥则：刘绩《补注》本无"则"字。疑"则"字在"竭"字之上。

⑦清浊：高诱注：商音清，宫音浊。按，《吕览·贵

直》高诱注:《淮南记》曰:"塞其耳而欲闻五音,掩其目而欲察青黄,不可得也。"可与此相参。

【译文】

国君的情性,没有不是想要总合海内人士的智慧,竭尽众人的力量。然而群臣中直抒胸臆奉献忠贞的,很少自身不受到危险的。假如他所说的是正确的,即使是割草打柴的山野之人,也不能抛弃他;假使他所说的不正确,即使是公卿、宰相、国君,在庙堂之上提出自己的妙策,也不一定被采用。决定是非的关键所在,不能够凭贵贱、尊卑来决定。这样英明的国君对于朝臣的意见,只要臣下的计策可以被使用,不因为他的地位卑贱而感到羞耻;他的言论可以施行,而不要求他能言善辩。

昏聩的国君则不是这样。所喜爱熟悉的亲近之人,即使是枉邪不正的人,也不能够被发现;疏远地位卑贱的人,即使是竭尽忠心,也不能够被了解。有进善言的人被驳得理屈辞穷,有劝谏的人则被以罪诛死。像这样而想遍照海内,存恤万方,就像塞起耳朵而倾听清浊之声,掩上眼睛而看青黄之色,他们距离耳聪目明也太遥远了。

法者天下之度量,而人主之准绳也。县法者,法不法也;设赏者,赏当赏也。法定之后,中程者赏①,铁绳者诛②。尊贵者,不轻其罚;而卑贱者,不重其刑。犯法者,虽贤必诛;中度者,虽不肖者必无罪。是故公道通而私道塞矣。

古之置有司也③,所以禁民,使不得自恣也④;

其立君也，所以剬有司⑤，使无专行⑥。法籍礼义者，所以禁君，使无擅断也。人莫得自恣⑦，则道胜；道胜而理达矣，故反于无为。无为者⑧，非谓其凝滞而不动也⑨，以其言莫从己出也⑩。

【注释】

①中（zhòng）：符合。程：法规。

②钬（jué）:《道藏》本作"缺"。《玉篇》:"钬，与缺通。"按，"法定"三句，出自《韩非子·难一》。

③有司：古代设官分职，各有专司，故称有司。此指理官，主狱。

④恣：放纵。

⑤剬（duān）：义同"制"，制约，节制。

⑥专：擅自。

⑦人：陶鸿庆《读淮南子札记》:"人"下当有"主"字。

⑧无为：指顺应自然和社会规律。

⑨凝滞：凝结，停滞。

⑩其言:《文子·上义》作"言其"。

【译文】

法律是天下的度量标准，也是国君执政的准则。悬挂法律条文，是为了惩罚不守法的人；设置赏赐，是为了奖赏应该赏赐的人。法律确定之后，符合法规的给予赏赐，破坏法规的人要被杀死。尊贵的人，不使他们的处罚减轻；而地位卑贱的人，也不能加重他的刑罚。触犯法律的人，即使是贤德之人也必须加以惩处；符合法度的，即使是不肖之人也必定没有罪过。这样正道通达而邪道便被堵塞了。

　　古代设立有司之官，是用来制止老百姓的，使他们不能放任自流；拥立国君，是用来控制有司，使他们不能专断行事。法典和礼义，是用来禁止国君，使他们不能擅自决断。人君不能够放肆，那么正道便能胜利了；正道胜利那么公理便通达了，因此可以返回到无为的境界中去。无为，不是指凝固停滞而不动，而说的是那些法规不是从自己随意发出的。

　　人主租敛于民也，必先计岁收，量民积聚，知饶馑有余不足之数①，然后取车舆衣食供养其欲。高台层榭，接屋连阁，非不丽也，然民无掘穴狭庐所以托身者②，明主弗乐。肥酎甘脆③，非不美也，然民有糟糠菽粟不接于口者，则明主弗甘也。匡床蒻席④，非不宁⑤，然民有处边城、犯危难、泽死暴骸者，明主弗安也。故古之君人者，其惨怛于民也⑥，国有饥者食不重味，民有寒者而冬不被裘。岁登民丰，乃始县钟鼓，陈干戚，君臣上下，同心而乐之，国无哀人。

【注释】

①饶（ráo）：剩余。馑（jǐn）：饥馑。

②掘穴：土室。《群书治要》作"窟室"。《墨子·节用》有"堀穴"。掘，借为"堀"。

③酎：浓烈的酒。

④匽：安。蒻（ruò）：蒲草。引申有细软义。

⑤非不宁：刘绩《补注》本"宁"下有"也"字。

⑥惨怛（cǎndá）：忧伤，悲痛。

【译文】

国君从百姓那里收取赋税，必须首先考虑一年的收成，计量人民积蓄的多少，知道富裕饥饿、有余不足的数量，然后才收取车马、衣食的租税来供给他们的生活需求。高台亭榭，宫室相连，不是不壮丽，然而百姓连土洞草棚这样遮蔽身体的地方都没有，英明的君主是不能快乐的。美酒佳肴香甜脆酥，不是不美好，然而人民中有连糟糠豆谷也吃不饱的，那么英明的君主吃饭是不甜的。平稳的床细软的席子，不是不安宁，然而百姓中有处在边鄙城邑、冒着危险死难、死于大泽暴尸原野的，英明的君主是不能安享平静生活的。因此古代的国君，他们对百姓十分忧虑，国家有饥饿的人他们的食物便不再增加花样，百姓中有人寒冷而他们冬天就不穿皮裘。年岁收成好而百姓丰足，于是才开始悬挂钟鼓，排列干戚，君臣上下，一国同庆丰收的喜悦，国中没有悲哀之人。

夫民之为生也，一人跖耒而耕①，不过十亩；中田之获，卒岁之收，不过亩四石②。妻子老弱，仰而食之。时有涔旱灾害之患③，有以给上之征赋车马兵革之费④。由此观之，则人之生闵矣⑤。夫天地之大计，三年耕而余一年之食，率九年而有三年之畜⑥，十八年而有六年之积，二十七年而有九年之储。虽涔旱灾害之殃，民莫困穷流亡也。故国无九年之畜⑦，谓之不足；无六年之积，谓之闵急；无三年之畜，谓之穷乏。故有仁君明主，其取下有节，自养有度，则得承受于天地，而不离饥寒之患矣⑧。若贪主暴君，桡于其下⑨，侵渔其民⑩，以适无穷之欲，则百姓无以被天和而履地德矣⑪。

【注释】

①跖（zhí）：踩，踏。耒（lěi）：古代耕田的农具。

②石（shí）：百二十斤。

③涔（cén）：涝灾。

④有：通"又"。

⑤闵（mǐn）：忧愁。

⑥率：一般。按，"夫天地"至"之畜"，见于《礼记·王制》。

⑦畜：通"蓄"，积累。于大成《主术校释》："畜"字当依"九年之储"作"储"。

⑧离：通"罹"，遭受。

⑨桡（ráo）：《道藏》本作"挠"，扰乱义。

⑩侵渔：侵吞夺没，像渔人捕鱼一样。

⑪天和：自然祥和之气。本书五见。

【译文】

老百姓所用来维持生活的，一个人踩着耒耕田，不超过十亩；中等田地一年的收获，不过一亩四石。妻子老弱，都要依赖它而生活。此外时常有水旱自然灾害，又要用来供给国君征收的车马兵革的费用。从这里可以看出，人民的生活真是值得怜悯的。从国家的土地收成来考虑，三年耕种必须剩下一年的粮食，大约九年耕种要有三年的积蓄，十八年要有六年的积蓄，二十七年要九年的储备。即使遇到水旱等自然灾害，百姓也没有人因困窘到外地流亡的。所以国家没有九年的积蓄，叫做不足；没有六年的积蓄，叫做闵急；没有三年的积蓄，叫做穷乏。因此有的爱民之君和英明的君王，他们向下征收赋税，有一定的节制，用来养活自己的，有一定的标准，那么这就能合理接受天地给予的财富，就不会遭受饥饿寒冷的祸患了。至于像贪婪的君主和残暴的国君，对人民大肆骚扰，侵吞人民的财富，用来适应无穷的贪欲，那么百姓便没有办法享受自然祥和之气并得到大地的恩赐了。

食者民之本也，民者国之本也，国者君之本也。是故人君者①，上因天时，下尽地财，中用人力，是以群生遂长，五谷蕃植；教民养育六畜②，以时种树；务修田畴③，滋植桑麻，肥墝高下④，各因其宜；丘陵阪险不生五谷者⑤，以树竹木。春伐枯槁，夏取果蓏⑥，秋畜疏食⑦，冬伐薪蒸⑧，以为民资⑨。是故生无乏用，死无转尸⑩。故先王之法，畋不掩群⑪，不取麛夭⑫；不涸泽而渔，不焚林而猎；豺未祭兽，罝罦不得布于野⑬；獭未祭鱼，网罟不得入于水⑭；鹰隼未挚⑮，罗网不得张于溪谷；草木未落，斤斧不得入山林；昆虫未蛰，不得以火烧田⑯；孕育不得杀，殻卵不得探⑰；鱼不长尺不得取⑱，彘不期年不得食⑲。是故草木之发若蒸气⑳，禽兽归之若流原，飞鸟归之若烟云，有所以致之也。

【注释】

①人君者：《群书治要》作"君人者"。

②畜：《说文》曰：田畜也。《淮南子》曰：玄田为畜。
　按，六畜，指马、牛、羊、鸡、犬、豕。

③田畴（chóu）：田地。

④硗（qiāo）：土地贫瘠。

⑤阪（bǎn）：山坡。

⑥果蓏（luǒ）：有核曰果，无核曰蓏。

⑦疏食：菜蔬曰疏，谷食曰食。

⑧薪蒸：大木叫薪，小枝叫蒸。

⑨资：用度。

⑩转尸：尸体弃置转徙。即死无葬身之地。

⑪畋（tián）：打猎。掩：尽，遍及。

⑫麛（mí）夭：鹿子曰麛，麕子曰夭。

⑬"豺未"二句：高诱注：十月之时，豺杀兽，四面陈之，世谓之"祭兽"也。"未祭兽"，罝（jū）罘不得施也。按，罝，捕兽网。罘，一种装有机关的鸟网。

⑭"獭（tǎ）未"二句：高诱注：獭，猵也。《明堂月令》："孟春之月，獭祭鱼。"獭取鲤，四面陈之水边，世谓之"祭鱼"。未祭不得捕也。按，"豺未"至"于水"，并见《淮南子·时则训》等。獭，水

獭。罟（gǔ），捕鱼网。

⑮隼（sǔn）：凶鸟。又名"鹘（hú）"。挚：通
　"鸷"，搏杀鸟。

⑯烧田：《文子·上仁》作"不得以火田"。无"烧"字。

⑰𪃯（kòu）：初生之雏鸟。

⑱长：疑作"脩"，字当避淮南王父讳。《文子·上仁》
　亦作"长"。

⑲彘（zhì）：猪。

⑳烝：通"蒸"，火气上行。《道藏》本作"蒸"，《文
　子·上仁》同。

【译文】

　　食粮是百姓的根本，百姓是国家的根本，国家是国君
的根本。因此作为一个统治天下的国君，上要按照天时的
情况，下要发挥土地的财力，中间要合理使用人力，因此
各种生物才顺利生长，五谷繁殖；教导百姓养育六畜，按
季节种植树木；务求整治好田地，种植好桑树、麻类，按
照土地肥瘠、高下，各自种植适宜的植物；丘陵山陂不能
生长五谷杂粮的地方，用来种植竹类树木。春季砍伐枯木，
夏季收获瓜果，秋季积聚菜蔬谷物，冬季砍伐大木和小枝，
用来作为民生的资用。因此人民活着的时候不缺乏用物，
死了的时候也不会无葬身之地。所以先王的法规，打猎的
时候不捕尽群兽，不捕杀小鹿、幼麋；不放干水泽来捕鱼，
不允许烧毁山林去打猎；豺没有祭兽时，捕鸟兽之网不能
安置在田野上；水獭没有杀鱼时，渔网不能放入水中；鹰
隼没有捕杀鸟类的，鸟网不能张在溪谷之处；草木没有落

叶之时，斧斤不能够进入山林；昆虫没有蛰伏之时，不能够用火来田猎；孕期的动物不能够杀死，幼鸟、鸟卵不能够掏取；鱼不满一尺不能捕食，猪不过一年不能够宰杀。这样草木就像蒸气一样蓬勃生长，禽兽就像涌泉一样来归往，飞鸟就像烟云一样来临，这是因为有用来招致它们的办法。

第十卷　缪称训

本训题解中说："缪异之论，称物假类，同之神明，以知所贵。"缪，通"谬"。《广雅·释诂三》："谬，误也。"即称引物证，借助同类事物，来摈除谬误异说，而合同到神明的道德之中。

文中首先论述了道、儒两家的道、德、仁、义之关系："道者，物之所导也；德者，性之所扶也；仁者，积恩之见证也；义者，比于人心，而合于众适者也。"指出儒家思想核心的"仁义"只是"道德"衰落的产物。认为世界可知，天、地、人都有规律可循。"欲知天道察其数，欲知地道物其树，欲知人道从其欲"。文中特别强调把握事物之间如祸福、轻重、德怨等的相互转化关系，"福之萌也绵绵，祸之生也分分"。圣人治政，要"制其剟材，无所不用"。君子治国，要"举贤"，要抛弃偏见、私好，广选人才。本训亦为弘扬道旨的重要文献。

陶方琦《淮南许注异同诂》："序目无'因以题篇'字，乃许氏注本也。取旧辑许注与今注较之，说多同，其为许注无疑也。"

道至高无上，至深无下，平乎准，直乎绳，员乎规，方乎矩，包裹宇宙而无表里[①]，洞同覆载而无所碍[②]。是故体道者，不哀不乐，不怒不喜，其坐无虑，其寝无梦，物来而名，事来而应。

【注释】

①包：北宋本原作"句"。《道藏》本作"包"。据正。

②洞同：贯通。碍：限制。

【译文】

　　道至高无上，至深无下，同水准一样平，和绳墨一样直，与规一样圆，同矩一样方，包裹了整个宇宙而没有内外，贯通覆盖运载万物而没有什么阻碍。因此体察到道的人，不悲哀也不快乐，不欢喜也不发怒，他们坐着的时候没有思虑，他们睡觉的时候不做梦，万物到来时给它命名，事情到来时而去应对。

　　凡人各贤其所说，而说其所快。世莫不举贤，或以治，或以乱，非自遁[①]，求同乎己者也。己未必得贤[②]，而求与己同者，而欲得贤，亦不几矣[③]。使尧度舜则可，使桀度尧，是犹以升量石也。今谓狐狸[④]，则必不知狐，又不知狸。非未尝见狐者，必未尝见狸也。狐、狸非异，同类也。而谓狐狸，则不知狐、狸。是故谓不肖者贤，则必不知贤；谓贤者不肖，则必不知不肖者矣。

【注释】

①遁：欺骗。

②己未必得贤：《群书治要》引此无"得"字。

③几：近。

④狐：哺乳动物，犬科，肉食类。性狡猾多疑。狸：俗称野猫。又称"豹猫"。哺乳类猫科动物。

【译文】

大凡人们都把他们所喜欢的人认为是贤人，而喜欢他们所认为快乐的事。世上没有国君不举用贤人的，有的能使国家得到治理，有的却使国家混乱，这样不是自我欺骗造成的，而是各自寻求同自己志趣相同的人造成的。自己不一定是个贤人，却寻求与自己相同的人，而这样想得到贤人，不也是和自己相近了吗？让尧度量舜是可以的，使桀度量尧，这就像用升来度量石一样。现在人说的狐狸，那么必定是不知道狐，又不知道狸。不是不曾见到狐，就一定不曾见到狸。狐、狸不是异类，而是同类。而合称狐狸，那么就是不知道狐和狸的区别而形成的。因此把不肖的人说成是贤人，那么就一定不知道贤人；说贤人是不肖的人，那么必定不知道不肖的人。

物莫无所不用①。天雄乌喙②，药之凶毒也，良医以活人。侏儒瞽师，人之困慰者也③，人主以备乐。是故圣人制其剟材④，无所不用矣。

①"物莫"句：郑良树《淮南子斠理》云：当作"物
　无所不用"。

②天雄：中药名。主大风。乌喙（huì）：即乌头。

③困慰：困窘，怨恨。

④制：处理。剟（duō）：砍削，割取。

【译文】

　　万物中是没有什么不能被利用的。天雄、乌喙，是药
物中毒性最大的，但是高明的医生却用它来治病救人。矮
子、瞎子，是人类中困窘到极点的人，但是国君用他们来
演奏音乐。因此圣人用人就像处理那些砍割剩下来的木材，
没有什么用不上的。

　　积薄为厚，积卑为高，故君子日孳孳以成辉①，小
人日怏怏以至辱②。其消息也③，离珠弗能见也④。文
王闻善如不及，宿不善如不祥⑤。非为日不足也，其
忧寻推之也。故《诗》曰："周虽旧邦，其命惟新⑥。"

【注释】

①孳孳（zī）：通"孜孜"，努力不懈的样子。

②怏怏：肆意。刘绩《补注》本作"怏怏（yàng）"。
　当为误改。

③消息：消长。

④离珠：古代明目之人。刘绩《补注》本作"朱"。

⑤宿：止留。

⑥"周虽"二句：见于《诗·大雅·文王》。旧邦，悠
　久的国家。命，天命。

【译文】

　　积累薄的多了就会变厚，积累低的多了就会变高，因此君子一天天勤勉努力而成就辉煌的业绩，小人一天天肆意放纵而逐步酿成耻辱。这些消长变化，就是离珠也不能够辨明。周文王听到好的行事自己就像赶不上一样着急，看到身上存有不善的行为就像遇到不祥一样。不是因为每天都做得不够，而是用自己的深忧来推断它的发展。因此《诗》中说："周朝虽然是历史悠久的国家，但它接受天命却是新的。"

　　成国之道，工无伪事，农无遗力，士无隐行①，官无失法。譬若设网者，引其纲而万目开矣②。舜、禹不再受命③，尧、舜传大焉④，先形乎小也。刑于寡妻⑤，至于兄弟，禅于家国⑥，而天下从风。故戎兵以大知小⑦，人以小知大。

【注释】

①隐行：隐蔽的行为。

②纲：北宋本原作"网"。《道藏》本作"纲"。据正。

③不再受命：说尧传位于舜，舜传于禹，不再受"天命"。

④传：禅让。

⑤刑：通"型"，指铸器之模型。引申有仪法、示范

义。寡妻：国君对正妻的谦称。

⑥禅（shàn）：传。按，引文出自《诗·大雅·思齐》。

⑦戎：北宋本原作"戒"。《道藏》本作"戎"。据正。

【译文】

实现治国的措施，使工匠没有巧诈的事情，农民没有废弃的力量，士人没有隐蔽的行为，官吏没有犯法的过错。比如就像撒网的人，牵引纲绳而上万个网眼一起都张开了。舜、禹受命于人而不再受命于天，尧、舜禅让帝位是重大的举动，首先表现在微小方面。先对自己的嫡妻做出示范，而后推行到自己的兄弟，再传给诸侯和大夫，而天下人民就像随风一样跟随。因此战争凭借大的可以知道小的，人可以从小的知道大的方面。

卫武侯谓其臣曰①："小子无谓我老而羸我②，有过必谒之③。"是武侯如弗羸之④，必得羸，故老而弗舍，通乎存亡之论者也。

【注释】

①卫武侯：春秋卫君，前812—前757年在位。时年95岁。

②小子：长辈、老师对后辈或学生的称呼。羸（léi）：疲弱，衰老。

③谒（yè）：陈述，告诉。

④如：陶鸿庆《读淮南子札记》："如"当为"知"，字之误也。

【译文】

春秋晚期卫武公对他的臣下说："你们不要认为我年高而以为我衰老不堪了，有过错一定给我指出来。"这说明卫武公知道即使不说自己衰老，别人也一定认为他衰老了，因此虽然年老而不停止修身，可以说是通达存亡的变化道理了。

性者①，所受于天也；命者②，所遭于时也③。有其材不遇其世，天也。太公何力④？比干何罪⑤？循性而行指⑥，或害或利，求之有道，得之在命。故君子能为善，而不能必其得福⑦。不忍为非，而未能必免其祸。

【注释】

①性：指人性，亦有天性、本性等义。

②命：指命运、天命。

③时：时机，时运。

④太公：周初吕尚的称号。姜姓，吕氏，名望，字尚父，一说字子牙。佐武王灭商，齐国始祖。

⑤比干：商纣王叔父，官少师。因劝谏纣王，被剖心而死。

⑥指：志向。刘绩《补注》本作"止"。王念孙《读书杂志》：循性而行指，谓率其性而行其志也。

⑦必其得福：《文子·符言》作"必得其福"。

【译文】

人的本性，是上天授予的；人的命运，是由遭到的天时决定的。有那样的才能而不遇到相应的时代，这是天时决定的。姜太公有什么能力？比干有什么罪过？都是顺着天性而表达志向罢了，有的招致患害、有的得到利益，寻求实现理想有一定的规律，得到它们就在于命运了。因此君子虽能推行善事，而不一定能得到福气。不忍心去干坏事，而未必一定能免除灾祸。

君，根本也；臣，枝叶也。根本不美，枝叶茂者，未之闻也①。

【注释】

①"君"七句：于大成《缪称校释》：《意林》引《子思子》云："君，本也。臣，枝叶也。本美而叶茂，木枯则叶凋。"

【译文】

国君，是国家的根本；臣下，则是国家的枝叶。根本不壮美，而枝叶却茂盛的，还没有听说过。

福之萌也绵绵①，祸之生也分分②。福祸之始萌微，故民嫚之③，唯圣人见其始而知其终。故《传》曰④："鲁酒薄而邯郸围⑤，羊羹不斟而宋国危⑥。"

【注释】

①绵绵：细微的样子。

②分分：通"纷纷"，杂乱。

③嫚（màn）：轻慢。

④《传》：即《庄子·胠箧》。

⑤"鲁酒薄"句：许慎注：鲁与赵俱朝楚，献酒于楚，鲁酒薄而赵酒厚，楚之主酒吏求酒于赵，不与，楚吏怒，以赵所献酒于楚王，易鲁薄酒，楚王以为赵酒薄而围邯郸。一曰：赵、鲁献酒于周也。按，事见《庄子·胠箧》。

⑥"羊羹"句：许慎注：宋将华元与郑战，杀羊食士，不及其御。及战，御驰马入郑军，华元以获也。按，并见《左传·宣公二年》《吕览·察微》。斟，酓，倒。《左传》中为春秋宋人名羊斟。

【译文】

福气产生的时候是极其微小的，祸害产生的时候是很杂乱的。福气、灾祸开始的时候是那么细微，因此老百姓轻视它，只有圣人能够见到它的开始而知道它的终结。所以《传》中记载说："鲁国的酒味淡而引起楚宣王包围赵都邯郸，因宋将华元所食羊肉汤不给御者品尝而使宋国危险。"

召公以桑蚕耕种之时①，弛狱出拘②，使百姓皆得反业修职；文王辞千里之地，而请去炮烙之刑③。故圣人之举事也，进退不失时，若夏就绤绤④，上车授绥之谓也⑤。老子学商容，见舌而知守柔矣⑥。列子学壶子，观景柱而知持后矣⑦。故圣人不为物先，而常制之其类。若积薪樵，后者在上。

【注释】

①召（shào）公：姬姓，名奭。又作邵公、召康公。因采邑在召（今陕西岐山西南）而称召公。周代燕国始祖。《史记》有《燕召公世家》。

②弛（chí）：放松。

③"文王"二句：许慎注：纣拘文王，文王献宝于纣，纣赏以千里之地，文王不受，愿去炮烙之刑。按，事见《吕览·顺民》等。炮烙之刑，王念孙《读书杂志·天文》云："炮格，谓为铜格，布火其下，置人于其上也。"

④绵（chī）：细葛布。绤（xì）：粗葛布。北宋本原作"纮"。刘绩《补注》本作"绤"。据正。

⑤緌（ruí）：《说文》：緌，系冠缨也。刘绩《补注》本作"绥"。绥（suí），登车时用以拉手的绳索。《尔雅·释诂上》郝懿行义疏："緌，又通作绥。"

⑥"老子"二句：许慎注：商容，神人也。商容吐舌示老子，老子知舌柔齿刚。按，商容，老子之师。《说苑·敬慎》作"常枞"。

⑦"列子"二句：许慎注：先有形而后有影，形可亡而影不可伤。按，见《列子·说符》。列子，战国初期道家学者，郑国人。《汉书·艺文志》"道家"有《列子》八篇。今《庄子》有《列御寇》篇。壶子：列子之师，即壶丘子林。

【译文】

召康公在蚕桑和春播的大忙季节，放出监狱关押的罪犯，使百姓都能够返回修治本业；周文王请求纣王收回给自己的千里封地，来请求废除炮烙之刑。因此圣人的行事，进退不失去时机，就像夏天穿上绤绤，上车抓住拉手绳索一样。老子向商容求学，见到商容吐舌而知道持守柔弱的道理。列子向壶子学习，见到影柱而懂得后而不先的道理。因此圣人不在万物到来之前行事，但是能常常制服它的同类。这就像堆聚柴草一样，后放的常常堆在上面。

纣为象箸而箕子叽^①，鲁以偶人葬而孔子叹^②，见所始则知所终。故水出于山，入于海；稼生乎野，而藏乎仓。圣人见其所生，则知其所归矣。

【注释】

①"纣为"句：并见《说山训》，当出于《韩非子》之《喻老》《说林上》。象箸（zhù），象牙制的筷子。箕子，纣王叔父，封于箕（今山西太谷东北）。谏纣不听，被囚禁。武王灭商，被释放。《尚书·洪范》即为其所作。叽，通"唏"，实为"欷"，悲叹。《说山训》作"唏"。

②"鲁以"句：许慎注：偶人，桐人也。叹其象人而用之也。按，事载《孟子·梁惠王上》。桐人，即木偶人。

【译文】

纣王命人制造了象牙筷子而箕子悲哀，鲁国用土木偶人殉葬而孔子哀叹，看见开始就知道它的终结。因此水从山涧流出，向东注入东海；庄稼生在野外，而果实贮藏在粮仓。圣人看到它的发生的地方，就知道它的最后归向了。

第十一卷　齐俗训

本训题解中说："齐，一也。四宇之风，世之众理，皆混其俗，令为一道也。故曰《齐俗》。"

"俗"是不同时代、社会、制度遗留下来的礼俗制度。古今、南北、华夷各不相同，而成为"一世之迹"。本训首先对道、德给予了合理的解释，"率性而行谓之道，得其天性谓之德"。接着指出，万物各有长短，要承认事物的多样性，要"各便其性"、"各有所宜，而人性齐矣"。最终以道齐"俗"。

文中认为人性至善，要注重教化。"人之性无邪，久湛于俗则易"。对民族、民俗问题，要承认差别，以不齐为齐，统而包之。

作者主张适应社会发展变化，反对拘泥僵化。"是故世异即事变，时移则俗易。故圣人论世而立法，随时而举事"。

文中强调指出，真理是有客观性、具体性和针对性的，"至是之是无非，至非之非无是，此真是非也"。反对以"我"作为判断是非的标准。

本训发挥了《庄子·齐物论》的思想，用以处理人世间各种复杂的社会问题，充分显示了汉初黄老道家开放、发展、变化、包容而博大的精神境界。

陶方琦《淮南许注异同诂》："（此）许注本也。"

率性而行谓之道①，得其天性谓之德②。性失然后贵仁，道失然后贵义。是故仁义立而道德迁矣③，礼乐饰则纯朴散矣，是非形则百姓眩矣④，珠玉尊则天下争矣⑤。凡此四者，衰世之造也，末世之用也。

【译文】

依循本性而行事叫做道，得到它的天性叫做德。天性丧失而后珍视仁，道丧失然后重视义。因此仁义建立而道德离散了，修饰礼乐那么淳朴天真就消失了，是非形成那么百姓更加迷乱了，重视珠玉那么天下便开始争夺了。大凡仁义、礼乐、珠玉、是非这四种东西，都是衰败之世制造出来的，而用在末世。

昔太公望、周公旦受封而相见，太公问周公曰："何以治鲁？"周公曰："尊尊亲亲①。"太公曰："鲁从此弱矣。"周公问太公曰："何以治齐？"太公曰："举贤而上功②。"周公曰："后世必有劫杀之君。"其后齐日以大，至于霸，二十四世而田氏代之③。鲁日以削，至三十二世而亡④。故《易》曰："履霜，坚冰至⑤。"圣人之见，终始微言⑥。故糟丘生乎象楮，炮烙生乎热升⑦。

【注释】

①尊尊：尊敬尊贵者。亲亲：亲其所当亲。指周朝以血缘关系为基础的宗法制度。

②"举贤"句：许慎注：举贤上功，则民竞，故劫杀。按，上功，崇尚功勋。

③二十四世：从齐太公姜尚到战国齐康公，共二十四代。田氏代之：许慎注：齐臣田氏夺其君位而代之。按，田氏，指田成子，春秋齐国贵族，齐简公四年（前481），杀简公，任相国，从此由陈氏专政。

④三十二：鲁伯禽到鲁顷公，共三十二世，《氾论训》作"三十六"，应作"三十四"。《吕览·长见》高诱注作"三十四"。

⑤"履霜"二句：见于《周易·坤卦》。

⑥言：孙诒让《札迻》："言"当作"矣"。按，"昔太公望"以下，见于《吕览·长见》。

⑦"糟丘"二句：许慎注：纣为长夜之饮，积糟成丘者，起于象楮。按，糟丘，酿酒所余的糟滓堆积如丘。楮，即"箸（zhù）"，筷子。热升，《北堂书钞·服饰部》四引作"热斗"，即熨斗。

从前太公望、周公旦受封在宫廷相见，太公问周公说："用什么办法治理鲁国？"周公说："尊敬尊者而亲敬亲者。"太公说："鲁国从此就要削弱下去了。"周公问太公说："怎样治理齐国？"太公说："举用贤才而崇尚功德。"周公说："后代必定有弑君夺权的人出现。"以后齐国一天天强大，一直到称霸诸侯，但是二十四代后田常弑君而代之。鲁国一天天削弱，到了三十二代终于灭亡。因此《周易》中说："踏着寒霜，冰雪时节就要到来。"圣人的观察，由开始的微小变化而知道最后的终结。因此纣王饮酒积糟成丘产生于象牙筷子，酷刑炮烙产生于热斗。

故愚者有所修，智者有所不足。柱不可以摘齿①，筹不可以持屋②，马不可以服重，牛不可以追速，铅不可以为刀，铜不可以为弩，铁不可以为舟，木不可以为釜，各用之于其所适，施之于其所宜，即万物一齐，而无由相过。夫明镜便于照形，其于以函食不如箄③；牺牛粹毛④，宜于庙牲，其于以致雨，不若黑蜧⑤。由此观之，物无贵贱，因其所贵而贵之，物无不贵也；因其所贱而贱之，物无不贱也⑥。

夫玉璞不厌厚，角䚯不厌薄⑦，漆不厌黑，粉不厌白，此四者相反也。所急则均，其用一也。今之裘与蓑孰急？见雨则裘不用，升堂则蓑不御。此代为常者也⑧。譬若舟、车、楯、肆、穷庐⑨，故有所宜也。故《老子》曰："不上贤"者⑩。言不致鱼于木、沉鸟于渊⑪。

【注释】

①楠（dí）：剔。刘绩《补注》本作"摘"。王念孙《读书杂志》："摘"读若"剔"。

②筳：许慎注：小簪（zān）也。按，王念孙《读书杂志》："筳"皆"筳"字之误也。《玉篇》：筳（tíng），小簪也。持：支撑。

③函：包容，盛。箪（dān）：古代盛饭食的圆形竹器。王念孙《读书杂志》："函食不如箪"，本作"承食不如竹算"。今本"承"误为"函"，"算"误为"箪"，又脱去"竹"字耳。按，算（bì），蒸锅中的竹屉。

④牺牛：用作祭祀的毛色纯一的牛。粹：纯粹。《文选·张景阳〈杂诗〉》注作"骍毛"。而《时则训》高诱注："粹，毛色纯也。""全粹"为仲秋选牺牲的重要标准，知"粹"字不误。

⑤黑蜧（lì）：许慎注：神蛇也。潜于神渊，盖能兴云雨。

⑥"由此观之"六句：化自《庄子·秋水》。

⑦角骄（jiǎo）：覆盖刀剑外表的角饰。杨树达《淮南子证闻》：疑"骄"当读为"觿（xí）"。《说文》："觿，杖耑（duān）角也。"按，指装饰在杖头的角制品。厌：嫌。

⑧常：陈昌齐《淮南子正误》："常"当为"帝"，字之误也。代为帝，谓袭与襄迭为主也。按，疑北宋本误。

⑨楯：通"輴（chún）"。许慎注：泥地宜楯。《广韵》谆韵：輴，载枢车也。肆：沙中乘行的一种运输工具。刘绩《补注》本作"毳（niǎo）"。《文子·自然》同。"四载"之说，载于《吕览·慎势》等。穷庐：古代游牧民族居徙用的毡帐。穷，通"穹"。许慎注：草野宜穷庐。

⑩不上贤：见于《老子》三章。

⑪木：北宋本原作"水"。《道藏》本作"木"。据正。

【译文】

因此愚笨的人有他擅长的地方，聪明的人有他所不足的地方。木柱不能够剔牙齿，小簪子不能够支撑大屋，马儿不能够负载重物，牛儿不能够奔驰，铅不可以制成刀，铜不可以制成弩，铁不可以做船，木头不能够制成锅，各自使用在适合自己特性的地方，施用在适合发挥作用的环境中，那么万物的功用便可以整齐划一，而不存在相互指责的地方。明镜是便于照形的，用它来蒸食物就不如竹算；毛色纯一的牛，对于宗庙祭祀是适宜的，用它来求雨，就不如黑蜥了。从这里可以看出，万物中没有贵贱之分，按照它的长处而珍视它，万物中没有不是可贵的；依据它的短处而认为它下贱，万物中没有不是低贱的。

对于玉石人们是不嫌它厚的，对于角觡不会嫌它薄，漆不嫌它黑，铅粉不嫌它白，这四种东西用处是相反的。但所急需都是相同的，它们的作用是一样的。现在使用的皮裘和蓑衣哪一个更急切？看到天下雨那么皮裘就用不上了，登入殿堂那么蓑衣就不能侍奉国君了。这就是互相更替担任主宰者。比如舟、车、楯、肆、穷庐，因此各种环境都有适宜的交通工具。所以《老子》中说："不崇尚有贤才的人。"说的是不把鱼送到木头上去，不把飞鸟沉到深渊中去。

故尧之治天下也，舜为司徒①，契为司马②，禹为司空③，后稷为大田师④，奚仲为工⑤。其导万民也，水处者渔，山处者木，谷处者牧，陆处者农。地宜其事，事宜其械，械宜其用，用宜其人。泽皋织网⑥，陵阪耕田⑦，得以所有易所无⑧，以所工易所拙。是故离叛者寡，而听从者众。譬若播棋丸于地⑨，员者走泽，方者处高，各从其所安，夫有何上下焉？若风之过箫也⑩，忽然感之，各以清浊应矣⑪。

【注释】

①司徒：官名。西周始置，掌管土地和人民。

②契（xiè）：传说中商的始祖，其母简狄，吞燕卵而生契。司马：掌军政、军赋的官员。

③司空：掌管工程的官员。

④后稷：周朝始祖，其母姜嫄，踏巨人迹而生后稷。大田师：王念孙《读书杂志》："师"字当在"工"字下。大田，田官之长也。

⑤奚仲：古代传说中车的发明者，黄帝之后，曾为夏

代车正。工：《文子·自然》作"工师"。掌管百工和官营手工业。

⑥皋（gāo）：沼泽。网：北宋本原作"冈"。刘绩《补注》本作"网"。据正。

⑦阪（bǎn）：山坡。

⑧"得以所有"句：《文子·自然》作："如是则民得以所有易所无。"

⑨播：散。棋丸：即棋子。

⑩箫：排箫。湖北随州曾侯乙墓出土有排箫。

⑪清浊：指高音、低音。

【译文】

所以尧治理天下的时候，任命舜担任掌管土地之官，契担任军政主管之官，禹掌管工程建设，后稷为农业主管，奚仲为百工之长。他们引导万民的方法，让居住在水边的人以打渔为主，生活在山林中的人以采木为主，活动在山谷地区的人以牧业为主，生活在平原地区的人以农业为生。土地上要种植适宜的作物，不同的农作物要用适宜的器械，不同的器械要有合适的用途，使用器械要有适宜的人。河泽地区要织网捕捞，山陵坡地可以用来耕田，人民能够用他们所有的交换所没有的，用他们制作精巧的产品交换他们不善制作的产品。因此离叛的人少，而听从王命的人多。比如就像把棋子撒在地上，圆的滚向洼处，方者停留高处，各自随所处而安身，又有什么上下之别呢？就像风声遇到排箫的孔窍，忽然受到感触，风声、箫声凭着清浊之声相应和。

义者循理而行宜也^①，礼者体情制文者也^②。义者，宜也；礼者，体也。昔有扈氏为义而亡，知义而不知宜也^③；鲁治礼而削，知礼而不知体也^④。有虞氏之祀^⑤，其社用土^⑥，祀中霤^⑦，葬成亩^⑧；其乐《咸池》《承云》《九韶》^⑨；其服尚黄。夏后氏其社用松^⑩，祀户，葬墙置翣^⑪；其乐《夏籥》九成^⑫，《六佾》《六列》《六英》^⑬；其服尚青。殷人之礼，其社用石，祀门，葬树松；其乐《大濩》《晨露》^⑭；其服尚白。周人之礼，其社用栗^⑮，祀灶，葬树柏；其乐《大武》《三象》《棘下》^⑯；其服尚赤。礼乐相诡，服制相反，然而皆不失亲疏之恩、上下之伦。今握一君之法籍，以非传代之俗，譬由胶柱而调琴也^⑰。

【注释】

① 义：《释名·释言语》：义者，宜也。循理：按照道理。

② 体情：体察情理。制文：节制文饰。

③ "昔有扈（hù）氏"二句：许慎注：有扈，夏启之庶兄也，以尧、舜举贤，禹独与子，故伐启，启亡之。

④ 体：事体，主体。

⑤ 祀：于鬯《校淮南子》："祀"盖"礼"字形近而误。以下为"五德转移"说。舜（土、黄）→夏（木、青）→殷（金、白）→周（火、赤）。

⑥ 社：即土地神。

⑦中霤（liù）：室中央。古代五祀之一，也叫宅神。

⑧葬成亩：许慎注：田亩而葬。

⑨《咸池》：黄帝乐名。一说尧乐。一说黄帝、颛顼乐。《承云》：黄帝乐，或云颛顼乐。《九韶》：舜乐。

⑩夏后氏：古部落名，禹为其领袖，并建立中国历史上第一个朝代。

⑪墙：古代柩车四周的帷幔。翣（shà）：许慎注：棺衣饰也。按，棺饰，形似扇，在路以障车，入椁以障柩。

⑫《夏籥》：又叫大夏。相传是歌颂大禹治水功绩的乐舞。乐曲共九段。九成：九变，即九段。《吕览·古乐》：命皋陶作为《夏籥》九成。

⑬《六佾》：古代乐舞行列，一行八人叫一佾，六佾为四十八人。《六列》：三十六人排列的一种乐舞。《六英》：颛顼之乐，禹用之。

⑭《大濩》：刘绩《补注》本作"大濩"。商代著名乐舞。《晨露》：汤时乐舞，伊尹所作。

⑮栗：北宋本原作"粟"。《道藏》本作"栗"。据正。

⑯《大武》：西周建国初年乐舞，歌颂武王伐纣。《三象》：周初乐舞。《棘下》：周代之乐。

⑰琴：刘绩《补注》本作"瑟"。胶柱调瑟，鼓瑟时转动弦柱，以调节音调高低。如胶其柱，则无法调节音的高下。比喻拘泥不知变通。

【译文】

义是按照道理而实行合宜的事情，礼是体察情理节制文饰。义，就是合宜的意思；礼，就是得体的意思。从前有扈氏为了道义而灭亡，他知道义而不知道合时宜；鲁国修治礼义而土地被削弱，只懂得礼节而不知道得体。有虞氏的礼节，祭祀土神，采用封土（指"土"）的办法，祭祀的地方在室中央，埋葬在田亩之中；他的音乐用《咸池》《承云》《九韶》；他的服饰崇尚黄色。夏后氏的礼节，祭祀土神采用种植松树（指"木"）的办法，祭祀的地方在户内，安葬在墙角放置棺衣；他的音乐用《夏籥》九成，《六佾》《六列》《六英》；他的服饰崇尚青色。殷朝人的礼节，祭祀土神用石头（指"金"），祭祀的地方在门内，安葬时种植松树；他的音乐用《大濩》《晨露》；他的服饰崇尚白色。周朝人的礼节，祭祀土神用栗树（指"火"），祭祀的地方在灶间，安葬时种植柏树；他的音乐用《大武》《三象》《棘下》；他的服饰崇尚红色。历代的礼节音乐相背离，服饰制度相反，虽然如此但是仍不失去亲疏之间的恩惠、君臣之间的道德关系。现在仅仅掌握了一代国君的制度，而指责历代相传的习俗，就像胶住弦柱而调节音调高低一样。

天下是非无所定，世各是其所是，而非其所非。所谓是与非各异，皆自是而非人。由此观之，事有合于己者，而未始有是也；有忤于心者①，而未始有非也。故求是者，非求道理也，求合于己者也；去非者，非批邪施②，去忤于心者也。忤于我，未必不合于人也；合于我，未必不非于俗也。至是之是无非，至非之非无是③，此真是非也。若夫是于此而非于彼，非于此而是于彼者，此之谓一是一非也。此一是非，隅曲也④；夫一是非，宇宙也。今吾欲择是而居之，择非而去之，不知世之所谓是非者⑤，不知孰是孰非？

【注释】

①忤（wǔ）：违反，抵触。

②批：排除。施：通"迤（yǐ）"，斜行。

③至非之非：北宋本原作"之非至非"。刘绩《补注》本"之"、"至"倒。据正。

④隅（yú）曲：角落，局部。此文可与《庄子·齐物论》相参。

⑤不知：王念孙《读书杂志》：《群书治要》引此，无"不知"二字。

【译文】

天下的是非没有办法确定，世上的人各自认为他们的"是"才是正确的，而认为别人的"非"是不正确的。他们所说的是和非各不相同，都是自以为是而以别人为非。从这里可以看出，事情有合乎自己心意的，而不一定是正确的；有背离自己心意的，但不一定有错误。因此寻求"是"的人，不是寻求正确的道理，是寻求符合自己心意的东西；抛弃"非"的人，不是排除不正之术，而是抛弃背离自己心愿的东西。同自己相背离的，不一定不合乎别人的要求；符合我的心意，不一定不被世俗所非议。最高的"是"没有不正确的东西存在的；最高的"非"没有正确的东西存在的，这才是真正的是非观。至于认为这里是正确的而认为那里是不正确的，认为这里是不正确的而认为那里是正确的，这叫做一是一非。这里的一种是非观，只能适用于一个角落；而那里的一种是非观，可以适用于整个宇宙。现在我要选择正确的而处在其中，选择不正确的并抛弃它，不知道世上人所说的是与非，哪个正确、哪个不正确呢？

第十二卷　道应训

　　"道"是万物的本原，又是自然界和人类社会发生、发展的总规律。这个规律，普遍存在于一切事物之中。《道应训》就是研究这个规律在各个方面的具体运用。文中通过五十余则生动而富有哲理性的小故事，清楚地说明了"道之所行，物动而应"的问题。在每则故事之后，引用《老子》《庄子》和《慎子》著述中的观点，进行了理论阐述。可以说，这是对"道"进行解说的十分巧妙的形式。把道家思想中深邃而抽象的哲理，赋予了形象而又具体的内容。

　　本文除了采摘《老》《庄》来进行解说外，尚采用《吕览》《韩非子》《荀子》《列子》等内容来验证道家学说。其撰述形式，与《韩非子·喻老》相近。

　　陶方琦《淮南许注异同诂》："（此）许注本也。"

太清问于无穷曰①："子知道乎②？"无穷曰③："吾弗知也。"又问于无为曰④："子知道乎？"无为曰："吾知道。""子之知道，亦有数乎⑤？"无为曰："吾知道有数。"曰："其数奈何？"无为曰："吾知道之可以弱，可以强；可以柔，可以刚；可以阴，可以阳；可以窈，可以明；可以包裹天地，可以应待无方。此吾所以知道之数也。"

太清又问于无始曰⑥："乡者吾问道于无穷，无穷曰：'吾弗知之。'又问于无为，无为曰：'吾知道。'曰：'子之知道，亦有数乎？'无为曰：'吾知道有数。'曰：'其数奈何？'无为曰：'吾知道之可以弱，可以强；可以柔，可以刚；可以阴，可以阳；可以窈⑦，可以明；可以包裹天地，可以应待无方，吾所以知道之数也。'若是，则无为知与无穷之弗知⑧，孰是孰非？"无始曰："弗知之深，而知之浅；弗知内，而知之外；弗知精，而知之粗。"

太清仰而叹曰："然则不知乃知邪？知乃不知邪？孰知知之为弗知，弗知之为知邪？"无始曰："道不可闻，闻而非也；道不可见，见而非也；道不可言，言而非也。孰知形之不形者乎⑨？"故《老子》曰："天下皆知善之为善，斯不善也⑩。"故"知者不言，言者不知"也⑪。

【注释】

①太清：许慎注：太清，元气之清者也。

②道：指自然规律。

③无穷：许慎注：无形也。

④无为：许慎注：有形而不为也。

⑤数（shù）：道理，规律。《吕览·壅塞》高诱注：数，道数也。

⑥无始：许慎注：未始有之气也。

⑦窈：俞樾《诸子平议》："窈"读为"幽"，故与"明"相对。

⑧无为知：据《庄子·知北游》，"无为"下有"之"字。

⑨形之不形：《庄子·知北游》作"形形之不形"。

⑩"天下"二句：见于《老子》二章。

⑪"知者"二句：见于《老子》五十六章。

【译文】

太清问无穷说："你了解道吗？"无穷说："我不了解道。"又向无为问道："你了解道吗？"无为说："我了解道。""你了解的道，它有道理吗？"无为说："我了解的道有道理。"太清说："它的道理是怎样的呢？"无为说："我了解的道，可以变得弱小，可以变得强大；可以变得柔软，可以变得刚强；可以成为阴，可以成为阳；可以幽暗，可以光明；可以包容整个天地，可以应对没有极限的变化。这就是我所了解的道。"

太清又向无始询问说："从前我向无穷问道，无穷说：'我不了解道。'又向无为询问，无为说：'我了解道。'我说：'你了解的道，它也有道理吗？'无为说：'我了解的道有道理。'我问：'它的道理是怎样的？'无为说：'我所了解的道，它可以变得弱小，可以变得强大；可以变得柔软，可以变得刚强；可以成为阴，可以成为阳；可以变得幽暗，可以变得光明；可以包容整个天地，可以应对没有极限的变化，这就是我所了解的道。'像这样，那么无为的了解和无穷的不了解，哪个正确、哪个错误呢？"无始回答说："说不了解它的是深刻的，而认为了解的是肤浅的；说不了解的是处于道之内，而说了解的是处于道的外部；说不了解的是掌握了道的精华，而说了解它的只是掌握了道的皮毛。"

太清仰天叹息说："这样说不了解道的才是了解了道吗？说了解道的才是不了解道吗？谁知道自称了解道的是不了解，说不了解道的却是了解的呢？"无始回答说："道是不能够被听到的，听到的并不是道；道是不能被见到的，见到的并不是道；道是不能够被言传的，言传的并不是道。谁知道有形的形体是从无形的形体中产生的呢？"因此《老子》中说："天下的人都知道善是善的，那么不善就显露出来了。"所以"懂得道的人不说道，说道的人并不懂得道"。

惠子为惠王为国法①，已成而示诸先生，先生皆善之。奏之惠王，惠王甚说之，以示翟煎②。曰："善！"惠王曰："善，可行乎？"翟煎曰："不可！"惠王曰："善而不可行，何也？"翟煎对曰："今夫举大木者，前呼邪许③，后亦应之。此举重劝力之歌也，岂无郑、卫《激楚》之音哉④？然而不用者，不若此其宜也。治国有礼，不在文辩⑤。"故《老子》曰："法令滋彰，盗贼多有⑥。"此之谓也。

【注释】

①惠子：即惠施。战国宋人，曾为魏惠王相。庄子好友。名家代表人物。《汉书·艺文志》"名家"有《惠子》一篇。惠王：即魏惠王，名罃，在位51年。

②翟煎：魏臣。

③邪许：打号子的声音。

④郑、卫之音：春秋、战国时流行于郑、卫二国的俗乐。《激楚》：古代歌舞曲名。见《楚辞·招魂》。又指一种高亢凄清的音调。《吕览·淫辞》无《激楚》二字。《文子·微明》作"虽郑卫胡楚之音"，知"激"字有误。

⑤文辩：美丽的辞藻。

⑥"法令"二句：见于《老子》五十七章。

【译文】

　　惠施为相给魏惠王制定国法，方案完成后交给先生们议论，诸位先生都认为很好。把它报告给了魏惠王，魏惠王也很高兴，把它交给大臣翟煎。翟煎也说："好！"魏王说："既然不错，在国中颁行怎样？"翟煎说："不行！"惠王说："既然认为不错而又不能实行，这是为什么？"翟煎回答说："现在工人搬运大木头，前面领头喊起邪许的号子，后面就会齐声响应。这是举起重物勉励用力的歌子，难道就没有流行的郑、卫民歌和高亢的《激楚》之乐吗？但是他们却不去采用它，这是因为不如劳动号子更适合表达情趣。治理国家有礼法，而不在于美丽的词句。"因此《老子》中说："法令越分明，盗贼反倒越多。"说的就是这个意思。

昔尧之佐九人①，舜之佐七人②，武王之佐五人③。尧、舜、武王于九、七、五者，不能一事焉。然而垂拱受成功者④，善乘人之资也⑤。故人与骥逐走⑥，则不胜骥；托于车上，则骥不能胜人。北方有兽，其名曰蹷⑦，鼠前而菟后⑧，趋则顿，走则颠，常为蛩蛩駏驉取甘草以与之⑨，蹷有患害，蛩蛩駏驉必负而走。此以其能托其所不能。故《老子》曰："夫代大匠斫者，希不伤其手⑩。"

【注释】

①尧之佐九人：许慎注：谓禹、皋陶（gāoyáo）、稷（jì）、契（xiè）、伯夷、倕（chuí）、益、夔（kuí）、龙也。

②舜之佐七人：指禹、皋陶、稷、契、益、夔、龙。

③武王之佐五人：许慎注：谓周公、召公、太公、毕公、毛公也。

④垂拱：垂衣拱手。形容无所事事，不费力气。

⑤资：助。

⑥骥（jì）：骏马。逐走：赛跑。

⑦蹷（jué）：兽名。也叫蹷鼠。前足短，后腿长。按，

"北方有兽"条，见于《吕览·不广》。

⑧菟（tù）：《别雅》卷四：菟，兔也。

⑨蛩（qióng）蛩距虚（jùxū）：许慎注：前足长，后足短，故能乘虚而走，不能上也。按，亦称涿鹿。一说为两种动物。《说文》：蛩蛩，兽也。《玉篇》：距虚，兽，似骡。又说为一物。《广韵》钟韵：蛩蛩巨虚，兽也。与本文同。

⑩"夫代"二句：见于《老子》七十四章。

【译文】

从前尧的辅佐有九个贤臣，舜的辅佐有七人，周武王的辅佐有五人。尧、舜、周武王，同辅臣九、七、五相比，并不能具有他们一样的本事。虽然这样却能垂衣拱手地得到成功，都是善于依靠他人的帮助。因此人和骏马赛跑，那么不能胜过骏马；把人托付在车子上，那么千里马也不能胜过人。北方有一种野兽，它的名字叫蟨鼠，前腿像老鼠前腿，而后腿像兔子后腿，快走就会头触地，奔跑就要跌倒，常常给前腿长后腿短的涿鹿送来甜美的青草，蟨鼠有了灾难危险，涿鹿便背起它逃命。这两种动物各自利用自己长处，而把自己的短处寄托在对方身上。所以《老子》中说："代替木匠砍木头，很少不砍伤自己的手的。"

魏武侯问于李克曰①："吴之所以亡者②，何也？"李克对曰："数战而数胜③。"武侯曰："数战数胜，国之福，其独以亡，何故也？"对曰："数战则民罢④，数胜则主憍⑤，以憍主使罢民，而国不亡者，天下鲜矣。㤭则恣，恣则极虑⑥，上下俱极，吴之亡犹晚。此夫差之所以自刭于干遂也⑦。"故《老子》曰："功成名遂身退，天之道也⑧。"

【注释】

①魏武侯：战国魏君，名击，文侯子，在位 26 年。《韩诗外传》卷十作"文侯"。《吕览·适威》作"武侯"，误。李克：又作里克，战国法家，曾为魏相十多年。

②吴：指吴王夫差统治之时。

③数战而数胜：指前 494 年，吴王夫差败越，越王求和。前 489 年，攻陈。前 487 年，攻鲁。前 484 年，败齐于艾陵。前 482 年，夫差会盟诸侯于黄池。前 473 年，越王勾践灭吴，夫差求和不成，自杀。

④罢：同"疲"，疲惫。

⑤㤭（jiāo）：通作"骄"。

⑥恣则极虑：刘绩《补注》本有"极物，罢则怨，怨则"七字。

⑦干遂：春秋吴邑，在今江苏苏州市境内西北。按，本节出自《吕览·适威》。

⑧"功成"二句：见于《老子》九章。遂，成。

【译文】

魏武侯问李克说："强大的吴国遭到灭亡，是什么原因呢？"李克回答说："每次打仗都打了胜仗，所以要灭亡。"魏武侯说："每次打仗都打了胜仗，这是国家的福气，他们的国家却独独灭亡，这是什么缘故呢？"李克回答说："经常打仗百姓就疲惫不堪，经常取得胜利国君必然骄横，用骄横的国君驱使疲惫的百姓，而国家不灭亡的，天下是很少见的。骄傲就会放纵，放纵就会极尽外物之欲，百姓疲困就会怨恨，怨恨就会极尽巧诈的心机，国君和百姓都达到了极限，吴国的灭亡还算晚的。这就是吴王夫差在姑苏自杀的原因。"因此《老子》中说："功成名就自身退隐，这是天道的规律。"

宁戚欲干齐桓公①，困穷无以自达②。于是为商旅③，将任车④，以商于齐⑤，暮宿于郭门之外。桓公郊迎客，夜开门⑥，辟任车⑦，爝火甚盛⑧，从者甚众。宁越饭牛车下⑨，望见桓公而悲，击牛角而疾商歌⑩。桓公闻之，抚其仆之手曰："异哉！歌者非常人也！"命后车载之。桓公及至⑪，从者以请。桓公赣之衣冠而见⑫，说以为天下。桓公大说，将任之。群臣争之曰："客卫人也，卫之去齐不远，君不若使人问之。问之而故贤者也，用之未晚。"桓公曰："不然。问之患其有小恶也⑬。以人之小恶而忘人之大美，此人主之所以失天下之士也。"凡听必有验，一听而弗复问，合其所以也。且人固难合也⑭，权而用其长者而已矣。当是举也，桓公得之矣。故《老子》曰："天大、地大、道大、王亦大，域中有四大，而王处其一焉⑮。"以言其能包裹之也。

【注释】

①宁戚：北宋本原作"宁越"。刘绩《补注》本作"宁戚"。据正。其为卫国贤人，家贫无资，饭牛至齐，干桓公，任大田、相国之职。《吕览·举难》及《氾论训》高诱注皆作"戚"，为春秋时代人。而宁越为战国时代人，曾为周威烈王之师。两人相距约二百六十年。

②达：接近，上达。

③商旅：商贩。

④将：依持。任：装戴。

⑤商：于大成《道应校释》："商"疑本作"适"。《新序》作"适"，《吕览》作"至"。

⑥开：北宋本原作"问"。刘绩《补注》本作"开"。据正。

⑦辟：通"避"，避开。

⑧爝（jué）：火把，火炬。

⑨饭：喂养。

⑩疾：急速。商歌：商调的歌，低沉而悲壮。

⑪及：王念孙《读书杂志》："及"当为"反"，字之误也。《吕览·举难》作"反"。按，疑北宋本误。

⑫赣（gàn）：赐给。

⑬小恶：小过失。

⑭合：王念孙《读书杂志》："合"当为"全"，言用人不可求全也。《吕览·举难》作"全"。

⑮"天大"三句：见于《老子》二十五章。

【译文】

宁戚想要干求齐桓公，因为困穷没有办法得志。于是他依托商贩的载物之车，而到齐国做买卖，晚上借宿在郭门之外。齐桓公到郊外迎客，夜里开了郭门，让货车避开，路上火炬照得通红，随从的人很多。宁戚在车下喂牛，看到齐桓公而心中悲伤，敲打着牛角唱起悲凉凄楚的商歌。齐桓公听了，抚摸着他的仆人的手说："奇异啊！唱歌的是个不寻常的人！"于是命令让他坐上后车。齐桓公迎客回宫，随从的人请求安置宁戚。齐桓公赏赐他衣冠而宁戚拜见桓公，陈说治理天下的道理。桓公非常高兴，准备授他官职。众臣劝谏说："客人是卫国人，卫国离开齐国不远，君主不如派人查问他。查问之后如果是卫国贤者，任用他也不晚。"齐桓公说："不能这样。查问他是担心他有一些小的缺陷。因为别人的小缺陷而忘记别人的大美德，这就是人君失去天下贤人的原因。"大凡听到别人所说必定要验证，听到一次而不再仔细询问，便往往和他们所想的结果相合。况且人本来就不是十全十美的，衡量后而使用别人的长处罢了。这是举荐人才的得当做法，桓公做到了。所以《老子》中说："天大、地大、道大、王亦大，国中有四大，而国君处于其一。"用它来说明国君能够包容天下的贤德之人。

楚庄王问詹何曰[①]："治国奈何？"对曰："何明于治身，而不明于治国。"楚王曰："寡人得立宗庙社稷[②]，愿学所以守之。"詹何对曰："臣未尝闻身治而国乱者也，未尝闻身乱而国治者也。故本任于身③，不敢对以末④。"楚王曰："善！"故《老子》曰："修之身，其德乃真"也⑤。

【注释】

①楚庄王：陈奇猷《吕氏春秋校释》：考《庄子·让王篇》及本书《审为篇》载詹何与中山公子牟答问，则詹何当是楚顷襄王时人，则此文"楚王"盖指顷襄王，而《列子·说符》"庄"乃"襄"音近之误。

②立：有"主"、"奉"、"涖"诸说。《列子·说符》作"奉"。《大戴礼记·诰志》王聘珍解诂：立，涖也。

③任：王念孙《读书杂志》："任"当为"在"，字之误也。《吕览·执一》作"在"。

④末：北宋本原作"未"。《道藏》本作"末"。据正。

⑤"修之身"二句：见于《老子》五十四章。

【译文】

楚顷襄王向詹何询问说："怎么样才能把国家治理好呢？"詹何回答说："我对于修身是懂得的，对于治理国家不大清楚。"楚王说："寡人得以莅临宗庙和社稷之神，希望学习用来守护它的办法。"詹何回答说："我还不曾听说过国君自身正直而国家混乱的，也不曾听说过自身堕落而国家得到治理的。因此根本在于自身，不敢用末节来回答。"楚王说："好！"因此《老子》中说："修治自身，他的德性才能真诚。"

秦穆公请伯乐曰①："子之年长矣，子姓有可使求马者乎②？”对曰：“良马者，可以形容筋骨相也③。相天下之马者④，若灭若失，若亡其一⑤。若此马者，绝尘弭辙⑥。臣之子皆下材也，可告以良马，而不可告以天下之马。臣有所与供儋缠采薪者九方堙⑦，此其于马，非臣之下也，请见之。”穆公见之，使之求马。三月而反，报曰：“已得马矣，在于沙丘⑧。”穆公问：“何马也？”对曰：“牡而黄。”使人往取之，牝而骊⑨。穆公不说，召伯乐而问之曰：“败矣！子之所使求者⑩，毛物牝牡弗能知⑪，又何马之能知！”伯乐喟然大息曰⑫：“一至此乎⑬！是乃其所以千万臣而无数者也。若堙之所观者，天机也⑭。得其精而忘其粗，在其内而忘其外⑮，见其所见而不见其所不见，视其所视而遗其所不视。若彼之所相者，乃有贵乎马者！”马至而果千里之马。故《老子》曰：“大直若屈，大巧若拙⑯。”

【注释】

①秦穆公：春秋秦君，名任好，在位 39 年，为春秋五霸之一。请：刘绩《补注》本作“谓”。伯乐：古代善相马者。

②子姓：同姓子孙。

③形容：形体容貌。

④天下之马：指天下的名马。

⑤“若灭”二句：许慎注：若灭，其相不可见也。若失，乍入乍出也。若亡，仿佛不及也。按，若灭若

失，忽隐忽现、恍惚迷离的样子。指外部气质很难把握。若亡其一，似有似无的样子。

⑥绝尘：像离开尘世一样。弭徹：不见痕迹。喻奔跑极为神速。徹，通"辙"。刘绩《补注》本作"辙"。弭（mǐ）：消除。

⑦儋（dān）：俗作"担"。缠：即绳索。采薪者：《列子·说符》作"薪菜者"。九方堙（yīn）：春秋时善相马者。《列子·说符》作"九方皋"，《庄子·徐无鬼》作"九方歅（yīn）"。

⑧沙丘：地名。在今河北广宗境内。

⑨牝（pìn）：母马。骊（lí）：马深黑色。

⑩求者：王念孙《读书杂志》："求"下脱"马"字。《邰正传》注及《白帖》引此，并有"马"字，《列子》同。

⑪毛物：即毛色。牝：北宋本原作"牡"。《道藏》本作"牝"。据正。

⑫喟（kuì）然：叹气的样子。

⑬一：乃，竟。

⑭天机：天然的特性。

⑮在：考察。按，本则出自《列子·说符》。

⑯"大直"二句：见于《老子》四十五章。

【译文】

秦穆公对伯乐说："您年纪已经很大了，你的家族中有能继承你的事业、善于相马的人吗？"伯乐回答说："一般的好马，可以从形体外貌骨骼上看出来。但是天下绝伦的千里马，它的特点忽隐忽现，就像丧失形体一样。像这样的马，飞驰得像要离开尘世寻不到一点形迹。我的儿子都是平庸之辈，可以告诉他们选择一般的好马，而不能够告诉他们千里马的特征。我有一个和我同样担柴伐薪的人叫九方堙，他对于相马之术，并不在我之下，请求国君接见他。"秦穆公接见了九方堙，派他到外地寻求千里马。去了三个月后回来说："已经寻到了一匹千里马，在沙丘那个地方。"秦穆公问道："是什么样的马呢？"回答说："是一匹黄色公马。"穆公派人取回来，是一匹黑色的母马。穆公很不高兴，便把伯乐招来并责问他说："太差劲了！您所引荐的那个求马的人，连马的毛色雌雄都分不清，又怎能知道什么好马呢！"伯乐听了长叹一声说："九方堙的相马技术竟达到这样神妙程度呵！这就是他超过我千万倍而无法估量的地方。像九方堙所看到的，是马的天然特性。得到它的精髓而忘掉它的粗疏，看到内在特质而丢掉了表象，看到他应该见到的东西而不去注视他所不需要的东西，考察了他应该考察的东西而放弃了他所不必要考察的东西。像他这样的相马经验，比起那千里马要超过千万倍呵！"马带回来后果然是一匹千里马。因此《老子》中说："最正直好似枉曲，最灵巧好似笨拙。"

子发攻蔡①，逾之②。宣王郊迎③，列田百顷④，而封之执圭⑤。子发辞不受，曰："治国立政，诸侯入宾，此君之德也；发号施令，师未合而敌遁，此将军之威也；兵陈战而胜敌者，此庶民之力也。夫乘民之功劳，而取其爵禄⑥，非仁义之道也。"故辞而弗受。故《老子》曰："功成而不居，夫唯不居，是以不去。"⑦

【注释】

①子发：楚宣王、威王时将军。蔡：指下蔡。即今安徽凤台一带。

②逾：越过。即战胜之义。

③宣王：战国楚君，叫熊良夫，在位30年。这里的史实记载有误。蔡已于楚惠王四十二年被灭绝祀，不当再有七十余年后攻蔡之事。这里当指公子弃疾和楚灵王攻蔡之事。

④列：通"裂"，封给。

⑤执圭：许慎注：楚爵功臣赐以圭，谓之执圭，比附庸之君也。按，战国楚国设立的最高爵位，也称上执圭。

⑥爵禄：《道藏》本"禄"后有"者"字。按，本则内容尚见于《荀子·强国》。

⑦"功成"三句：见于《老子》二章。

【译文】

楚将子发攻打蔡国，旗开得胜。楚宣王亲自到郊外迎接，并割给他土地百亩，而封他为楚国执圭。子发坚辞不受，说："治理国家制定政策，诸侯朝拜，这是国君的大德所致；指挥部队号令三军，双方军队没有交锋而敌人逃跑，这是将军们的威力所致；出兵上阵而战胜敌军，这是成千上万士兵的功劳。凭借他人的力量建立一点功劳，便要取得爵号俸禄，这不符合仁义之道的要求。"因此坚决辞去而不接受。所以《老子》中说："大功告成而不居功，正因为不居功，因此就不会丢掉功劳。"

公仪休相鲁而嗜鱼①，一国献鱼，公仪子不受。其弟子谏曰："夫子嗜鱼，弗受何也？"答曰："夫唯嗜鱼，故弗受。夫受鱼而免于相，虽嗜鱼，不能自给鱼。毋受鱼而不免于相，则能长自给鱼。"此明于为人为己者也。故《老子》曰："后其身而身先，外其身而身存，非以无私？故能成其私②。"一曰："知足不辱③。"

【注释】

①公仪休：鲁博士，为鲁相。《史记·循吏列传》有记载。此条见于《韩非子·外储说右下》等。

②"后其身"四句：见于《老子》七章。"非以"句，《道藏》本作"非以其无私邪？"

③"知足"句：见于《老子》四十四章。

【译文】

公仪休担任鲁相而特别喜欢吃鱼，鲁国的人都争着把鲜鱼献给他，公仪休拒绝接受。他的弟子劝谏说："老先生特别爱吃鱼，但是送鱼你不接受这是为什么？"公仪休回答说："正因为我喜欢吃鱼，因此才不能够接受。接受了别人的鱼而被免去相位，即使再喜欢吃鱼，也不能够吃到自己供给的鱼了。不接受别人的鱼就不会免相，那么就能够长期靠俸禄买到鱼吃。"公仪休为官对人对己的标准是十分明确的。所以《老子》中说："把自己放在最后自己反而占先，把自己置之度外自身反而得到保存，不正是因为他的无私吗？所以能够保全自己。"又说："知道满足不会遭到困辱。"

狐丘丈人谓孙叔敖曰①："人有三怨，子知之乎？"孙叔敖曰："何谓也？"对曰："爵高者士妒之，官大者主恶之，禄厚者怨处之。"孙叔敖曰："吾爵益高，吾志益下；吾官益大，吾心益小；吾禄益厚，吾施益博，是以免三怨，可乎？"故《老子》曰："故贵必以贱为本，高必以下为基②。"

【注释】

①狐丘：地名。《荀子·尧问》作"缯（zēng）丘"。在河南方城北。丈人：年长者之称。《荀子·尧问》作"封人"。孙叔敖（前630？—前593）：春秋楚庄王令尹。芳（wěi）氏，名敖，字孙叔，一字艾猎。楚国期思（今河南淮滨）人。辅佐庄王称霸。按，本则见于《列子·说符》等。

②"故贵"二句：见于《老子》三十九章。

【译文】

狐丘丈人对孙叔敖说："你由布衣擢为令尹，别人有三件事埋怨你，你知道吗？"孙叔敖说："说的是什么？"丈人回答说："爵位高了大夫嫉妒你，权势大了国君厌恶你，俸禄高了百姓埋怨你。"孙叔敖说："我的爵位越高，我的欲望更小；我的官位越大，我的心欲越小；我的俸禄多了，我广施于人，用这三条免除对我的怨气，可以吗？"因此《老子》中说："尊贵必须以卑贱作为根本，高大必须以低下为根基。"

大司马捶钩者①，年八十矣，而不失钩芒②。大司马曰："子巧邪！有道邪？"曰："臣有守也。臣年二十好捶钩，于物无视也，非钩无察也。"是以用之者，必假于弗用也③，而以长得其用，而况持不用者乎④，物孰不济焉⑤？故《老子》曰："从事于道者，同于道⑥。"

【注释】

①大司马：官名。《周礼·夏官》中有大司马，掌邦政。捶（chuí）：打，锻。钩：许慎注中指"钓钩"。按，又指一种兵器。

②芒：指锋芒。

③假：借助。

④而况持不用者乎：刘绩《补注》本"持"下有"无"字。当据《庄子》补。

⑤济：资助。按，本则见于《庄子·知北游》。

⑥"从事"二句：见于《老子》二十三章。

【译文】

大司马有个锻打兵器钩的工人，年纪已经八十多岁了，而打出的钩锋芒一点也没减弱。大司马问道："你的技艺真巧妙呀！有道术吗？"捶钩者说："我守持着理念。我在二十岁的时候就爱好打制兵器，对于其他的东西什么也不看，不是钩我是不关心的。"因此用心在捶钩方面，必定借助于不被使用的那部分精力，因而才能够长期得以用来捶钩，而何况持守的是无所不用的道呢，万物中哪个不受它资助呢？因此《老子》中说："从事于道的人，就与道相合。"

　　宓子治亶父三年①，而巫马期绹衣短褐②，易容貌，往观化焉。见夜鱼释之③。巫马期问焉，曰："凡子所为鱼者欲得也，今得而释之，何也？"渔者对曰："宓子不欲人取小鱼也。所得者小鱼，是以释之。"巫马期归，以报孔子曰："宓子之德至矣④。使人暗行⑤，若有严刑在其侧者。宓子何以至于此？"孔子曰："丘尝问之以治，言曰：'诚于此者刑于彼'⑥，宓子必行此术也。"故《老子》曰："去彼取此⑦。"

【注释】

①宓子：北宋本原作"季子"。王念孙《读书杂志》："季"当为"宓"，字之误也。《群书治要》引此"季子"作"宓子"，《吕览·具备》同。按，《史记·仲尼弟子列传》载："宓不齐，字子贱。少孔子三十岁。"为单父宰，有治政才能。"季"字误。当正。下四"季"字误同。亶（dǎn）父：又作单父，在今

山东单县。

②巫马期:《史记·仲尼弟子列传》载:"字子期。少孔子三十岁。"绖(wèn)衣:古代的一种丧服。脱帽,用布包发髻。

③"见夜鱼"句:王念孙《读书杂志》《太平御览·鳞介部》七引作"见夜鱼者释之",《群书治要》引作"见夜渔者得鱼则释之"。

④至:指达到很高的境界。

⑤暗行:黑暗中行事。指独自行事。

⑥诚:告诫。王念孙《读书杂志》:各本及庄本"诚"字皆误作"诫"。《群书治要》引此,正作"诚"。刑:通"形",形成。按,本则化自《吕览·具备》。

⑦去彼取此:见于《老子》十二、三十八、七十二章。

【译文】

宓子治理亶父三年之后,巫马期头戴绖巾身着粗衣,改变容貌,去观察他的治政变化。看到夜里打鱼的人把捕到的鱼扔到水里。巫马期便问:"你捕鱼为的是得到鱼,现在把捕到的鱼又放回水里,这是为什么?"打鱼的人回答说:"宓子不希望人捕取小鱼,所得到的是小鱼,因此又放回水中。"巫马期回去后,把此事报告孔子说:"宓子的道德教化已经达到很高的境界了。即使人在黑夜里行事,就好像有严刑在自己身边一样。宓子怎么能达到这种境界呢?"孔子说:"我曾经询问他如何治理国家,他说:'在这些地方真诚行事,在那些地方就形成了规范。'宓子必定实行的是这种方法。"因此《老子》中说:"抛弃浮华取其厚实。"

孔子观桓公之庙①,有器焉,谓之宥卮②。孔子曰:"善哉!予得见此器③。"颇顾曰④:"弟子取水。"水至,灌之。其中则正⑤,其盈则覆⑥。孔子造然革容曰⑦:"善哉!持盈者乎⑧!"子贡在侧曰⑨:"请问持盈?"曰:"揖而损之⑩。"曰:"何谓揖而损之?"曰:"夫物盛而衰,乐极则悲,日中而移,月盈而亏。是故聪明睿知⑪,守之以愚;多闻博辩,守之以俭;武力毅勇,守之以畏;富贵广大,守之以陋;德施天下,守之以让。此五者,先王所以守天下而弗失也。反此五者,未尝不危也。"故《老子》曰:"服此道者不欲盈。夫唯不盈,是以能弊而不新成⑫。"

【注释】

①桓公:鲁桓公,春秋鲁君,名子允,在位18年。

②宥卮(yòuzhī):古代的一种盛水器。西安半坡出土盛水陶罐,尖底、口小、腹大,重心居中,即古老宥卮之原形。此物又叫宥坐、右坐,后代称欹器。取"持中"之意。宥,通"右"。杜预、刘徽、祖冲之等曾加以仿造。

③予:北宋本原作"乎"。刘绩《补注》本作"予"。据正。

④颇顾曰：《道藏》本作"顾曰"。《荀子·宥坐》作"顾谓弟子曰"。颇，头偏。顾，回头看。二字义近。疑"颇"为衍文。

⑤其中则正：许慎注：中，水半㧖中也。按，指水装适中就会端正。

⑥其盈则覆：装满了就会倾覆。

⑦造然：突然。革：改变。

⑧持盈：持满。

⑨子贡：孔子弟子。春秋末卫国人。姓端木，名赐，字子贡，也作子赣。善于经商和游说。

⑩挹：通"抑"，损。刘绩《补注》本作"益"。

⑪睿知：明智，智慧。按，此则出自《荀子·宥坐》等。

⑫"服此道"三句：见于《老子》十五章。服，保持。"是以"句，《文子·九守》作"是以弊不新成"。

【译文】

孔子参观鲁桓公的宗庙，那里有一种巧器，名叫宥卮。孔子说："好啊！我得以能够见到这个宝物。"回头对弟子说："你们取水来。"水送到后，灌至容器中。装得正适中就会端正，满了就会倾覆。孔子突然改变面容说："好啊！这才是持盈之道啊！"弟子子贡在旁边问道："请问如何保持满而不倾呢？"孔子说："抑制而减少它。"子贡问："什么叫抑制而减少它呢？"孔子说："万物极盛就要走向灭亡，快乐到极点就要走向悲哀，太阳过正午就要移动，月亮满了就要变亏缺。因此聪明智慧的人，要用无知来持守；见闻广博的人，要用浅陋来持守；勇武刚强的人，要用畏惧来持守；富足尊贵的人，要用节俭来持守；德泽施予天下的人，要用谦让来操守。这五个方面，是先王用来持守天下而不失去的原则。违反这五个原则，没有不曾遭到危险的。"因此《老子》中说："保持这种处世之道的人不肯自满。正因为不自满，所以在失败之后而又能得到更新成功。"

第十三卷　氾论训

本篇的宗旨是"博说世间、古今得失，以道为化，大归于一"。涉猎广泛，内容丰富，而都归结到"道"这个核心之中。

本训首先用大量篇幅阐明了作者的历史观，指出物质文明和科学技术的发展，是战胜自然、随着时代发展而产生的。

对于法制和礼乐制度，"不宜则废之"。法与时变，礼与俗化，反对崇旧循古。"治国有常，而利民为本；政教有经，而令行为上。苟利于民，不必法古；苟周于事，不必循旧"。体现了作者进步的历史观。圣人治政，不能凝滞不化，"论事而为之治"。

对于任人，要看主流。认为"自古及今，五帝三王，未有能全其行者也"。不能以"人之小过揜其大美"。

对社会流行的鬼神崇拜，作者认为是社会需要，而不是真有效验。这种无神论思想是值得肯定的。

陶方琦《淮南许注异同诂》：序目有"因以题篇"字，高注本也。

　　鲁昭公有慈母而爱之^①，死，为之练冠^②，故有慈母之服。阳侯杀蓼侯而窃其夫人，故大飨废夫人之礼^③。先王之制，不宜则废之；末世之事，善则著之^④。是故礼乐未始有常也。故圣人制礼乐，而不制于礼乐。治国有常，而利民为本；政教有经，而令行为上^⑤。苟利于民，不必法古；苟周于事，不必循旧^⑥。

【注释】

①鲁昭公：春秋末鲁君，在位 32 年。慈母：指抚养自己成长的庶母、保姆。

②练冠：古代丧服，服一年之丧。《仪礼·丧服》规定服丧三月。按以上化自《礼记·曾子问》。

③"阳侯"二句：高诱注：阳侯，阳陵国侯也。蓼（liǎo）侯，皋陶之后，偃姓之国侯也，今在庐江。古者大飨饮酒，君执爵，夫人执豆。阳侯见蓼侯夫人美艳，因杀蓼侯而娶夫人。由是废致夫人之礼。记所由废也。按，古蓼国在今安徽寿县、霍邱及河南固始一带。

④著：使之显著。

⑤"治国"四句：见于《战国策·赵策二》。

⑥"苟利于民"四句：见于《商君书·更法》。《说苑·善谋》亦载之。

【译文】

鲁昭公对抚养自己的慈母十分爱戴，她死了以后，替她服丧一年，所以就有了为慈母服丧的规定。阳侯看中了蓼侯夫人的美貌，在宴飨时杀了蓼侯而夺了他的夫人，因此就有了大飨时废除夫人执豆之礼。先王的制度，不适宜就要废除它；末世出色的政绩，也要让它显明。可见礼乐的规定是没有常规的。因此圣人制订礼乐，而不被礼乐所制约。治国有常则，而以有利于人民为根本；刑赏教化有法规，而政令通行才是最大的要求。只要有利于百姓，就不必遵循古制；只要符合大事，不必依循旧章。

夫夏、商之衰也，不变法而亡；三代之起也①，不相袭而王②。故圣人法与时变，礼与俗化。衣服器械，各便其用；法度制令，各因其宜。故变古未可非，而循俗未足多也③。

【注释】

①三代：指夏禹、商汤、周武王。

②袭：因袭。

③"故变古"二句：化自《商君书·更法》。

【译文】

夏、商的衰败，是因为不变法而灭亡的；禹、汤、武王三代的兴起，是不互相因袭而称王的。因此圣人执政法律和时代一起变动，礼制与习俗一起变化。衣服器械，各自方便他们的使用；法令制度，各自依照他们的适宜情况而制订。因此改变古制无可非议，而依循旧俗不值得太多称誉啊。

夫殷变夏，周变殷，春秋变周，三代之礼不同，何古之从？大人作而弟子循①，知法治所由生，则应时而变；不知法治之源，虽循古终乱。今世之法藉与时变②，礼义与俗易，为学者循先袭业，据籍守旧教，以为非此不治，是犹持方枘而周员凿也③，欲得宜适致固焉④，则难矣。

【注释】

①循：遵循。

②藉：通"籍"。《道藏》本作"籍"。

③枘（ruì）：榫子，榫头。

④致：精致，细密。

【译文】

殷朝取代夏朝，周朝改变商朝，春秋改变周朝，三代的礼节是不同的，遵从什么古代呢？不过是长辈制订法律弟子遵循罢了。知道法律所产生的原因，可以适应时势变化；不知道法律所产生的根源，即使遵循古代最终也要造成混乱。现实社会的法令条文与时代一起变化，礼仪和习俗一起转移，从事学问的人却遵循先人沿袭旧业，根据法籍守旧教，认为不是这样不能治理，这就像拿着方形的榫头而要和圆形的榫眼相合，要想达到适宜和牢固，那是很困难的。

天地之气，莫大于和①。和者阴阳调，日夜分而生物②。春分而生③，秋分而成，生之与成，必得和之精④。故圣人之道，宽而栗⑤，严而温，柔而直，猛而仁。太刚则折，太柔则卷，圣人正在刚柔之间，乃得道之本。积阴则沉，积阳则飞，阴阳相接，乃能成和⑥。

【注释】

①和：和谐之气。

②"和者"二句：《文子·上仁》："和者，阴阳调，日夜分。"无"而生物"三字。

③"春分"句：《文子·上仁》："故万物春分而生……"，有"故万物"三字。

④精：指和气中的精微之气。

⑤栗：坚硬。按，以上数句化自《尚书·舜典》及《皋陶谟》。

⑥"积阴"四句：郑良树《淮南子斠理》："积阴"四句疑当在"和之精"下。飞，飞扬，上扬。

【译文】

天地之间的气体，没有什么比和气更大的了。有了和气阴阳可以协调，日夜分明而万物滋长。万物春分时候开始生长，秋分开始成熟，生长和成熟，必然得到和气中的精微之气。因此圣人的治政方法，宽松而坚定，严厉而温和，柔软而正直，威猛而仁惠。过分刚强就会折断，过分柔软就会卷曲，圣人正好处在刚柔之间，才能得到道的根本。阴气积聚了就会沉溺，阳气积累了就会上扬，阴气阳气相互交接，才能成为和气。

夫弦歌鼓舞以为乐，盘旋揖让以修礼①，厚葬久丧以送死，孔子之所立也，而墨子非之②。兼爱、上贤、右鬼、非命③，墨子之所立也，而杨子非之④。全性保真，不以物累形⑤，杨子之所立也，而孟子非之⑥。趋舍人异，各有晓心⑦。故是非有处，得其处则无非，失其处则无是。丹穴、太蒙、反踵、空同、大夏、北户、奇肱、修股之民⑧，是非各异，习俗相反，君臣上下，夫妇父子，自以相使也⑨。此之是⑩，非彼之是也⑪；此之非，非彼之非也。譬若斤斧椎凿之各有所施也⑫。

【注释】

①盘旋：回旋周转。揖让：拱手谦让。

②而墨子非之：《墨子》中有《节用》《节葬》《非乐》等，反对贵族奢侈享乐、厚葬久丧的习俗。

③兼爱、上贤、右鬼、非命：俱为《墨子》篇名。

④杨子：战国初期道家，魏人。主张"贵生""重己"等，曾一度盛行。《列子》有《杨朱》篇。

⑤"全性保真"二句：《韩非子·显学》中记载："不以天下大利，易其胫（jìng）之一毛。"这是对杨朱学术思想的准确阐释。

⑥而孟子非之：高诱注：孟子受业于子思之门，成唐、虞、三代之德，叙《诗》《书》孔子之意，塞杨、墨淫辞，故"非之"也。

⑦晓心：明了于心。

⑧"丹穴"句：高诱注：丹穴，南方当日下之地。太蒙，西方日所入处也。反踵（zhǒng），国名，其人南行，武迹北向。空同，戴胜极下之地。大夏，在西方。北户，在南方。奇（jī）肱、修股之民，在西南方。凡此八者，皆九州之外，八寅之域者也。

⑨自：《道藏》本作"有"。

⑩此：指华夏。

⑪彼：指八寅之地。

⑫施：适宜。

【译文】

用琴瑟伴奏唱歌击鼓跳舞来作乐，回旋进退反复谦让来学习礼义，丰厚的葬品长时间服丧来送别死者，这是孔子所提倡的，而墨子对此有非议。兼受、上贤、右鬼、非命，是墨子所创立的，但是杨朱对此有非议。保全天性，不因为外物而拖累形体，这是杨子创立的学说，而孟子却非议它。采纳和舍弃因人而异，各自对自己的学说都很明了。因此是与非各自都有一定的环境，得到它的环境则没有"非"，失去它的环境就没有"是"。丹穴、太蒙、反踵、空同、大夏、北户、奇肱、脩股这些九州之外的人民，他们是非观各不相同，风俗习惯相反，但是君臣上下，夫妇父子之间，有用来互相支使的规则。这里的是，不是那个地方的是；这里的非，也不是那个地方的非。比如就像斤斧椎凿各自都有适宜的用处。

禹之时①，以五音听治②，悬钟鼓磬铎③，置鼗④，以待四方之士。为号曰："教寡人以道者击鼓，谕寡人以义者击钟，告寡人以事者振铎，语寡人以忧者击磬，有狱讼者摇鼗⑤。"当此之时，一馈而十起⑥，一沐而三捉发，以劳天下之民⑦。此而不能达善效忠者⑧，则才不足也。

【注释】

①禹：高诱注：颛顼（zhuānxū）后五世鲧（gǔn）之子也，名文命。受禅（shàn）成功曰禹。

②五音：宫、商、角、徵（zhǐ）、羽。

③磬（qìng）：石制敲击乐器。铎（duó）：大铃。古代宣布政教法令或战争时使用。

④鼗（táo）：有柄的小鼓。

⑤狱讼：指官司案件。

⑥馈（kuì）：吃饭。按，此则化自《鬻子·禹政》。

⑦劳：忧。

⑧达善：指通达善道。效忠：指献出忠心。

【译文】

夏禹执政的时候，用五音来处理政事，悬挂钟鼓磬铎，设置鼗，用来接待四方来归的人士。并发出号令说："用道理来教诲我的就打鼓，用大义劝谕我的就敲钟，把发生的事情告诉我的就摇起铎，要把心事告诉我的就击磬，有官司诉讼要使我判决的摆动鼗。"在这个时候，吃一顿饭要起来十几次，洗一次头要多次挽住头发，就是这样来忧劳天下的民事。像这样而不能通达善道献出忠心的人，是才能不够罢了。

　　国之所以存者，道德也①；家之所以亡者，理塞也。尧无百户之郭，舜无植锥之地，以有天下；禹无十人之众，汤无七里之分，以王诸侯。文王处岐周之间也②，地方不过百里，而立为天子者，有王道也。夏桀、殷纣之盛也，人迹所至，舟车所通，莫不为郡县，然而身死人手，为天下笑者，有亡形也。故圣人见化以观其征③。德有昌衰，风先萌焉④。故得王道者，虽小必大；有亡形者，虽成必败。夫夏之将亡，太史令终古先奔于商⑤，三年而桀乃亡；殷之将败也，太史令向艺先归文王，期年而纣乃亡⑥。故圣人之见存亡之迹、成败之际也，非乃鸣条之野、甲子之日也⑦。今谓疆者胜⑧，则度地计众；富者利，则量粟称金。若此，则千乘之君无不霸王者，而万乘之国无不破亡者矣⑨。存亡之迹，若此其易知也，愚夫惷妇⑩，皆能论之⑪。

【注释】

①"国之"二句：高诱注：道德施行，民悦其化，故　国存也。按，《文子·上仁》作"得道也"。

②岐：《道藏》本作"岐"。岐周，在今陕西岐山东北，　周族古公亶（dǎn）父从邠（bīn）迁来此地。

③征：形迹。

④"德有"二句：高诱注：风，气也。萌，见也。言

有盛德者，谓文王也。伯夷、太公先见之。有衰德者，谓桀〔纣也〕。太史令终古及向艺先去之也。

⑤终古：传说为夏桀内史。桀凿池为夜宫，男女杂处，三旬不朝，终古泣谏，不听，遂奔商。

⑥“殷之”三句：见于《吕览·先识》。向艺，殷纣时史官。又作“向挚（zhì）”。期（jī）年，一年。

⑦“非乃”句：高诱注：汤伐桀，禽于鸣条。武王诛纣，以甲子克之。按，鸣条，在今山西夏县西。甲子，《史记·殷本纪》：甲子日，纣兵败。

⑧疆：本又作壃（jiāng），亦作强。

⑨“则千乘”二句：无不霸王、无不破亡，王念孙《读书杂志》：两“不”字皆后人所加。于大成《氾论校释》：《鹖冠子·武灵王》：“今世之言兵也，皆强大者必胜，弱小者必灭，是则小国之君无霸王者，而万乘之主无破亡也。”王说是也。

⑩夫：北宋本原作“夬”。《道藏》本作“夫”。据正。

⑪论：辨别。

【译文】

诸侯国之所以存在的原因，是施行道德的缘故；大夫之家之所以灭亡的原因，是因为道德堵塞的缘故。尧没有百户人家的范围，舜没有立锥之地，而却能拥有整个天下；禹没有十人之众，汤没有七里的封地，而却能成为诸侯之王。文王处在岐周之地，土地方圆不过百里，而能被立为天子，因为施行仁义之道。夏桀、商纣王强盛的时候，人迹所到达的地方，舟车所能通行之处，没有不建成郡县的，虽然如此但是自己却死在别人手中，而被天下人所耻笑，这是因为事先就有了灭亡的征兆。因此圣人看到变化而能观察它的迹象。德性有兴盛衰落的时候，而从民风中首先会反映出来。因此能够得到为王正道的，即使处于极小范围之内，也一定能强大；有了灭亡的征兆，即使一时成功将终究要失败。夏朝将要灭亡的时候，太史令终古首先逃到了商，三年夏桀便正式灭亡；殷朝将要失败的时候，太史令向艺首先归向文王，一年后商纣王就灭亡了。因此圣人见到存亡的迹象、成败交替的时候，不一定始于在鸣条汤伐桀、甲子之日武王伐纣。现在说强大的必定胜利，那么就想到度量土地计算人口；说到富贵的必定有利益，那么就想到计量谷子称量金子。如果这样想，那么千乘的国君没有能够称王称霸的，而万乘之君没有破国亡家的。存亡的迹象，如果像这样容易知道，那么愚蠢的男女，也都能够辨说清楚了。

管仲辅公子纠而不能遂①，不可谓智；遁逃奔走，不死其难②，不可谓勇；束缚桎梏③，不讳其耻，不可谓贞。当此三行者，布衣弗友，人君弗臣。然而管仲免于束缚之中，立齐国之政，九合诸侯，一匡天下。使管仲出死捐躯④，不顾后图⑤，岂有此霸功哉？

【注释】

①公子纠：齐襄公之弟。襄公死后，在争夺齐国政权

过程中失败，被其弟公子小白（齐桓公）逼死。遂：成功。

②"遁逃"二句：高诱注：不死子纠之难也。

③桎梏（zhìgù）：木制的脚镣、手铐之类的刑具。指鲍叔牙迎管仲，脱其桎梏，桓公任以相国之职。

④出死：殉义而死。捐躯：为国家、正义而死，称捐躯。

⑤后图：后来的计划。

【译文】

管仲辅佐公子纠回国夺权而不能成功，不能算是有智谋；逃跑奔走，没有死于公子纠之难中，不能算是勇敢；被捆绑囚禁，不忌讳自己的耻辱，不能说是贞节。面对着这三种品行，平民不会和他交朋友，国君不用他作臣下。但是管仲从囚禁中免于一死，管理齐国的政事，九合诸侯，一匡天下。假使管仲抛弃身体殉义而死，不考虑以后的打算，难道会成就这样的霸王之业吗？

今人君论其臣也，不计其大功，总其略行①，而求小善，则失贤之数也②。故人有厚德，无问其小节；而有大誉，无疵其小故。夫牛蹄之涔③，不能生鳣鲔④；而蜂房不容鹄卵⑤，小形不足以包大体也。

【注释】

①略行：重要的品行。略，要。

②数：指统治方法。

③涔（cén）：雨水。

④鳣（zhān）：高诱注：大鱼，长丈余，细鳞，黄首，白身，短头，口在腹下。按，即鳇鱼。鲔（wěi）：高诱注：大鱼，亦长丈余，仲春二月从河西上，得过龙门，便为龙。按，指鲟（xún）鱼。

⑤鹄（hú）：即天鹅。

【译文】

假如国君评论他的臣下，不去考虑他的大功，集中考量他的主要品德，而只求小的好处，就会失去求贤之道。所以人有大的美德，不去过问他的小节；人有大的荣誉，不要挑剔小的毛病。牛蹄大的小坑，不能生长出大鱼；而蜂房里不能容纳天鹅的蛋，小的形状不能够包容大的形体。

夫尧、舜、汤、武，世主之隆也①；齐桓、晋文，五霸之豪英也②。然尧有不慈之名③，舜有卑父之谤④，汤、武有放弑之事⑤，伍伯有暴乱之谋⑥，是故君子不责备于一人。方正而不以割⑦，廉直而不以切⑧，博通而不以訾⑨，文武而不以责。求于一人⑩，则任以人力，自脩则以道德。责人以人力，易偿也；自脩以道德，难为也。难为则行高矣，易偿则求澹矣。夫夏后氏之璜⑪，不能无考⑫；明月之珠，不能无颣⑬。然而天下宝之者，何也？其小恶不足妨大美也。今志人之所短，而忘人之所脩，而求得其贤乎天下⑭，则难矣。

【注释】

①隆：盛。

②五霸：一说指齐桓公、晋文公、宋襄公、楚庄王、秦穆公。

③"然尧有"句：高诱注：谓不以天下予子丹朱也。按，此事尚见于《庄子·盗跖》等。

④"舜有"句：高诱注：谓瞽（gǔ）叟降在庶人也。按，亦见于《吕览·当务》。

⑤"汤、武"句：高诱注：殷汤放桀南巢，周武杀纣宣室。

⑥"伍伯"句：出自《吕览·当务》。

⑦割：分割，切割。

⑧切：苛刻。

⑨博通：广博精通。訾（zǐ）：诋毁。

⑩求于一人：王念孙《读书杂志》：刘本无"一"字，是也。《文子·上义》作"于人以力，自脩以道"。

⑪璜（huáng）：半璧曰璜。

⑫考：璧有瑕疵。《文子·上义》作"瑕"。

⑬颣（lèi）：斑点，瑕疵。

⑭其：王念孙《读书杂志》：衍"其"字。《艺文类聚·宝部》上引此无"其"字。按，《文子·上义》亦无"其"字。

【译文】

尧、舜、商汤、周武，是君王中事业最为隆盛的；齐桓、晋文，是五霸中的英豪。然而尧有不爱儿子的坏名声，舜有使父卑贱的非议，商汤、周武有流放、杀死桀、纣的举动，五霸有刀兵侵伐的计谋，因此君子对任何一个人都不应求全责备。对端正公平的人不要专门摘取他的缺点，对廉洁正直的人不要过分苛刻，对广博精通的人不要加以诋毁，对文武具备的人而不要加以责备。寻求贤人，就要用他的才能，自我修养就要用道德。寻求贤人任以才能，是容易实现的；用道德自我修养，是难于办到的。难于办到的就必待高行之人，容易实现的是需求淡薄的人。夏禹时的玉璜，不能没有污点；明月之珠，不能没有瑕疵。然而天下的人都把它作为宝物，这是为什么？它的小毛病不能妨碍它大的美德。现在光记住别人的短处，而忘记别人的长处，想在天下寻求到贤人，那么就很难了。

夫百里奚之饭牛①，伊尹之负鼎②，太公之鼓刀③，宁戚之商歌④，其美有存焉者矣。众人见其位之卑贱，事之洿辱⑤，而不知其大略，以为不肖。及其为天子三公，而立为诸侯贤相，乃始信于异众也。

【注释】

①"夫百里奚"句：春秋秦大夫。原为奴隶，曾为人喂牛。作为陪嫁送往秦，逃到楚，秦穆公以五张牡黑羊皮赎回，后帮助穆公成就霸业。见于《孟子·万章》等。

②"伊尹"句：伊尹曾为厨师，负鼎俎，调五味，以求汤，汤后为贤相。见于《吕览·本味》，并载于

《韩诗外传》卷七等。

③"太公"句：高诱注：河内汲人。有屠、钓之困，卒为文王佐，翼武王伐纣也。按，汲，即今河南卫辉。其地有太公庙、太公祠、姜太公墓等。其事见于《楚辞·离骚》等。

④"宁戚"句：高诱注：宁戚，卫人也，商旅于齐，宿郭门外，疾世商歌，以干桓公。桓公夜出迎客，闻之，举以为大田。其歌曲在《道应》说也。

⑤洿（wū）辱：污浊，耻辱。

【译文】

百里奚饲养牲口，伊尹做厨师烹调，姜太公敲击屠刀，宁戚商歌车下，他们的美德存在于其中。平常的人看到他们地位卑贱，从事的行业污浊屈辱，而不知道他们的雄才大略，便认为他们不贤德。等到他们担任天子三公，成为诸侯贤相，才开始相信他们确实与常人不同。

第十四卷　诠言训

诠言，就是阐明精微之言的意思。用"至理之文"（即道）去解释人事、治乱中的诸多具体问题。

本文认为，天地万物都产生于混沌不分、充满质朴元气的"太一"，并且形成五光十色的物质世界。"同出于一，所为各异"。"方以类别，物以群分"。道生成天地万物之后，就不再独立存在，消融于万物之中。"物物者，亡乎万物之中"。

文中强调怡养天性的重要。"原天命，治心术，理好憎，适情性，则治道通矣"；"节寝处，适饮食，和喜怒，便动静，使在己者得，而邪气因而不生"。

把道用在政治上，就是要"无为而治"，这是治国、安民、成就霸业的根本。什么叫"无为"？"智者不以位为事，勇者不以位为暴，仁者不以位为惠，可谓无为矣"。

陶方琦《淮南许注异同诂》：序目无"因以题篇"字，许注本也。

王子庆忌死于剑①，羿死于桃棓②，子路菹于卫，苏秦死于口③。

人莫不贵其所有，而贱其所短，然而皆溺其所贵④，而极其所贱。所贵者有形，所贱者无朕也⑤。故虎豹之强来射⑥，猿狖之捷来措⑦。人能贵其所贱，贱其所贵，可与言至论矣。

【注释】

①"王子庆忌"句：许慎注：王子庆忌者，吴王僚（liáo）之弟子。阖闾（hélú）弑僚，庆忌勇健，亡在郑。阖闾畏之，使要离刺庆忌也。按，庆忌，吴王僚之子。其事载于《战国策·魏策》等。

②"羿死于"句：许慎注：棓（bàng），大杖，以桃木为之，以击杀羿。犹是已来，鬼畏桃也。

③"苏秦"句：许慎注：苏秦好说，为齐所杀。按，秦，北宋本原作"奉"。《道藏》本作"秦"。据正。口，北宋本原作"日"。《道藏》本作"口"。据正。

④溺：沉溺。

⑤朕：形迹。

⑥来：招来。

⑦措：通"籍（cè）"，刺。

【译文】

王子庆忌勇捷而死于剑下，羿善射而死于桃棒，子路忠直在卫国被剁成肉酱，苏秦雄辩死在嘴上。

没有人不珍视他的长处，而轻视他的短处，但是又都沉溺在他的长处之中，而把他的短处看得极小。所珍视的长处是有形的，而所轻视的短处是无形的。因此虎豹的强暴却招来弓箭射击，猿狖的敏捷却遭到刺杀。人们能够珍重他所轻视的，轻视他所珍重的，便可以和他谈论最高的道理了。

原天命，治心术^①，理好憎，适情性，则治道通矣。原天命，则不惑祸福；治心术，则不忘喜怒^②；理好憎，则不贪无用；适情性，则欲不过节。不惑祸福，则动静循理；不妄喜怒，则赏罚不阿；不贪无用，则不以欲用害性^③；欲不过节，则养性知足。凡此四者，弗求于外，弗假于人，反己而得矣。

【注释】

①心术：指"心"认识事物的方法和途径，与"思想"相似。

②忘：《道藏》本作"妄"。朱骏声《说文通训定声》：忘者，妄也。

③欲用：刘绩《补注》本、《文子·符言》无"用"字。按，"原天命"至"欲不过节"，亦载于《韩诗外传》卷二，《文子·符言》略同。

【译文】

理清天命的根源，治理好思想，理顺好憎关系，调整适宜的情性，那么治世之道就畅通了。搞清天性的根源，就不会受灾祸幸福的迷惑；治理好思想，就不会妄生欢喜愤怒之情；理顺好憎关系，就不会贪得无用之物；协调适宜的情性，那么欲望就不会超过限度。不受灾祸福祥的迷惑，那么行动静止都能依循道理；不妄生欢喜愤怒之情，那么实行赏罚便不会偏袒；不贪得无用之物，就不会因为欲望妨碍天性；欲望不超过限度，那么就能保养天性知道满足。这四个方面，不需要向外部寻求，不必要向他人求借，返身自求即可得到。

为治之本，务在于安民；安民之本，在于足用；足用之本，在于勿夺时；勿夺时之本，在于省事；省事之本，在于节欲；节欲之本，在于反性；反性之本，在于去载①。去载则虚，虚则平。平者道之素也②，虚者道之舍也③。

【注释】

①去载：抛弃外面的文饰。按，"为治"至"去载"，亦载于《齐民要术·种谷第三》，其引文"务在安民"，无"于"字。

②素：本色。

③"虚者"句：《韩非子·扬权》：虚心以为道舍。按，道舍，藏道之处所。

【译文】

治理国家的根本，在于安定百姓；安定百姓的根本，在于满足他们的用度；满足用度的根本，在于不要耽误生产时节；不耽误生产时节的根本，在于节省官事；节省官事的根本，在于节制贪欲；节制贪欲的根本，在于返回天性；返回天性的根本，在于抛弃外表的粉饰。抛弃外表的粉饰就能达到虚静，虚静就能平定。平定是道的本色，虚静是道的归宿。

能成霸王者，必得胜者也；能胜敌者，必强者也；能强者，必用人力者也；能用人力者，必得人心也①；能得人心者，必自得者也；能自得者，必柔弱也②。强胜不若己者，至于与同则格③；柔胜出于己者，其力不可度。故能以众不胜成大胜者，唯圣人能之。

【注释】

①人心也:《文子·符言》"心"下有"者"字。

②也:《文子·符言》作"者"。

③"强胜"二句:许慎注：言人力能与己力同也，己以强加之，则战格也。按，格，格斗。

【译文】

能够成就霸王之业的，必然是得胜的人；能够战胜敌人的，必然是强大的人；能够强大的人，必定是运用人民力量的人；能够用人民力量的人，必然得到了人心；能够得到人心的人，必定是得到道旨的人；能够自己掌握道旨的人，必定是柔弱的人。强者能胜过不如自己的人，至于同自己力量相同的就要格斗；以柔弱战胜比自己力量强大的，他的力量是不可度量的。因此能够用众人不可战胜的力量而能成就大的胜利，只有圣人能够做到这一点。

民有道所同道，有法所同守①，为义之不能相固，威之不能相必也②，故立君以壹民。君执一则治，无常则乱。君道者，非所以为也，所以无为也。何谓无为？智者不以位为事，勇者不以位为暴，仁者不以位为惠③，可谓无为矣。夫无为则得于一也④。一也者，万物之本也，无敌之道也。

【注释】

①"民有道"二句：许慎注：民凡所道行者同道，而法度有所共守也。

②必：效果。

③惠：北宋本原作"患"。刘绩《补注》本作"惠"。据正。

④一：指万物的普遍本质。

【译文】

百姓所行之道与国君同道，那么百姓与国君同守法度，因为大义不能使上下坚持同道，威力不能一定达到惩戒的效果，所以要设立国君来统一人民。国君掌握了道就能得到治理，没有法规就会引起混乱。国君治国之道，不是要使其有所作为，而要使他无为。什么叫无为？聪明的人不凭借自己的职位行事，勇敢的人不利用职务施行暴虐，仁爱之人不拿官位推行恩惠，可以说做到无为了。实行无为就能得到一。一，就是万物的本质，它是无敌的根本道路。

凡治身养性，节寝处，适饮食，和喜怒，便动静，使在己者得，而邪气因而不生①。岂若忧瘕疵之与痤疽之发②，而豫备之哉③？夫函牛之鼎沸④，而蝇蚋弗敢入⑤。昆山之玉瑱⑥，而尘垢弗能污也。

【注释】

①"凡治身"七句：亦见于《黄帝内经·素问·上古天真论》。使，《道藏》本作"内"。《文子·符言》同。

②瘕（jiǎ）：妇女腹中鼓胀病。疵（cī）：《说文》：病也。按，疑作"疝（shàn）"，男子疝气。

③豫：通"预"，预备。

④函牛之鼎：许慎：受一牛之鼎也。按，函，包容。之，北宋本原作"也"。《道藏》本作"之"。据正。

⑤蚋（ruì）：蚊子。秦谓之蚋，楚谓之蚊。

⑥瑱（zhèn）：杨树达《淮南子证闻》："瑱"当读为"缜（zhěn）"。《礼记·聘义》郑注："缜，致也。"缜，细密。

【译文】

凡是修治身心保养天性，节制寝居，饮食适当，喜怒平和，动静适宜，在自我方面掌握养生之道，那么邪气因此而不会产生。难道还要像忧虑瘕疝痤疽的发生，而事先预备吗？能够容纳一条牛的大鼎，水在里面沸腾，而苍蝇蚊子之类是不敢进入的。昆仑山的美玉纹理细密，而尘土污垢是不能够玷污它的。

三代之所道者，因也①。故禹决江河，因水也；后稷播种树谷，因地也；汤、武平暴乱，因时也。故天下可得而不可取也，霸王可受而不可求也。在智②，则人与之讼③；在力，则人与之争。未有使人无智者④，有使人不能用其智于己者也⑤；未有使人无力者，有使人不能施其力于己者也⑥。此两者，常在久见⑦。故君贤不见，诸侯不备；不肖不见，则百姓不怨；百姓不怨，则民用可得。诸侯弗备，则天下之时可承⑧。事所与众同也，功所与时成也，圣人无焉。故《老子》曰："虎无所措其爪，兕无所措其角⑨。"盖谓此也。

【注释】

①因：按照规律。《吕览》有《贵因》。按，"三代"至"因时也"，即本《贵因》。

②在：王念孙《读书杂志》："在"皆当为"任"，字之误也。按，疑北宋本误。

③讼：争讼。

④"未有"句：许慎注：言己不能使敌国遇而无智也。按，《道藏》本注"遇"作"愚"。

⑤"有使人"句：许慎注：使人之智不能于己。

⑥"未有"二句：许慎注：言己不能使人无智力，但能使人不以智力加于己。

⑦常：长久。

⑧承：通"乘"，趁着。许慎注：若汤、武承桀、纣而起。

⑨"虎无"二句：见于《老子》五十章。兕（sì），似
野牛的动物，青色，有角。

【译文】

三代之所以成功的办法，是按照规律行事。因此禹疏
通长江黄河，是按水的流向规律行事的；后稷播种五谷，
是按土地规律行事的；汤、武平暴除乱，是按时势的要求
行事的。因此天下能够得到而不可强取，霸王可以接受而
不可以强求。任用智术，就将会有人和他争讼；使用强力，
就会有人和他争高低。自己不能使别人没有智力，但是能
使人不能用他的智力强加于己；自己不能使别人没有力量，
但是能使人不能施展他的力量强加于己。这两个方面，是
长久存在而被人看到的道理。因此国君贤德不显现出来，
诸侯便不加防备；国君的不肖不显现出来，那么百姓便不
去埋怨；百姓不埋怨，那么民众的力量便可以得到了。诸
侯不加防备，那么天下贤人可以乘机而起。事业与众人的
期待相同，功劳是随时势而成就的，圣人没有参与其事。
因此《老子》中说："猛虎用不上它的爪，兕牛用不上它的
角。"大概说的就是这样的事。

非易不可以治大，非简不可以合众①；大乐必
易，大礼必简；易故能天，简故能地；大乐无怨，
大礼不责；四海之内，莫不系统②，故能帝也。

【注释】

①简：简约。

②系统：联属而统率。系，联。统，总。

【译文】

不是平易的不能治理大众，不是简约的不可以集合众人；大的音乐必定简易，大的礼节一定简单；因为简易才能像天一样广博，因为简单才能像地一样辽阔；大的音乐没有哀怨，大的礼节没有责备；四海之内，没有不能统率在一起的，所以才能够成为帝王。

凡人之性，乐恬而憎悯①，乐佚而憎劳。心常无欲，可谓恬矣；形常无事，可谓佚矣。游心于恬，舍形放佚②，以俟天命。自乐于内，无急于外。虽天下之大，不足以易其一概③；日月廋而无溉于志④。故虽贱如贵，虽贫如富。

【注释】

①悯（mǐn）：忧愁。

②舍：休息。放：刘绩《补注》本作"於"。佚：通"逸"，安逸。

③一概：喻极少。概，古代刮平斗斛用的木板。

④"日月"句：许慎注：己自隐藏，不以他欲灌其志也。廋（sōu），隐藏，藏匿。溉，灌。

【译文】

大凡人的天性，喜欢恬静而憎恶忧虑，喜欢安逸而憎恶劳苦。心里常常没有欲望，可以说是恬静的了；自身常常没有事情，可以说是安逸的了。心思游动在恬静之间，形体休息在安逸之中，以用来等待天命。自己在内心得到快乐，不要在外部急切寻求。即使用天地这样大的地方，也不能换取他的一概之量；即使日月隐藏起来，也不能够平息自己的志向。因此虽然地位低贱却很尊贵，虽然贫困却很富裕。

大道无形，大仁无亲，大辩无声，大廉不嗛①，大勇不矜。五者无弃，而几乡方矣②。

【注释】

①嗛（xián）：贪食。按，此节化自《庄子·齐物论》。

②方：指道。

【译文】

大道没有形体，大的仁惠没有偏爱，大的辩说没有声音，大的廉洁不贪食物，大的勇敢不骄傲。五个方面都不抛弃，可以接近于道了。

第十五卷　兵略训

　　本篇是研究军事问题的重要文献。本训认为，战争的产生是由于人类的生存斗争，战争胜败的根本在于政治，取决于民心的向背。"兵之胜败，本在于政"。

　　用兵要掌握三策、三势和二权。用兵要依道而行，就是要掌握天、地、人这些军事活动的规律。指挥作战要懂得三隧、四义、五行、十守的原则，根据客观条件指挥战争。

　　此训是研究汉代战争思想和理论的完整的传世文献，是对《孙子兵法》《孙膑兵法》《六韬》等先秦军事思想的继承和发展。其中的军事辩证法，具有一定的借鉴作用。

　　陶方琦《淮南许注异同诂》："（此）许注本也。"

兵之所由来者远矣。黄帝尝与炎帝战矣①，颛顼尝与共工争矣②。故黄帝战于涿鹿之野③，尧战于丹水之浦④，舜伐有苗⑤，启攻有扈⑥，自五帝而弗能偃也⑦，又况衰世乎？

【注释】

①"黄帝"句：许慎注：炎帝，神农之末世也。与黄帝战于阪泉，黄帝灭之。按，事亦载于《吕览·荡兵》《列子·黄帝》《大戴礼记·五帝德》等。

②"颛顼（zhuānxū）"句：许慎注：共工与颛顼争为帝，触不周山。

③"故黄帝"句：许慎注：黄帝与蚩尤战于涿鹿。涿（zhuō）鹿，在上谷。按，即今河北涿鹿。亦即上文阪泉。事见《庄子·盗跖》。

④"尧战"句：许慎注：尧以楚伯受命，灭不义于丹水。丹水，在今河南南阳。按，载于《吕览·召类》。丹水源于陕西商洛西北部。

⑤"舜伐"句：许慎注：有苗，三苗。按，载于《荀子·议兵》。

⑥"启攻"句：许慎注：禹之子启伐有扈（hù）于甘，甘在右扶风郡。按，载于《尚书·甘誓》等。甘，在今陕西户县一带。

⑦偃：停息。

【译文】

战争的由来已经是很遥远的了。黄帝曾经和炎帝发生战争，颛顼曾经和共工发生争夺。因此黄帝在涿鹿原野上战胜炎帝，尧与南蛮战于丹水岸边，舜讨伐有苗，启攻打有扈氏，从五帝以来就不曾停止，又何况衰败之世呢？

　　刑，兵之极也；至于无刑，可谓极之矣。

　　是故大兵无创，与鬼神通①；五兵不厉②，天下莫之敢当；建鼓不出库③，诸侯莫不慴悷沮胆其处④。故庙战者帝⑤，神化者王⑥。所谓庙战者，法天道也；神化者，法四时也⑦。修政于境内，而远方慕其德；制胜于未战，而诸侯服其威，内政治也。

【注释】

①"是故"二句：与《六韬·武韬·发启》相同。大兵，大的战争。

②五兵：五种兵器。《庄子·天道》成玄英疏：五兵者，一弓，二殳（shū），三矛，四戈，五戟也。厉：磨砺。

③建鼓：古代召集军队或发号施令用的鼓。

④慴悷（shèlíng）：恐怖。慴，恐惧。悷，恐怖。沮（jǔ）：丧。

⑤庙战：指谋于庙堂而胜敌。也称庙算、庙胜。

⑥神化：神妙的变化。

⑦法：古钞卷子本作"则"，效法。

【译文】

　　刑杀是战争达到的顶点；由此而达到没有刑杀，可谓是战争达到的最高境界了。

因此大的战争却没有创伤，因为它与鬼神相通；各种兵器不加磨砺，天下却没有人敢于阻挡；建鼓没有从府库里拿出来，诸侯在其所居之处没有不恐惧而丧胆的。因此庙战胜利的则可以称帝，具有神妙变化的可以称王。所说的庙战，就是效法天道的规律；所说的神化，是取法四季的变化。在境内修明政治，而远方人民仰慕他的德行；在没有进行战争之前能制服对方取得胜利，而诸侯信服他的威力，这是因为内政得到了治理。

兵有三诋①。治国家，理境内；行仁义，布德惠；立正法，塞邪隧②；群臣亲附，百姓和辑③；上下一心，君臣同力；诸侯服其威，而四方怀其德；修政庙堂之上④，而折冲千里之外⑤；拱揖指㧑⑥，而天下响应，此用兵之上也。地广民众，主贤将忠，国富兵强，约束信，号令明，两军相当，鼓錞相望⑦，未至兵交接刃⑧，而敌人奔亡，此用兵之次也。知土地之宜，习险隘之利，明奇政之变⑨，察行陈解续之数⑩，维抱绾而鼓之⑪，白刃合，流矢接，涉血属肠⑫，舆死扶伤，流血千里，暴骸盈场，乃以决胜，此用兵之下也。今夫天下皆知事治其末，而莫知务脩其本，释其根而树其枝也。

【注释】

①诋：根本，策略。

②隧（suì）：指地道、墓道。引申指邪道。

③和辑：和睦融洽。

④庙堂：宗庙和明堂。这里指朝廷。

⑤折冲：使敌人战车后撤。冲，古代战车的一种。按，
"修政"至"之外"，化自《吕览·召类》。

⑥拱揖指㧑（huī）：从容安舒，指挥若定。指㧑，又
作"指麾""指挥"。

⑦錞（chún）：许慎注：錞，大钟也。按，古代军用
乐器。

⑧兵交：《文子·上义》作"交兵"。

⑨奇政：指一般、特殊的变化。《孙子兵法·势篇》：
"奇正是也。"

⑩解续：往来通达。刘绩《补注》本作"解续"。

⑪"维抱绾（wǎn）"句：许慎注：绾，贯。枹系于臂，
以击鼓也。王叔岷《淮南子斠证》：古钞卷子本作
"绾枹而鼓之"。抱：刘绩《补注》本作"枹"。《说
文》："枹，击鼓杖也。"即鼓槌。

⑫属：王叔岷《淮南子斠证续补》："属"字无义，古
钞卷子本作"屦（jù）"，是也。"屦"谓践履也。《吕
览·期贤》有"履肠涉血"之文。

【译文】

用兵有三个策略。治理国家，整治境内；推行仁义，
布施德惠；建立正确的法规，堵塞奸邪之道；使群臣亲近
归附，百姓和洽；上下一心，君臣同心协力；诸侯信服他
的威力，而四方之民感怀他的德泽；在庙堂修治政事，而
御敌于千里之外；从容安舒指挥若定，而天下响应，这是

用兵的上策。土地宽广人民众多，国君贤明将帅忠诚，国家富饶军队强大，守约诚信，号令分明，两军力量相当，军鼓大钟之声相闻，还没有等到双方士兵开始交手，而敌人奔走逃亡，这是用兵的中策。知道土地的适宜用途，熟悉险阻关隘的便利，明了一般特殊的变化，明察布阵往来通行的情况，绾起枹而鼓之，白刃相交，流矢相接，蹚着鲜血踩着肚肠，车子装着死的人们扶着伤的，流血千里，尸骨遍野，才能够决胜，这是用兵的下策。现在天下的人都知道治理末节，而不知道修治根本，就像抛弃树根而树立起它的枝叶一样。

兵之胜败，本在于政。政胜其民，下附其上，则兵强矣；民胜其政，下畔其上^①，则兵弱矣。故德义足以怀天下之民，事业足以当天下之急，选举足以得贤士之心^②，谋虑足以知强弱之势，此必胜之本也。

【注释】

①畔：通"叛"，叛离。

②选举：选择举荐贤才。

【译文】

战争的胜败，根本在于政治。政治能够胜过他的百姓，臣下能够归附他的国君，那么军队就会强大；百姓胜过他们的政治，臣下背叛他们的国君，那么兵力就会减弱。因此施行德泽奉行大义完全能够感化天下的百姓，事业成就完全可以应对天下的危急之事，举荐贤才完全能够得到贤人的心愿，计谋思虑完全能够知道强弱的形势，这是取得胜利的根本。

二世皇帝①，势为天子，富有天下。人迹所至，舟楫所通②，莫不为郡县。然纵耳目之欲，穷侈靡之变③，不顾百姓之饥寒穷匮也④。兴万乘之驾⑤，而作阿房之宫⑥，发闾左之戍⑦，收太半之赋⑧，百姓之随逮肆刑⑨，挽辂首路死者⑩，一旦不知千万之数。天下敖然若焦热⑪，倾然若苦烈⑫，上下不相宁，吏民不相慭⑬。戍卒陈胜，兴于大泽，攘臂袒右，称为大楚，而天下响应⑭。当此之时，非有牢甲利兵，劲弩强冲也，伐棘枣而为杴⑮，周锥凿而为刃⑯，剟棌筳⑰，奋儋钁⑱，以当修戟强弩⑲，攻城略地，莫不降下。天下为之靡沸蚁动⑳，云彻席卷，方数千里。势位至贱，而器械甚不利。然一人唱而天下应之者㉑，积怨在于民也。

【注释】

①二世皇帝：二世，秦始皇第十八子胡亥（前230—前207）。在位4年。被赵高杀死。

②楫（jí）：船桨。

③侈靡（chǐmí）：奢侈糜烂。

④穷匮（kuì）：穷尽。匮，空。

⑤兴：兴起。

⑥宫：阿房宫，在今陕西西安阿房村。

⑦"发闾（lǘ）左"句：许慎注：秦皆发闾左民，未及发而秦亡也。闾左，里巷门之左。秦时居于此者为贫民。

⑧太半之赋：指三分之二的赋税。

⑨随逮：许慎注：应召也。按，有相从被捕义。肆刑：许慎注：极刑。

⑩挽：古钞卷子本作"枕"。辂（lù）：车辕上供人牵挽的横木。首路：头朝路。首，向。

⑪敖然：忧虑的样子。敖，通"熬"。

⑫倾然：悲伤的样子。倾，伤。

⑬憀：通"赖"，依赖。

⑭"戍卒"五句：许慎注：陈胜，字涉。汝阴人也。大泽，沛蕲县。袒右，脱右臂衣也。按，汝阴，在今安徽阜阳境。古钞卷子本"汝阴"作"汝南"。大泽，大泽乡，在今安徽宿州西南刘村集。袒右，脱去右边衣袖。大楚，亦称"张楚"。陈胜建立的政权。

⑮棘（jí）枣：许慎注：酸枣也。王叔岷《淮南子斠证》：古钞卷子本作"樕（rǎn）枣"。王念孙《读书杂志》："棘枣"本作"樕枣"。《史记·司马相如传》索隐：《淮南子》云："伐樕枣以为矜。"《说文》："樕，酸小枣也。"矜（qín）：许慎注：矛柄。按，《说文》段玉裁注同。今作"矜（qín）"。

⑯"周锥凿"句：许慎注：周，内也。然矜以内钻凿也。按，锥凿，即矛头。

⑰剡（yǎn）：锐利。攙（chàn）：削尖。筡（tú）：李

哲明《淮南义训疏补》："笒"借为"桙（chá）"。《玉篇》："桙，刺木也。"《文选·长杨赋》注："揿，举手拟也。"依文义当作"揿剡笒"，举锐利之刺木也。于义至明。按，朱骏声《说文通训定声》："揿笒，犹揭竿也。"

⑱儋：古"担"字。钁（jué）：即大锄之类。

⑲强弩：劲矢。

⑳靡沸：混乱的样子。

㉑唱：倡导。

【译文】

秦二世皇帝，据有天子的权势，占有天下的财富。凡是人迹到达的地方，舟船通航之处，没有不建立郡县的。然而放纵耳目的奢欲，穷尽奢侈糜烂生活的变化，完全不顾百姓的饥寒和财物的匮乏。发起万乘车辆，而修建阿房之宫，征发闾左的贫民，收取天下大半的赋税，百姓随从被捕遭到极刑，挽着车辂头朝大路死去的，一个早晨就有成千上万。天下人民像焦烤灼热一样饱受煎熬，悲痛就像服用苦药一样猛烈，上下不得安宁，官吏百姓相互失去依靠。前往戍守渔阳的士卒陈胜，从大泽乡兴起，挽起胳膊露出右臂，号称大楚，而天下像回声一样响应。在这个时候，没有坚固的铠甲尖利的兵器，坚硬的弓弩和强大的冲车，他们砍伐酸枣作为矛柄，纳入矛头作为锋刃，举起锐利的木棍，拿起扁担锄头，用来作为长戟强弩，攻打城池占领土地，没有敌人不投降土地不被攻下的。天下因此像蚂蚁出洞一样混乱，风起云涌席卷天下，方圆达数千里。

义兵势力地位都是最低贱的，而兵器也是最为不利的。然而一人倡导而天下响应，是因为在人民中积聚了怨恨。

武王伐纣，东面而迎岁①，至汜而水②，至共头而坠③，彗星出而授殷人其柄④。当战之时，十日乱于上⑤，风雨击于中⑥，然而前无蹈难之赏，而后无遁北之刑⑦，白刃不毕拔，而天下得矣⑧。是故善守者无与御，而善战者无与斗，明于禁舍开塞之道，乘时势、因民欲，而取天下。

【注释】

①岁：许慎注：太岁在寅。按，太岁，即岁星。古人认为岁星在寅是吉兆。

②汜：疑作"氾"。古地名。在今河南中牟南。

③共头：山名。在今河南济源境内。坠：即崩落。

④"彗星出"句：许慎注：时有彗星，柄在东方，可以扫西人也。按，中国天文学家张钰哲（1902—1986）认为，根据哈雷彗星回归理论，"武王伐纣"时"彗星出"，应在前1057年。夏商周断代工程定在前1046年1月20日。

⑤十日：已见《本经训》。疑指气象学上的"假日"现象。

⑥中：古钞卷子本作"下"。

⑦遁（dùn）北：败逃。遁，逃走。

⑧得：北宋本原作"传"。刘绩《补注》本作"得"。据正。

【译文】

周武王讨伐商纣王的时候，正对着东方出现的岁星，到达汜地的时候发生大水，来到了共头山大山崩坠，这时彗星出现在东方而把彗柄交给殷人。当战斗开始之时，十个太阳在天空出现，狂风暴雨夹杂而下，但是周武王的军队对首先冲向危险的没有赏赐，而对后面败逃的没去处罚，利刃没有全部拔出来，而天下就获得了。因此善于防守的没有人和他相抵御，而善于战斗的没有人和他相交战，明了进退开塞的道理，乘着有利的时势、按照百姓的欲望，而去夺取天下。

凡用兵者，必先自庙战。主孰贤，将孰能，民孰附，国孰治，蓄积孰多，士卒孰精，甲兵孰利，器备孰便①，故运筹于庙堂之上②，而决胜乎千里之外矣。

【注释】

①"主孰贤"八句：化自《孙子·计篇》。

②运筹：策划。

【译文】

大凡用兵，必定首先在天子庙堂制订作战计划。诸侯国君哪些贤明，将军哪个有才能，百姓哪些人归附，国家哪个治理得好，积蓄哪个国家多，士兵哪个精悍，武器哪些锋利，器械哪些轻便，因此虽然谋划在天子的宫室之内，而却能够决胜于千里之外。

兵有三势^①，有二权^②。有气势，有地势，有因势。将充勇而轻敌，卒果敢而乐战，三军之众，百万之师，志厉青云，气如飘风，声如雷霆，诚积逾而威加敌人^③，此谓气势；硖路津关^④，大山名塞，龙蛇蟠^⑤，却笠居^⑥，羊肠道^⑦，发笥门^⑧，一人守隘，而千人弗敢过也，此谓地势；因其劳倦、怠乱、饥渴、冻暍^⑨，推其撎撎^⑩，挤其揭揭^⑪，此谓因势。善用间谍^⑫，审错规虑，设蔚施伏^⑬，隐匿其形，出于不意，敌人之兵，无所适备，此谓知权；陈卒正，前行选^⑭，进退俱，什伍抟^⑮，前后不相捯^⑯，左右不相干，受刃者少，伤敌者众，此谓事权。权势必形，吏卒专精，选良用才，官得其人，计定谋决，明于死生，举错得失^⑰，莫不振惊。故攻不待冲隆云梯而城拔^⑱，战不至交兵接刃而敌破，明于必胜之攻也^⑲。

【注释】

① 三势：气势，指军队的斗志。地势，指选取有利的地形。因势，指善于抓住战机。

② 二权：知权，指懂得灵活掌握战机。事权，指行事的权宜或权能。

③ 逾：古钞卷子本"逾"上有"精"字。逾，胜。

④ 硖：通"狭（xiá）"。津：渡口。

⑤ 蟠（pán）：弯曲。

⑥ 却笠居：许慎注：却，偃覆也。笠，登。按，《后

汉书·文苑列传》李贤等注引《淮南子》作"簦
（dēng）笠居"。簦笠，指山形高低起伏如竹笠。

⑦羊肠道：许慎注：羊肠，一屈一伸。

⑧发笱（gǒu）门：许慎注：发笱，竹笱，所以捕鱼。
其门可入而不可出。按，笱，竹制捕鱼器，可进不
可出。《后汉书·文苑列传》李贤等注引《淮南子》
作"鱼笱门"。古钞卷子本作"萯（zōu）笱"。

⑨暍（yē）：中暑。

⑩擒擒（yáo）：许慎注：欲卧也。按，字当作"摿
（yáo）"。摿，古"摇"字。古钞卷子本作"摇摇"。

⑪挤：排挤使坠下之义。揭揭：动摇不定的样子。

⑫间谍：许慎注：人，军之反间也。按，古钞卷子本
"人"作"谍"。

⑬蔚：草木茂盛。

⑭选（xuàn）：整齐。

⑮抟（tuán）：聚集。

⑯撚（niǎn）：践踏。

⑰失：古钞卷子本作"时"。

⑱云梯：许慎注：可依云而立，所以瞰（kàn）敌之
城中。

⑲攻：古钞卷子本作"数"。

【译文】

用兵有三势，有二权。三势有气势，有地势，有因势。
将帅充满勇气而轻蔑敌人，士卒果决勇敢而乐于战斗，三
军的士卒，百万的军队，斗志激昂气冲青云，怒气若狂风，

吼声如雷霆，精诚积聚斗志旺盛可以征服威慑敌人，这就叫气势；狭窄山路大河险关，名山大塞，像龙蛇一样盘曲，像竹笠一样起伏，像羊肠一样屈伸，像鱼笱一样险峻，一个人把守要隘而千人不能通过，这就是所说的地势；根据对方士卒的疲劳困倦、松懈混乱、饥饿干渴、寒冷暑热的情况，推动敌军中动摇不定的情绪，乘着他们人心动荡的时机，这就是所说的因势。善于使用间谍刺探情报，审慎地安排作战计划，设置埋伏，隐藏起他们的形迹，出于敌人的意料之外，敌人的军队，没有办法适应准备，这就是懂得灵活掌握战机的知权；队列整齐，前进一致，进退划一，士兵团结一致，前后不要相互践踏，左右不能互相干涉，这样受伤的人少，而杀伤敌人众多，这就是掌握行事权变的事权。权变形势一经形成，官吏士卒要专一精诚，选拔有才能的人，任官要有适当的人选，计策谋划确定，明确了生死之别，举止措施得利于时势，这样敌人没有不震动心惊的。因此攻打敌人不需要凭借冲隆云梯而可以攻破城池，战斗不达到兵刃相接而敌人被击溃，这是明确了取得胜利的方法。

　　兵之所以强者，民也①；民之所以必死者，义也；义之所以能行者，威也。是故合之以文，齐之以武，是谓必取②；威仪并行③，是谓至强。夫人之所乐者，生也；而所憎者，死也。然而高城深池，矢石若雨，平原广泽，白刃交接，而卒争先合者，彼非轻死而乐伤也，为其赏信而罚明也④。

【注释】

①民也：《文子·上义》作"必死也"。

②合之以文，齐之以武，是谓必取：化自《孙子·行军》。

③仪：《文子·上义》作"义"。

④"然而"数句：化自《六韬·龙韬·励军》。卒，《意林》"卒"上有"士"字。《文子·上义》有"士"字，无"卒"字。

【译文】

军队之所以强大的原因，是因为有了百姓的支持；百姓之所以不怕牺牲，就是为了大义；而大义所以能够推行的原因，是威力所致。因此要用文德来聚合他们，要用军法来统一他们，这就是所说的必定能取得胜利；威严和道义一起得到推行，这就是所说的达到了最强大的要求。人们所喜欢的，是生存；而所憎恨的，是死亡。然而修筑起高高的城墙，挖起深深的护城河，利箭礌石像雨点，在广阔的原野上，手执利刃相拼搏，而士兵争着抢先交锋，他们不是轻视死亡而喜欢负伤，而是因为对他们赏罚有信而处罚严明的结果。

故古之善将者，必以其身先之。暑不张盖，寒不被裘，所以程寒暑也①；险隘不乘，士陵必下②，所以齐劳佚也；军食熟然后敢食，军井通然后敢饮，所以同饥渴也；合战必立矢射之所及③，〔所〕以共安危也④。故良将之用兵也，常以积德击积怨，以积爱击积憎，何故而不胜？

【注释】

①程：估量，衡量。《刘子》卷八《兵术》第四十作"均"。"暑不"至"同饥渴也"，亦载于《六韬·龙韬·励军》等。

②士：《道藏》本作"上"。王叔岷《淮南子斠证》："上"当为"丘"。"丘陵"与"险隘"相对为文。刘子《新论·兵术篇》正作"丘陵必下"。

③矢射：《意林》引作"矢石"。《吕览·贵直》同。

④以共：王念孙《读书杂志》："以共安危"上，当有"所"字。《意林》引作"所以同安危也"，"以"上尚未脱"所"字。

【译文】

因此古代善于担任将领的人，必定亲自走在士卒的前面。暑天不张起车盖，冬天不披上皮裘，以便用来估量寒暑的变化；险要狭隘之处不乘车，丘陵地带必定下车，以便用来和士卒等同劳逸；全军的饭食熟了然后自己才敢吃饭，军队的水井打通了然后才敢取水喝，以便同士卒同受饥渴；双方军队交锋时必定站在弓箭的射程之内，以便和士卒同安危。因此良将的用兵，常常用积累恩德的军队，打击聚积怨恨的敌国，用积累仁爱的队伍，打击积聚憎恨的敌军，还有什么原因不能取胜呢？

第十六卷　说山训

　　本训题解中说："山为道本，仁者所处。说道之旨，委积若山，故曰《说山》，因以题篇。"本篇以寓言、箴言等形式解说大道之旨以及自然和人世间诸多事理，其多如山，因以名篇。

　　《说山训》中强调要防患于未然："良医常治无病之病，故无病；圣人常治无患之患，故无患。"文中强调要掌握事物的特性："磁石能引铁，及其于铜则不行矣。"做事要讲究先后次序："染者先青而后黑则可，先黑而后青则不可。"文中指出看问题不要绝对化："嫫母有所美，西施有所丑。亡国之法，有可随者；治国之俗，有可非者。"万事万物都是相反相成的："砥石不利，而可以利金；檠不正，而可以正弓。"

　　陶方琦《淮南许注异同诂》："（此）高注本也。"

江、河所以能长百谷者，能下之也。夫惟能下之，是以能上之。

天下莫相憎于胶漆①，而莫相爱于冰炭②，胶漆相贼，冰炭相息也。

墙之坏，愈其立也③；冰之泮，愈其凝也，以其反宗④。

泰山之容，巍巍然高，去之千里，不见埵埤⑤，远之故也。

秋毫之末，沦于不测。是故小不可以为内者，大不可为外矣⑥。

【注释】

①“天下”句：高诱注：胶漆相持不解，故曰“相憎”。一说：胶入漆中则败，漆入胶亦败，以多少推之，故曰“相憎”也。

②“而莫”句：高诱注：冰得炭则解归水，复其性，炭得冰则保其炭，故曰“相爱”。

③“墙之坏”二句：高诱注：坏，反本还为土。故曰愈其立也。按，愈，通“逾”，超过，胜过。

④“冰之泮（pàn）”三句：高诱注：泮，释，反水也。宗，本也。按，泮，通“判”，分散。

⑤埵埤（duǒkè）：土块。按，此条亦见于《论衡·说日》。

⑥“是故”二句：高诱注：小不可为内，复小于秋豪之末，谓无有也，无有无形者至大，不可为外也。

【译文】

长江、黄河之所以能够成为百谷之长，是因为比百谷低下。正是因为江、河比百谷低下，所以才能大于百川。

天下万物中没有什么比胶漆那样互相憎恨的了，也没有什么比冰炭更相爱的了。胶漆互相残害，冰炭互相消灭。

土墙的倒塌，回归本土，胜过它的直立；冰冻消释，复为流水，胜过它的凝结，因为它们都回到了根本。

泰山的雄姿，巍然高耸，距离它千里，看到它不会有一个土块大，这是因为距离远的原因。

秋毫那样细小的东西，可以沦没到无法测量之地。因此小的东西不能够作为内，大的东西也不可以成为外。

　　兰生幽宫，不为莫服而不芳[1]；舟在江海，不为莫乘而不浮；君子行义，不为莫知而止休。

　　夫玉润泽而有光，其声舒扬[2]，涣乎其有似也[3]；无内无外，不匿瑕秽[4]；近之而濡[5]，望之而隧[6]。

　　夫照镜见眸子，微察秋毫，明照晦冥。故和氏之璧、随侯之珠，出于山渊之精。君子服之[7]，顺祥以安宁；侯王宝之，为天下正。

【注释】

①"不为"句：《文子·上德》作"君子行道，不为莫知而止"。

②舒扬：和缓。

③涣乎：鲜明的样子。有似：指有似君子之风。

④匿：藏匿。瑕：玉斑。秽（huì）：污秽。

⑤濡（rú）：柔顺。

⑥隧（suì）：深远，精深。

⑦服：佩带。

【译文】

兰草生长在幽深的宫殿中，不因为没有人佩带而没有芳香；大船航行在江海之上，不因为没有人乘坐而不漂浮；君子推行大义，不因为没有人了解而停止。

美玉润泽而有光彩，它的声音舒缓而上扬，色彩鲜明好像有君子的风度；不分内外表里如一，没有一点瑕疵污秽；接近它有柔顺之感，远望它又感到十分幽深。

照镜子可以见到眸子，秋毫之末都可以明察，光辉可以照耀昏暗。因此和氏之璧、随侯之珠，由高山深渊的精华所产生。君子佩带它，和顺吉祥而安静；侯王重视它，用来作为天下平正的标准。

良医者，常治无病之病，故无病；圣人者，常治无患之患，故无患也。

【译文】

高明的医生，常常治疗没有疾病的人，因此才能不使病症发生；圣德之人，常常治理没有发生患祸的问题，因此不会发生祸患。

求美则不得，不求美则美矣①。求丑则不得丑，求不丑则有丑矣。不求美又不求丑，则无美无丑矣，是谓玄同②。

【注释】

①"求美"二句：高诱注：己自求美名，则不得美名也；而自损，则有美名矣。不得：刘绩《补注》本"得"下有"美"字。

②玄同：指与"道"混同为一。

【译文】

心里自求美名那么就不会得到美名，自己不寻求美名就会得到美名。心里自求丑名那么就不会得到丑名，寻求不丑就会得到丑名。不寻求美又不寻求丑的，那么就会无美无丑了，这就和道相统一了。

受光于隙，照一隅；受光于牖，照北壁；受光于户，照室中无遗物，况受光于宇宙乎①？天下莫不藉明于其前矣。由此观之，所受者小，则所见者浅；所受者大，则所照者博。

江出岷山，河出昆仑，济出王屋，颍出少室，汉出嶓冢，分流舛驰②，注于东海。所行则异，所归则一。

通于学者若车轴，转毂之中，不运于己，与之致千里，终而复始，转无穷之源。不通于学者若迷惑，告之以东西南北，所居聆聆③，背而不得，不知凡要④。

寒不能生寒，热不能生热；不寒不热，能生寒热。故有形出于无形，未有天地能生天地者也，至深微广大矣。

【注释】

①宇宙：高诱注：四方上下曰宇，往古来今曰宙。谓四极之内，天地之间。按，亦见于《齐俗训》。

②舛（chuǎn）：相背。

③聆聆（líng）：明了的样子。

④凡要：大要，纲要。

【译文】

从空隙处接受光照，可以照到一个角落；从南窗户里受光，可以照耀北面墙壁；从门户里接受光照，可以照见室中不会遗留任何物体，何况从宇宙中接受光照呢？天下没有什么物体不在它面前借助它的光明。从这里可以看出，所受光的地方小，那么所见到的就肤浅；所受光的地方大，那么所照耀的地方就广阔。

长江出自岷山，黄河发源于昆仑，济水源于王屋，颍水出自少室山，汉水出自嶓冢，各个水流虽背道而驰，但最后都流注到东海之中。所行的路线各自不同，但是最后的归向是一致的。

通晓学问的人就像车轴，车毂围绕着他旋转，不朝自己方向运行，可以到达千里，终而复始，转行在无穷无尽的天地之中。不能通晓学问之道的人像迷惑不清似的，告诉他东南西北，好像明白了，但背离这个地方又弄不清方向，因为他没有得到要领。

寒冷不能生出寒冷，酷热也不能产生酷热，不寒冷也不酷热，才能生出寒热来。因此有形的物体产生于无形的本源之中，没有天地能够生出天地来，真是极其精微奥妙而又广博啊。

鲁人身善制冠，妻善织履，往徙于越而大困穷①。以其所修而游不用之乡，譬若树荷山上，而畜火井中②。操钩上山③，揭斧入渊，欲得所求，难也。方车而蹠越④，乘桴而入胡⑤，欲无穷，不可得也。

【注释】

①"鲁人"三句：载于《韩非子·说林上》等。履，《说林上》作"屦"。

②畜火：储蓄火苗。古人钻燧取火，每季颁新火于国中，火种相传，务使不尽。

③钩：钓钩。

④方：并。蹠（zhí）：到达。

⑤桴（fú）：竹木筏子。

【译文】

鲁国某人善于做帽子，妻子善于织鞋子，如果迁徙到东南的越国就会陷入大的困境之中。凭他们所擅长的技艺而来到不需要的地方，就像把荷花栽到山上，而把火种收藏在水井之中。拿着钓钩上山，举着斧头来到深渊，想要得到所需要的东西，就非常困难了。驾着车子到越国去，乘着木筏到北方胡地，想要不穷困，是不可能的。

画西施之面，美而不可说；规孟贲之目，大而不可畏，君形者亡焉①。

【注释】

①"君形"句：高诱注：生气者，人形之君，规画人形，无有生气，故曰"君形亡"。按，君形，主宰形体的东西，即"神"。

【译文】

打扮西施的面庞，美丽而不能使人喜欢；描画孟贲的眼睛，硕大而不能使人害怕，这是支配形体生命的生机已经不存在了。

众曲不容直，众枉不容正。故人众则食狼，狼众则食人。

欲为邪者，必相明正；欲为曲者，必达直。公道不立，私欲得容者，自古及今，未尝闻也。此以善托其丑①。

众议成林，无翼而飞②；三人成市虎③，一里挠推④。

夫游没者，不求沐浴，已自足其中矣。故食草之兽，不疾易薮；水居之虫，不疾易水，行小变而不失常⑤。

【注释】

① "此以善"句：高诱注：托，寄。若丽姬欲杀太子申生，先称之于献公，然后得行其害，此其类也。按，"丽姬"事，见《左传·僖公四年》及九年等。

② "众议"二句：高诱注：众人皆议，平地生林，无翼之禽能飞，凡人信之，以为实然。按，载于《战国策·秦三》。

③ "三人"句：高诱注：三人从市中来，皆言市中有虎。市非虎处，而人信以为有虎，故曰"三人成市虎"。按，载于《战国策·秦三》等。

④ "一里"句：高诱注：一（人）〔里〕之人皆言能屈椎者，人则信之也。按，挠，通"桡（ráo）"，弯曲。推，《道藏》本作"椎"。《释名·释用器》："椎，推也。"推，通"椎"。

⑤ "故草食"五句：载于《庄子·田子方》。薮（sǒu），湖泽。

【译文】

歪曲多了不允许正直存在，偏邪多了而不允许公正容身。因此人多可以吃掉狼，狼多了那么就会吃掉人。

想走邪路的人，必定相互表明自己是正派的；想干不正当事情的人，必定相互表示自己的正直。公正之道没有树立起来，而私欲能得到限制的，从古到今，没有听说过。这就是丽姬之类用自己的美好面孔却寄托了害人的丑行。

众多的议论就像平地能生出树林，不用长翅膀也能散布到四方；三个人说市场上有老虎，一里之人说椎子能弯曲，其他人便会信以为真。

　　游泳的人，不要求沐浴，自己在水中遨游已足够了。因此吃草的野兽，不担心更换湖泽；水中的动物，不担心改换水域，实行小的变动不会改变固有的习惯。

　　桀有得事①，尧有遗道②，嫫母有所美③，西施有所丑④。故亡国之法，有可随者；治国之俗，有可非者。

　　琬琰之玉⑤，在洿泥之中⑥，虽廉者弗释⑦；弊箄甑瓾⑧，在袥茵之上⑨，虽贪者不搏⑩。美之所在，虽污辱，世不能贱；恶之所在，虽高隆，世不能贵⑪。

　　春贷秋赋，民皆欣；春赋秋贷，众皆怨。得失同，喜怒为别，其时异也。

　　为鱼德者，非挈而入渊；为猿赐者，非负而缘木，纵之其所而已⑫。

【注释】

①"桀有"句：高诱注：谓知作瓦以盖屋，遗后世也。

②"尧有"句：高诱注：遗，失。谓不能放四凶，用十六相是也。一说：不传丹朱而禅舜天下，有不慈之名，故曰"有遗道"也。按，四凶，《书·舜典》指共工、骥兜、三苗、鲧。十六相，指十六个有才能的大臣。见《左传·文公十八年》。

③嫫（mó）母：古代丑女，但品行端正，故曰"有所美"。一说为黄帝妻。

④西施：古越国美女。越王勾践献给吴王夫差。虽容仪光艳，未必贞正，故曰"有所丑"。

⑤琬琰（wǎnyǎn）：美玉。

⑥洿泥：污泥。

⑦释：舍弃。

⑧箅：当作"箅（bì）"，覆盖甑底的竹席。甑（zèng）：古代做饭用的陶器。甊（wā）：高诱注：甑带。按，王念孙《读书杂志》认为是"瓯（wā）"的讹字。

⑨袩：当作"旃（zhān）"，通"毡"，旃茵，毡褥。

⑩搏：取。

⑪"美之"六句：高诱注："世不能贱"者，喻贤者在下位卑污之处；"世不能贵"者，喻小人在上位高显之处。

⑫"纵之"句：高诱注：喻为政，官方定物，能文者居文官，能武者居武官，故曰"纵之其利而已"也。按，《文子·上德》作"纵之所利而已"。

【译文】

夏桀作瓦是值得肯定的，尧有欠缺的地方，嫫母有美好的德行，西施也有丑陋的地方。因此亡国的法律中，有能够照着实行的；治理得好的国家的习俗，也有不能推行的。

琬琰这样的美玉，放在污泥之中，即使是清廉的人也不会放弃；破烂的盖席和陶甑甑带，放到毡褥之上，即使是贪财的人也不会拾取。贤者所处的地方，即使是在污秽屈辱之处，世人也不能认为他卑贱；小人所在的地方，即使是处于高显之处，世人也不能认为他高贵。

春天饥荒时借出粮食，秋天丰收时收取赋税，老百姓都非常高兴；如果在春天饥荒时收赋税，秋季丰收时借出粮食，众人都会怨恨。得失相同，喜怒却根本不同，这是由于它的时机不同而造成的。

对鱼施加恩德，不是携带它进入深渊；对猿猴赐恩，不是背着它攀援树枝，放开它们而让它回到所生活的地方就行了。

　　蘧伯玉以德化①，公孙鞅以刑罪②，所极一也③。病者寝席，医之用针石④，巫之用糈藉⑤，所救钧也。
　　狸头愈鼠⑥，鸡头已瘘⑦，虻散积血⑧，斫木愈龋⑨，此类之推者也⑩。膏之杀鳖⑪，鹊矢中蝟⑫，烂灰生蝇⑬，漆见蟹而不干，此类之不推者也。推与不推，若非而是，若是而非，孰能通其微？
　　天下无粹白狐⑭，而有粹白之裘，掇之众白也⑮。善学者，若齐王之食鸡，必食其蹠数十而后足⑯。

【注释】

①"蘧（qú）伯玉"句：高诱注：伯玉，卫大夫蘧瑗。赵简子将伐卫，使史默往视之，曰"蘧伯玉为政，未可以加兵"。故曰"德化"也。按，亦见《主术训》。

②"公孙鞅"句：高诱注：卫公子叔痤（cuó）之子，自魏奔秦，相孝公，制相坐法，故曰"以刑罪"。

秦封为商君，因曰商鞅。

③极：达到。

④针石：针，指古代治病用的骨针、竹针、石针等。石，指砭（biān）石，以石刺病。

⑤糈（xǔ）：祭神用的精米。藉（jiè）：指菅、茅之类的野草。

⑥狸头：指狸猫之头。鼠：指鼠瘘（lòu），也叫瘰疬（luǒlì）。

⑦鸡头：一年生水生植物的果实，又叫芡实、鸡头米。瘘：恶疮。

⑧虻：牛虻、木虻之类。积血：淤血。

⑨斫木：即啄木鸟。龋（qǔ）：即蛀齿。

⑩类：物类。

⑪膏：液体状油脂。

⑫矢：粪便。中（zhòng）：杀。

⑬蝇：北宋本原作"绳"。《道藏》本作"蝇"。据正。

⑭粹白狐：《吕览·用众》作"粹白之狐"。

⑮掇（duō）：拾取。

⑯蹢（zhí）：鸡足踵。喻学取道众多。按，"天下"至"而后足"，化自《吕览·用众》。"十"，《用众》作"千"。

【译文】

　　蘧伯玉用大德感化了邻国，公孙鞅因滥施刑罚而获罪，他们达到极点都是一致的。病人躺在席子上，医生用针石去扎，女巫用糈藉去求神，用来救人的目的是一样的。

狸猫的头可以治疗鼠瘘，鸡头米能治愈恶疮，牛虻可以消散积血，啄木鸟可以治疗龋齿，这是物类之间互相推度的例子。油膏能杀死鳖，鹊粪能杀死刺猬，腐烂的木灰能生出苍蝇，清漆遇到蟹而不能干燥，这是物类之间不能推度的例子。能够推度与不能够推度，像不是而是，像是而不是，谁能通晓它们之间的微妙关系呢？

　　天下没有纯白之狐，但是却有纯白狐裘，它是取自众狐之身。善于学习的人，就像齐王吃鸡一样，必定吃下鸡足跖几十个才能满足。

　　尝一脔肉^①，知一镬之味^②；悬羽与炭，而知燥湿之气^③，以小明大^④。见一叶落，而知岁之将暮；睹瓶中之冰，而知天下之寒，以近论远^⑤。

　　三人比肩，不能外出户；一人相随，可以通天下。

　　足蹍地而为迹^⑥，暴行而为影^⑦，此易而难。

　　庄王诛里史，孙叔敖制冠浣衣^⑧；文公弃荏席后霉黑，咎犯辞归^⑨。故桑叶落而长年悲也^⑩。

【注释】

①脔（luán）：切成小块的肉。

②镬（huò）：古代无足的大锅。

③"悬羽"二句：高诱注：燥，故炭轻；湿，故炭重。
　　按，此为古代测量湿度的方法。类似今天平的原理。

④明：北宋本原作"朋"。《道藏》本作"明"。据正。

⑤"睹瓶中"三句：亦载于《兵略训》。论，知。

⑥"足蹍（niǎn）地"三句：高诱注：蹍，履（lǚ）。履地迹自成，行日中影自生，是其易。使迹正影直，是其难也。按，蹍，踩。

⑦暴（pù）：日照。

⑧"庄王"二句：高诱注：里史，佞臣。恶人死，叔敖自知当见用，故制冠浣（huàn）衣。按，庄王，楚庄王。里史，楚佞臣。孙叔敖，楚令尹。浣，洗。

⑨"文公"二句：高诱注：晋文弃其卧席之下霉黑者，咎犯感其捐旧物，因曰："臣从君周旋，臣之罪多矣，臣犹自知之，况君乎？请从此亡。"故曰"辞归"。按，茬（rěn）席，茬草做的席子。咎（jiù）犯，晋文公重耳之舅。曾随文公流亡19年。后辅佐晋文公称霸。载于《韩非子·外储说左上》等。

⑩洛：《道藏》本作"落"。长（zhǎng）：年长。

【译文】

品尝一小块肉，可以知道一锅菜肴的味道；在平衡物两边悬挂羽毛和木炭，可以测定天气湿度变化情况，这是用小的事物来说明大的内容。看见一片落叶，就知道一年内的时间将要到头了；看见瓶子中的结冰情况，就知道天下的寒冷变化，这是用近处推知远处发生的变化。

三个人并着肩膀，不能从门户出去；一个个人鱼贯相随，可以通达天下。

想脚踩到地下使足迹平正，在日光下行走而使影子正直，这是看起来容易做到而实际很难的事。

楚庄王杀了佞臣里史，于是孙叔敖裁制帽子洗好衣服，准备去任令尹；晋文公抛弃破旧的苴席，让面目霉黑的流亡者随后返国，于是咎犯要求辞归乡里。因此见到桑树落叶而年长的人心里悲伤。

第十七卷　说林训

本训题解中说："木丛生曰林，说万物承阜，若林之聚矣，故曰说林。"本训认为天下万物之理众多，若林木之聚。而其理论的核心，则是道家的思辨精神。其名当源于《韩非子·说林》。

文中强调法随时变，不能凝滞僵化，那种"以一世之度制治天下"，就像刻舟求剑一样可笑。文中指出事物之间是互相依存和转化的，"水火相憎，鼎在其间，五味以和"。要透过表面现象，分清事物的类别。"菡苗类絮，而不可为絮；麖不类布，而可以为布"。强调坚持不懈的重要："故跬步不休，跛鳖千里；积累不辍，可成丘阜。"

陶方琦《淮南许注异同诂》："（此）高注本也。"

以一世之度制治天下①，譬犹客之乘舟，中流遗其剑，遽契其舟挽②，暮薄而求之。其不知物类亦甚矣。

【注释】

①世：北宋本原作"出"。《道藏》本作"世"。据正。

②挽（wěi）：高诱注指"船弦板"。

【译文】

凭借着一个朝代的制度来治理天下，就像客人乘船，到达中流剑落入水中，于是急忙在船舷边刻上记号，天晚的时候再到船舷边求剑。这样的人不知道事物类别的变化，也太厉害了。

至味不慊①，至言不文，至乐不笑，至音不叫②，大匠不斫，大豆不具③，大勇不斗，得道而德从之矣。譬若黄钟之比宫④，大簇之比商，无更调焉⑤。

以瓦钰者全⑥，以金钰者跋⑦，以玉跂者发⑧，是故所重者在外，则内为之掘⑨。

逐兽者目不见太山，嗜欲在外，则明所蔽矣。

听有音之音者聋，听无音之音者聪⑩；不聋不聪，与神明通⑪。

【注释】

①慊（qiè）：快意。

②叫：喧哗，呼叫。

③豆：古代食器，形似高脚盘。

④比：并随。

⑤更：更改。

⑥钍：通"注"，赌注。全：高诱注：全者，全步徐。
　按，即步伐徐缓义。

⑦跋（bá）：急速奔跑。

⑧跓（zhù）：《道藏》本作"钍"。发：高诱注：发者，
　疾迅。

⑨掘：通"拙"，笨拙。

⑩聪：北宋本原作"听"。《道藏》本作"聪"。据正。
　下"聪"字同。

⑪神明：指自然之道。

【译文】

最好的味道人吃了没有快意，最好的言语是不加文饰，最好的乐曲人听了不会发笑，最动听的音乐人听了不会呼叫，最高明的工匠不用斧斫，最大的食器不盛食物，最大的勇敢不去争斗，得道之人德便跟从它。比如十二律中黄钟和五音中宫音相并随，太蔟和商音相并随，不需要更换其他的调式。

用瓦来做赌注的步伐徐缓，用黄金做赌注的人急速奔跑，用美玉做赌注的神色不安，因此所重视的东西在金玉这些外物，那么内心必然笨拙。

追逐野兽的人眼睛不会见到太山，嗜欲用在外物上，那么光明便被蒙蔽了。

听有声音的音乐的人耳朵会变聋，听没有声音的音乐的人耳朵会听得清楚；耳朵不聋也听不清楚的人，和神明相通达。

水火相憎，鏏在其间①，五味以和；骨肉相爱，谗贼间之，而父子相危②。

夫所以养而害所养，譬犹削足而适履，杀头而便冠③。

昌羊去蚤虱而来蛉穷④，除小害而致大贼，故小快害大利。

墙之坏也，不若无也，然逾屋之覆⑤。

【注释】

① 鏏（huì）：小鼎。高诱注：错（huì），小鼎。一曰：鼎无耳为错。

②"骨肉"三句：高诱注：楚平王、晋献公是也。按，指楚平王听信谗言杀太子建，晋献公杀太子申生，重耳、夷吾逃难。

③"夫所以养"三句：高诱注："所以养"，喻谗贼。"害所养"，喻骨肉。杀，亦削也。头大冠小，不相宜，削杀其头以便冠，愚之至。

④ 昌羊：即菖蒲。蛉（líng）穷：虫名，即蚰蜒（yóuyán）。多生在墙屋烂草中，好闻脂香。

⑤"墙之坏"三句：高诱注：不若其无为墙。屋之覆为败屋，墙之坏，更为土，归于本。故曰逾屋之

覆。按，逾，超过。

【译文】

水、火互不相容，中间隔着小鼎，五味就得到了调和；骨肉之间相亲相爱，而谗贼之人处在中间，那么父子之间也会相互发生危害。

用所养的谗佞之人而来危害被养活的骨肉，比如就像削去脚来适应鞋子大小，把脑袋削小来适应帽子的方便一样愚蠢。

菖蒲可以除去跳蚤、虱子而反招来蛉穷，除去小害而招来大害，因此只想到小的痛快那么就会妨害大的利益。

围墙毁坏成为土，不如没有墙，但比房屋的倾覆要好得多。

璧瑗成器①，磓诸之功②；镇邪断割，砥厉之力。

狡兔得而猎犬烹，高鸟尽而强弩藏③。

虻与骥致千里而不飞，无糗粮之资而不饥④。

失火而遇雨，失火则不幸，遇雨则幸也。故祸中有福也。

【注释】

①瑗（yuàn）：一种孔大边小的玉。

②磓（jiān）诸：治玉之石。

③"狡兔"二句：载于黄石公《三略》《韩非子·内储说下》，亦见于《史记·越王句践世家》《淮阴侯列传》等。

④糗（qiǔ）：干粮。

璧瑗成为器物，是礛诸的功劳；镆邪能够断割，是砥砺的力量。

得到狡兔而烹杀猎犬，射尽高鸟而收起强弩。

虻虫依附骐骥可以到达千里而不必飞翔，没有食粮也不会饥饿。

失火而遇到大雨，失火是不幸的，但是遇到雨水是幸运的。因此祸中有福。

金胜木者，非以一刀残林也；土胜水者，非以一璞塞江也①。

【注释】

①璞：《道藏》本作"墣（pú）"，土块。

【译文】

金属能够克木，不是说用一把刀就能伤害森林；土可以战胜水，不能说用一块土就能堵塞长江。

蹠越者①，或以舟，或以车，虽异路，所极一也②。

佳人不同体，美人不同面，而皆说于目；梨、橘、枣、栗不同味，而皆调于口③。

【注释】

①蹠（zhí）：至。

②极：到达。

③口：北宋本原作"已"。《道藏》本、《庄子·天运》
　作"口"。据正。

【译文】

到越国去的人，有的乘船，有的乘车，即使路途不同，
所到的地方是一致的。

佳人的形体各不相同，美人的面貌不一样，而都能使
人欢悦；梨、橘、枣、栗各不同味，而都适合于食用。

海内其所出，故能大①；轮复其所过，故能远。

羊肉不慕蚁，蚁慕于羊肉，羊肉膻也；醯酸不
慕蚋，蚋慕于醯酸②。

尝一脔肉③，而知一镬之味④；悬羽与炭，知燥
湿之气，以小见大，以近喻远。

十顷之陂⑤，可以灌四十顷；而一顷之陂，可
以灌四顷⑥，大小之衰然⑦。

【注释】

①"海内（nà）"二句：高诱注：雷雨出于海，复随沟渎
　还入，故曰"内其所出"。按，内，同"纳"，容纳。

②"醯（xī）酸"二句：《太平御览》卷九百四十五《虫
　豸部》二作："醯酸不慕蚋，而蚋慕于醯，酸也。"
　可与此相参。醯酸，古代指醋。蚋（ruì），蚊子一
　类的昆虫。

③脔（luán）：肉块。

④镬（huò）：古代的大锅。

⑤陂（bēi）：池泽，陂塘。

⑥可以：王念孙《读书杂志》：当作"不可以"。

⑦衰（cuī）：差别。

【译文】

大海能够容纳它所付出的一切，所以才能成为大海；轮子能够周而复始地转动，所以才能到达远方。

羊肉不喜爱蚂蚁，但是蚂蚁却喜爱羊肉，因为羊肉有膻味；醋酸不喜爱蚋虫，蚋虫却喜爱醋酸，因为醋酸有酸味。

品尝一块肉，就可以知道一锅食物的滋味；在平衡物两边悬挂羽毛和木炭，就能测出湿度的变化，从小的差别而看到大的变化，从近处可以知道远方的事情。

十顷大的陂塘，可以灌溉四十顷的田地；而一顷的水塘，却不能灌溉四顷，这是大小差别的原因。

榛巢者处林茂^①，安也；窟穴者托埵防者^②，便也。

王子庆忌足蹍麋鹿^③，手搏兕虎；置之冥室之中，不能搏龟鳖，势不便也。

汤放其主而有荣名^④，崔杼弑其君而被大谤^⑤，所以为之则同，其所以为之则异。

吕望使老者奋^⑥，项托使婴儿矜^⑦，以类相慕。

【注释】

①榛（zhēn）：草木聚集之处。

②埵（duǒ）防：高处堤防。

③蹑（niè）：踩，踏。

④"汤放"句：高诱注：汤，契（xiè）后十二世主癸之子履。"放其主"，谓伐桀，为民除害，故有"荣名"也。

⑤"崔杼（zhù）"句：高诱注：崔杼，齐大夫崔野之子。弑君齐庄公也。谤，北宋本原作"谅"。《道藏》本作"谤"。据正。

⑥"吕望"句：高诱注：吕望鼓刀钓鱼，年七十始学读书，九十为文王作师，佐武王伐纣，成王封之于齐。故老者慕之而自奋厉。

⑦"项托"句：高诱注：项托年七岁，穷难孔子而为之作师，故使小儿之畴（chóu）自矜（jīn）大也。按，矜，骄傲。事载《列子·汤问》等。

【译文】

丛生草木中筑巢的鸟儿处于茂林之中，是很安宁的；挖掘窟穴的动物依托在高堤岸旁，是很方便的。

王子庆忌脚可以踩麋鹿，手能够同兕牛老虎搏斗；但把他放到暗室之中，却不能捉住龟和鳖，这是因为所处的环境不能给他造成方便。

商汤流放夏桀而有美名，崔杼杀掉他的国君而受到谴责，所做的事情是一样的，他们这样做的目的则是不同的。

吕望九十为军师出征纣王使老年人奋激不已，项托七岁难住孔子使婴儿感到骄傲，这是按照不同的年龄类型而互相敬慕。

尝被甲而免射者，被而入水；尝抱壶而度水者①，抱而蒙火，可谓不知类矣②。

【注释】

①壶：通"瓠"，葫芦。

②知类：即懂得事物间的相似或相同关系，依此类推。

【译文】

曾经穿上铠甲而免于被射的人，而却穿着它进入水中；曾经抱着瓠渡过水流的人，而却抱着它冲向烈火，可以说是不懂得物类之间的变化了。

临河而羡鱼①，不如归家织网。

明月之珠，蜄之病而我之利；虎爪象牙，禽兽之利而我之害。

易道良马②，使人欲驰；饮酒而乐，使人欲歌。

是而行之，固谓之断③；非而行之，必谓之乱。

【注释】

①羡：贪欲。

②易道：平坦大道。

③固：通"故"。《道藏》本作"故"。断：决断。

【译文】

对着河流而想得到鱼儿，不如回家织网。

明月之珠，是蚌蛤的疾病却成为人类的宝贝；虎爪象牙，是兽类的利器却是人类的祸害。

坦道骏马，使人想去奔驰；饮酒而快乐，使人想放歌。

正确的去推行它，所以称呼它叫治理；不正确的却实行它，必定称它为混乱。

蝮蛇螫人①，傅以和菫则愈②，物固有重而害反为利者③。

圣人之处乱世，若夏暴而待暮④；桑榆之间，逾易忍也⑤。

水虽平，必有波；衡虽正，必有差；尺寸虽齐，必有诡⑥。

非规矩不能定方圆，非准绳不能正曲直。用规矩准绳者，亦有规矩准绳焉⑦。

【注释】

①螫（shì）：刺人。

②傅（fū）：敷。和菫（jìn）：高诱注：野葛，毒药。按，疑即断肠草。

③重而害：《道藏辑要》本作"重害而"。

④"圣人"二句：高诱注：夏，日中甚热。暮，凉时。言圣人居乱世，忍以待凉。按，暴（pù），日晒。

⑤"桑榆"二句：高诱注：言乱世将尽，如日在西方桑榆间，将夕，故曰"易忍"。按，逾（yú），更加。

⑥诡（guǐ）：差别。

⑦"用规矩"二句：高诱注：准平绳直之人，能平直耳。故曰"亦有规矩准绳"。

蝮蛇螫人，用和堇敷上就会痊愈，万物中有为害很大而反成为大利的。

圣人处在乱世之中，就像遇到夏天的酷热而等待日落一样；等到太阳处在桑榆之间，就更容易忍受了。

水面即使很平，必定有波澜；秤杆即使平正，必定有差错；尺寸即使很一致，必有不同。

没有规矩不能成方圆，没有准绳不能正曲直。使用准绳规矩，也是有规矩准绳的。

山生金，反自刻；木生蠹，反自食；人生事，反自贼①。

巧冶不能铸木②，工匠不能斫金者，形性然也。

白玉不雕，美珠不文，质有余也。

故蹞步不休③，跛鳖千里；累积不辍④，可成丘阜。城成于土，木直于下，非有事焉，所缘使然⑤。

【注释】

①"山生金"六句：亦载于《说苑·辨物》。刻，《荀子·礼论》杨倞注："减损。"指开掘。贼，败，害。

②冶：北宋本原作"治"。《道藏》本作"冶"。据正。语载《公孙尼子》。

③蹞（kuǐ）：半步。

④辍（chuò）：停止。按，语载《荀子·修身》。

⑤缘：依循。

【译文】

山里生出黄金，反而使自己受到开凿；木头生出蠹虫，反而让自己被吃掉；人生出事端，反而使自己受害。

巧妙的冶工不能铸造木头，高明的木匠不能砍斫金属，这是由于不同事物形体的特性决定的。

白玉不要雕琢，美珠不要文采，天然的质朴就已经足够了。

因此不停地小步走，跛腿鳖也可以到达千里；堆积不停，可以形成高丘。城墙耸立由于土，木头挺拔由于根，不是有人规定它，所依循的自然规律使它形成这个样子。

凡用人之道，若以燧取火，疏之则弗得①，数之则弗中②，正在疏数之间。

【注释】

①疏：远。

②数（shuò）：近。高诱注"疏，犹迟也。数，犹疾也"有误。此言阳燧聚焦取火，与快、慢无关。

【译文】

大凡用人的方法，就像用燧取火一样，距离它远了就得不到火，距离它近了就不能得中，正好在远近适中（即焦点）的时候才能燃着。

第十八卷　人间训

　　本训以无比丰富的内容，论述了如何处理人世间的各种相互关系，其中有祸福、得失、益损、利害、功罪、取予、远近、誉毁、徐疾、赏罚、成败等内容，"使人知祸之为福，亡之为得，成之为败，利之为害也"。既生动有趣而又充满了深邃的哲理。

　　诚如解题中所说："人间之事，吉凶之中，征得失之端，反存亡之几也。"黄老道家学派认为，具有整体和宏观思维的"心"，处理各种复杂问题的"术"，把握和运用体现自然及社会规律的"道"，三者全备，才是处理好人世间各种复杂矛盾的关键。

　　陶方琦《淮南许注异同诂》："序目下无'因以题篇'字，许注本也。取旧辑许注本与今本校之，说多同。"

事者难成而易败也，名者难立而易废也。千里之堤，以蝼蚁之穴漏；百寻之屋，以突隙之烟焚①。尧戒曰："战战栗栗②，日慎一日。"人莫蹪于山③，而蹪于垤④。是故人者轻小害⑤，易微事，以多悔。患至而后忧之，是犹病者已惓⑥，而索良医也，虽有扁鹊、俞跗之巧⑦，犹不能生也。

【注释】

①"千里"四句：语出《韩非子·喻老》。突隙之烟焚，王念孙《读书杂志》王引之曰：《太平御览·虫豸部》四引此，作"突隙之熛（biāo）"。突，烟囱。

②战战：恐惧的样子。栗栗：畏惧的样子。

③蹪（tuí）：跌倒。古楚语。

④垤（dié）：小土堆。按，语出《韩非子·六反》等。

⑤者：刘绩《补注》本作"皆"。《群书治要》有"者、皆"二字。

⑥惓（juàn）：同"倦"。《说文》："倦，罢也。"引申为病重义。

⑦扁鹊：春秋战国时名医，名秦越人。《汉书·艺文志》"方技略"有《扁鹊内经》九卷、《泰始黄帝扁鹊俞跗方》二十三卷。《史记》有《扁鹊仓公列传》。俞跗（fū）：黄帝时医家。亦载于《韩诗外传》卷十。

【译文】

事业是难以成功而容易失败的，名誉是难以树立而容易毁弃的。千里长堤，常常因为蝼蛄蚂蚁的洞穴渗漏而崩塌；百寻高的大厦，常常因为烟囱缝隙的火苗而被焚毁。尧自我警告说："恐惧戒慎，一天比一天小心。"人们没有被大山绊倒的，而却被蚁穴的小土堆绊倒。因此人们都是轻视小害，把小事看得容易，而多有后悔。祸患来到才去忧虑，就像生病的人已经病重，而再寻求高明的医生，即使有扁鹊、俞跗这样的名医高手，也不能使他存活。

天下有三危①：少德而多宠，一危也；才下而位高，二危也；身无大功而有厚禄，三危也。故物或损之而益，或益之而损，何以知其然也？

昔者楚庄王既胜晋于河、雍之间②，归而封孙叔敖，而辞不受。病疽将死③，谓其子曰："吾则死矣，王必封女，女必让肥饶之地，而受沙石之间④。有寝丘者，其地确石之名丑⑤。荆人鬼⑥，越人礼⑦，人莫之利也。"孙叔敖死，王果封其子以肥饶之地，其子辞而不受，请有寝之丘⑧。楚国之俗，功臣二世而爵禄⑨，唯孙叔敖独存⑩。此所谓损之而益也。

【注释】

① "天下"七句：语似出《国语·鲁语》。亦与《道应训》"狐丘丈人谓孙叔敖"语相近。

② "昔者"句：许慎注：庄王败晋荀林父之师于邲（bì）。邲，河雍地也。按，事在楚庄王十七年夏六月（前597）。载于《左传·宣公十二年》等。河雍，黄河和雍州。雍，这里指邲，春秋属郑，在今河南

荥阳北。

③疽（jū）：痈。《列子·说符》作"孙叔敖疾，将死"。《史记·滑稽列传》作"孙叔敖病且死"。无"疽"字。

④沙石之间：《韩非子·喻老》作"沙石之处"。又《吕览·异宝》作"楚、越之间有寝之丘者"，《列子·说符》作"楚、越之间有寝丘者"。知此有脱误。

⑤"有寝丘"二句：许慎注：寝丘，今汝南固始也。前有垢谷，后有（庄）〔莊〕（zhuāng）丘，名丑。按，《楚文化考古大事记》："寝丘故城址在今固始县城郊北山口。楚庄王封孙叔敖之子侨"于此，建成寝丘邑。（文物出版社1984年版）确，石头坚硬。之，刘绩《补注》本作"而"。

⑥荆人鬼：许慎注：人事鬼也。

⑦机：许慎注：祥也。按，即福祥。《说文》："禨，鬼俗也。淮南传曰：吴人鬼，越人禨。"指迷信鬼神的活动。

⑧请：北宋本原作"谓"。《道藏》本作"请"。据正。

⑨"功臣"句：郑良树《淮南子斠理》："爵禄"上疑夺"收"字。《韩非子·和氏》中载："封君之子孙，三世而收爵禄。"

⑩"唯孙叔敖"句：《史记·滑稽列传》中载："封之寝丘四百户。后十世不绝。"

【译文】

天下有三件危险的事情：缺少德性而多宠爱，一危；才能低下而官位高，二危；身无大功而俸禄丰厚，三危。

因此事物中有的损减了却反而使它增加，有的增加了却反而使它减少，怎么知道是这样的呢？

　　从前楚庄王已经在邲地战胜了晋国，回国以后准备封赏孙叔敖，他推辞而不愿接受。孙叔敖得了恶疮将要死去，对他的儿子说："我就要死了，国君必然要封你，你必须让出肥美之地，而接受沙丘乱石那样的荒地。楚、越之间有个叫寝丘的，那里石硬地瘠而且名声不好。楚国人信鬼，越国人信吉祥，两国没有人认为这个地方对他们有利。"孙叔敖死后，国君果然把肥饶之地封给他的儿子，他的儿子坚辞不受，请求允许赐给他寝丘之地。楚国的习俗，功臣两代之后便要收回爵禄，只有孙叔敖的封地独存。这就是所说的减损了而反使它增加。

　　何谓与之而反取之？晋献公欲假道于虞以伐虢①，遗虞垂棘之璧与屈产之乘②。虞公或于璧与马，而欲与之道。宫之奇谏曰③："不可！夫虞之与虢，若车之有轮④，轮依于车，车亦依轮。虞之与虢，相恃而势也⑤。若假之道，虢朝亡而虞夕从之矣。"虞公弗听，遂假之道。荀息伐虢⑥，遂克之。还反伐虞，又拔之。此所谓与之而反取者也。

【注释】

①假：借。虞（yú）：今山西平陆东北。虢（guó）：在今河南陕县东南。灭于前655年。

②垂棘：在今山西潞城北。屈产：在今山西吉县北。

一说屈地所产。

③宫之奇：虞臣。

④轮：《韩非子·十过》作"辅"。辅，指车两旁之板。

⑤而：《韩非子·十过》作"之"。

⑥荀息：晋大夫。此则见于《左传》僖公二年、五年等。

【译文】

什么叫给予他反而夺取它呢？晋献公想向虞借道来讨伐虢国，献公把垂棘产的璧玉和屈地产出的良马赠送给虞君。虞公被美玉良马所迷惑，而想借道给晋国。虞大夫宫之奇劝谏说："不行！虞国和虢国，像车子有了轮子，轮子依托于车，车子也依靠轮子。虞国和虢国，相互依靠而形成威势。如果借道给他们，虢国早晨灭亡而虞国晚上便要跟从它灭亡了。"虞君不听，于是就借道给晋国。晋大夫荀息讨伐虢国，便攻克了它。回师返回侵伐虞国，又夺得了虞地。这就是所说的给予他而反夺取了它。

近塞上之人①，有善术者②，马无故亡而入胡，人皆吊之。其父曰③："此何遽不为福乎？"居数月，其马将胡骏马而归，人皆贺之。其父曰："此何遽不能为祸乎？"家富良马，其子好骑，堕而折其髀④，人皆吊之。其父曰："此何遽不为福乎？"居一年，胡人大入塞，丁壮者引弦而战⑤。近塞之人，死者十九，此独以跛之故，父子相保。故福之为祸，祸之为福，化不可极，深不可测也。

①塞上：指长城一带。

②术：术数。古代指星相、占卜、医药等技艺。

③其：此，是。父：指长者。《尚书·酒诰》孔颖达疏：
　父者，尊之辞。

④髀（bì）：大腿。

⑤引：开弓。

【译文】

　　靠近长城一带的居民，有一个擅长术数的人，他家的马无故跑到了匈奴的一边，人们都去慰问他。这位长者却说："这难道不是一件好事吗？"过了几个月，他的马带领了一匹胡地的骏马归来，人们都去祝贺他。这位长者说："这难道不是一件坏事吗？"他家里很富有，又得了良马，他的儿子爱好骑马，一次从马背上摔下来而折断了大腿，人们都去安慰他。这位长者说："这难道不是一件好事吗？"过了一年，匈奴人大举入侵边塞地区，青壮年都拉起弓箭和敌人作战。边塞上的人，十分之九都战死了，他的儿子独独因为腿跛的原因没有参战，父子俩保全了性命。因此好事可以变成坏事，坏事也可以变成好事，它们的变化是不能穷尽的，深奥的道理是难以测度的。

　　或有罪而可赏也，或有功而可罪也。西〔门〕豹治邺①，廪无积粟②，府无储钱，库无甲兵，官无计会，人数言其过于文侯。文侯身行其县，果若人言。文侯曰："翟璜任子治邺而大乱③，子能道④，则可；不能，将加诛于子。"西门豹曰："臣闻王主富民，霸主富武，亡国富库。今君欲为霸王者也，臣故稸积于民。君以为不然，臣请升城鼓之⑤，一鼓，甲兵粟米，可立具也。"于是乃升城而鼓之。一鼓，民被甲括矢⑥，操兵弩而出；再鼓，负辇粟而至⑦。文侯曰："罢之。"西门豹曰："与民约信，非一日之积也。一举而欺之，后不可复用也。燕常侵魏八城⑧，臣请北击之，以复侵地。"遂举兵击燕，复地而后反⑨。此有罪而可赏者也。

【注释】

①西〔门〕豹：北宋本原无"门"字。《道藏》本有"门"字。据补。复姓西门，名豹。战国魏文侯时任邺令，治政极为成功。邺：今河北临漳西南邺镇。

②廪（lǐn）：仓库。

③翟（zhái）璜：魏大夫。

④子能道：王念孙《读书杂志》:《太平御览·治道部》八引，作"子能变道"，是也。变道，谓易其道也。

⑤升：登。

⑥括：捆束。

⑦负：通"服"，驾牛车。辇（niǎn）：人拉车叫辇。

⑧常：通"尝"，曾经。

⑨反：北宋本原作"皮"。《道藏》本作"反"。据正。按，此则载于《韩非子·外储说左上》。

【译文】

　　有的有罪而能够受到赏赐，有的有功反而要加罪。西门豹担任邺令时，仓库里没有积粮，府库里没有储钱，兵库里没有武器，官衙里没有账目，人们多次向魏文侯告状。文侯亲自到这个县察看，果然像人们所说的那样。文侯说："翟璜任用你治理邺县，而现在一片混乱，你能改变这种局面，那么就算了；如果不能改变，我将对你施加刑罚。"西门豹说："我听说打算称王的君主使百姓富裕，称霸的君主使武备强盛，亡国的君主使仓库堆满。现在君主要想成就霸业，我因此积蓄财力在百姓之中。君主如果不相信，我请求允许登城击鼓，武器粮食，能够立即准备好。"于是就登上城楼击起战鼓。一鼓声落，百姓身披铠甲捆束箭杆，手握兵弩而奔来；第二次击鼓，百姓拉车背粮前来待命。文侯见状说："让他们回去吧！"西门豹说："和老百姓立下的誓约，不是一天积累成的。一次击鼓欺骗了他们，以后就不能再听从指挥了。燕国曾经侵略魏国占领八城，我请求攻打他们，夺回被侵领土。"于是举兵讨伐燕国，夺回侵地后才返回邺地。这是有罪而能够受赏的例子。

　　人或问孔子曰："颜回何如人也？"曰："仁人也，丘弗如也。""子贡何如人也？"曰："辨人也，丘弗如也。""子路何如人也？"曰："勇人也，丘弗如也。"宾曰："三人皆贤夫子，而为夫子役①，何也？"孔子曰："丘能仁且忍，辨且讷②，勇且怯③。以三子之能，易丘一道，丘弗为也。"孔子知所施之也④。

【注释】

①役：指弟子。

②讷（nè）：即语言迟钝。

③怯：退让。

④施：指施行教化。按，本则化自《列子·仲尼》等。

【译文】

有人向孔子询问道："颜回是怎样一个人？"孔子说："是个品行高尚的人，我不如他。""子贡是怎样的人？"孔子说："是个能言善辩的人，我不如他。""子路是个什么样的人？"孔子说："是个勇敢刚强的人，我不如他。"宾客说："三个人都超过了你，而却为你的弟子，这是为什么？"孔子说："我情操高尚而能忍耐，能说会道而言语适度，勇敢坚定而能退让。用他们三个人的才能，交换我一个人的道术，我不能够做到。"孔子知道他所施教的地方。

事或为之，适足以败之；或备之，适足以致之①。何以知其然也？秦皇挟《录图》②，见其传曰③："亡秦者胡也。"因发卒五十万，使蒙公、杨翁子将④，筑修城⑤。西属流沙⑥，北击辽水⑦，东结朝鲜⑧，中国内郡挽车而饷之⑨。又利越之犀角、象齿、翡翠、珠玑⑩，乃使尉屠睢发卒五十万⑪，为五军，一军塞镡城之岭⑫，一军守九嶷之塞⑬，一军处番禺之都⑭，一军守南野之界⑮，一军结馀干之水⑯，三年不解甲弛弩⑰。使监禄无以转饷⑱，又以卒凿渠而通粮道⑲，以与越人战，杀西呕君译吁宋⑳。而越人皆入丛薄中，与禽兽处，莫肯为秦虏。相置桀骏以为将，而夜攻秦人，大破之。杀尉屠睢，伏尸流血数十万，乃发適戍以备之㉑。当此之时，男子不得修农亩，妇人不得剡麻考缕㉒，赢弱服格于道㉓，大夫箕会于衢㉔。病者不得养，死者不得葬。于是陈胜起于大泽㉕，奋臂大呼，天下席卷，而至于戏㉖。刘、项兴义兵，随而定，若折槁振落，遂失天下。祸在备胡而利越也。欲知筑脩城以备亡，而不知筑脩城之所以亡也。发適戍以备越，而不知难之从中发也。

夫鹊先识岁之多风也㉗，去高木而巢扶枝㉘，大人过之则探㲉㉙，婴儿过之则挑其卵，知备远难而忘近患。故秦之设备也，乌鹊之智也。

【注释】

①致：招致。

②秦皇：秦始皇（前259—前210），即嬴政，一称赵政。秦王朝建立者，前246—前210年在位。按，关于此事，许慎注：挟（xié），铺也。秦博士卢生使入海，还奏《录图书》于始皇帝。吴承仕《淮南旧注校理》："挟"当为"披"。按，披，张开。铺，铺陈。

③传（zhuàn）：解说的文字。

④蒙公：即蒙恬。秦初名将，被秦二世逼迫而自杀。

杨翁子：秦将。

⑤修城：即长城。

⑥西属流沙：许慎注：起陇西临洮县。按，即甘肃临洮，地近大沙漠。

⑦击：通"系"，连结。辽水：指辽河，今辽宁凌河以东。

⑧朝鲜：许慎注：乐浪。按，指今朝鲜平安南道、平安北道等地。

⑨挽：拉，牵。

⑩越：指今中国南方岭南一带。翡翠：许慎注：翡，赤雀；翠，青雀。珠玑：圆者为珠，不圆者为玑。

⑪尉屠睢：许慎注：秦将。按，《史记·平津侯主父列传》中载："又使尉（佗）屠睢（suī）将楼船之士南攻百越，使监禄凿渠运粮。"《史记》索隐："尉，官也。他，赵他也。屠睢，人姓名。"依《史记》所载，当为赵他、屠睢两人。

⑫镡（xín）城：许慎注：在武陵西南，接郁林。按，古县名，治所在今湖南靖州西南。

⑬九嶷：许慎注：在零陵。按，在湖南宁远南。

⑭番禺（pānyú）：许慎注：在南海。按，今广东广州南。

⑮南野：许慎注：在豫章。按，今江西南康西南章水南岸。

⑯馀干：许慎注：在豫章。按，在今江西东北部，信江下游，西滨鄱阳湖。

⑰弛（chí）：放松。

⑱监禄：秦将。《史记·平津侯主父列传》："使监禄凿渠运粮。"《史记》集解韦昭注："监御史名禄也。"无以：王念孙《读书杂志》："无以"二字，后人所加。《困学纪闻》引此，无"无以"二字。

⑲凿渠：许慎注：凿通湘水、离水之渠也。按，即今广西兴安境内之灵渠。沟通湘江和漓水，联系珠江和长江水系，长34公里。为古代著名水利、航运工程。

⑳西呕（ōu）：古越人的一支，秦汉时分布在岭南广大地区。译吁宋：西呕君主。

㉑適（zhé）戍：被谪贬获罪戍边的人。

㉒剡麻：用麻编织。剡，通"缅（yǎn）"，接续。考：成。

㉓格：通"𨍉"，挽车之横木。

㉔箕会：许慎注：以箕于衢会敛。按，即苛敛民财义。衢（qú）：四通八达之路。

㉕陈胜：字涉。许慎《兵略训》注谓"汝阴"人。《史记·陈涉世家》："陈胜者，阳城人也。"明李贤等撰《明一统志》卷七：凤阳府。阳城，在宿州南，秦县，陈胜生于此。汉属汝南郡。大泽：今安徽宿州西南。

㉖戏：许慎注：地名，在新丰。按，在今陕西临潼东北。

㉗鹊：王念孙《读书杂志》："鹊"上脱"乌"字。《初学记·天部上》引此，皆有"乌"字。

㉘扶：旁。

㉙𪃾（kòu）：幼鸟。

【译文】

　　事情有的想干成它，却恰好能够使它失败；有的想防备它，却能够招致它到来。怎么知道是这样的呢？秦始皇展现方士送来的《录图书》，看到上面记载说："灭亡秦朝的是'胡'。"因此征发士卒五十万，派蒙恬、杨翁子为将，率兵修筑长城。西部连接流沙，北面连缀辽水，东部连接朝鲜，中国各地拉着车子转运粮饷。又想得到越地的犀角、象齿、翡翠、珠玑之类，于是派尉屠睢率兵五十万，分为五路大军，一军占领镡城的峻岭，一军把守九嶷的险塞，一军镇守番禺的都城，一军守卫南野的边界，一军结集在馀干洞庭之畔，三年不解下兵甲放松弓弩。因派监禄无法转运粮饷，又发动士卒开凿渠道，沟通湘江、漓水，使粮道畅通，来和越人作战，杀死西呕君主译吁宋。而越人都潜入深山密林之中，和禽兽相处，没有人肯当秦人的俘虏。越人互相设置勇武之人作为首领，在夜间袭击秦兵，大败秦军。杀死尉屠睢，秦军伏尸流血数十万，于是又征发戍卒来防备越人。在这个时候，男子不能够整治农田，妇女不能够续麻纺线，老弱都在道上拉车，大夫在道路上公开苛敛民财。生病的人无法奉养，死亡的人不能得到安葬。在这种情况下陈胜在大泽乡起兵反秦，奋臂大呼，天下席卷响应，并且一直打到秦都附近。刘邦、项羽兴起义兵，天下随着而平定，就像折断槁木摇落枯叶一样，秦二世便失去了天下政权。祸患在于防备"胡"人而贪图越地的奇珍。想筑起长城来防备胡人，不知道修筑长城正是导致灭亡的原因。发动戍卒来防备越人，而不知道灾难正是从中产生的。

喜鹊预先知道年内会多刮大风，离开高的树枝而在近地面的枝上筑巢，但是大人经过就会伸手抓取小鸟，婴儿经过也会拨动鸟卵，知道防备远方的灾难，而忘记近处的患祸。因此秦国的设置防备，不过是乌鹊的智慧罢了。

第十九卷　脩务训

　　脩务，就是勉励人们要致力事业，及时奋进，为济救万民而立功。本篇是《淮南子》的重要内容之一。

　　本训对先秦道家的"无为"学说，进行了新的阐释，提出了适应汉初治国需要的黄老道家"无为"论。本文首先对"无为"、"有为"的内涵进行了准确的界定。无为，就是按自然和社会规律办事；有为，就是背离自然。它第一次对《老》《庄》中的消极无为的思想，进行了彻底的改造，赋予了崭新的内容。

　　本训特别强调学习、教育和自强。认为"学亦人之砥锡"，"学不可以已"；"不自强而功成者，天下未之有也"；"教顺施续，而知能流通"。要达到学习、自强的要求，不要随波逐流，要有自己的独立见解，持之以恒，"不为古今易志"，方能成就事业。同时对世俗社会中"贵古贱今"、"重名轻实"的现象进行了批判。

　　陶方琦《淮南许注异同诂》："（此）高注本也。"

或曰："无为者，寂然无声，漠然不动，引之不来，推之不往，如此者乃得道之像①。"吾以为不然，尝试问之矣②：

若夫神农、尧、舜、禹、汤，可谓圣人乎？有论者必不能废③。以五圣观之，则莫得无为明矣。

古者民茹草饮水④，采树木之实，食蠃蚌之肉⑤，时多疾病毒伤之害。于是神农乃始教民播种五谷⑥，相土地宜燥湿肥墝高下⑦；尝百草之滋味，水泉之甘苦，令民知所避就。当此之时，一日而遇七十毒。

尧立孝慈仁爱，使民如子弟。西教沃民⑧，东至黑齿⑨，北抚幽都⑩，南道交趾⑪。放谨兜于崇山⑫，窜三苗于三危⑬，流共工于幽州⑭，殛鲧于羽山⑮。

舜作室，筑墙茨屋，辟地树谷，令民皆知去岩穴，各有家室。南征三苗，道死苍梧⑯。

禹沐浴霪雨，栉扶风⑰，决江疏河，凿龙门，辟伊阙⑱；修彭蠡之防⑲，乘四载⑳，随山刊木㉑，平治水土，定千八百国。

汤夙兴夜寐，以致聪明，轻赋薄敛，以宽民氓㉒；布德施惠，以振困穷；吊死问疾，以养孤孀㉓；百姓亲附，政令流行。乃整兵鸣条㉔，困夏南巢㉕，谯以其过㉖，放之历山㉗。

此五圣者，天下之盛主，劳形尽虑，为民兴利除害而不懈。奉一爵酒，不知于色㉘；挈一石之尊㉙，则白汗交流。又况赢天下之忧㉚，而海内之事者乎㉛？

其重于尊亦远矣。且夫圣人者，不耻身之贱，而愧道之不行；不忧命之短，而忧百姓之穷。是故禹之为水，以身解于阳盱之河^㉜；汤旱，以身祷于桑山之林^㉝。圣人忧民如此其明也，而称以无为，岂不悖哉^㉞？

【注释】

①"无为者"六句：高诱注：或人以为先为术如此，乃可谓为得道之法也。像，法。

②"吾以为"二句：高诱注：以为不如或人之言。尝问之于圣人矣。按，然，这样。

③"有论"句：高诱注：言五人可谓圣人耶？有论者何能废其道也。按，废，否认。

④茹：吞咽。

⑤蠃（luó）：同"螺"。蚌（bàng）：蚌属。

⑥五谷：菽、麦、黍、稷、稻。

⑦相：省视。土地宜：《太平御览》卷七十八《皇王部》三引作"相土地之宜"。硗（qiāo）：土壤坚硬贫瘠。

⑧沃民：西方之国。

⑨黑齿：东方之国。

⑩幽都：高诱注：阴气所聚，故曰幽都，今雁门以北是。

⑪交趾：南方之国。指五岭以南。

⑫放：放逐。讙（huān）兜：尧时佞臣。据《山海经·海外南经》及郭璞注，亦为南方国名。崇山：南极之山。按，"放讙兜"四句，见于《尚书·尧典》等。

⑬三苗：古代生活在鄱阳湖、洞庭湖一带的少数民族。
三危：西极之山名。在今甘肃敦煌东南。

⑭共工：尧时有共工官。

⑮殛（jí）：杀死。鲧（gǔn）：禹之父。治水不成，尧
殛之。羽山：东极之山。

⑯苍梧：高诱注：时舜死苍梧，葬于九嶷之山，在苍梧
冯乘县东北，零陵之南千里也。按，在今湖南宁远南。

⑰浴霣雨，栉扶风：见于《庄子·天下》。扶风，疾风。

⑱"决江疏河"三句：高诱注：决巫山，令江水得东
过，故曰"决"。疏道东注于海，故言"疏"。龙
门本有水门，鳣（dié）鱼游其中，上行得上过者，
便为龙，故曰"龙门"。禹辟而大之，故言"凿"。
伊阙，山名，禹开截山体，令伊水得北过，入雒
（luò）水，故言"阙"也。按，龙门，在今山西河
津西北。鳣，一本作"鲋"。吴承仕《淮南旧注校
理》认为作"鲔"。伊阙，在今河南洛阳南部。伊
水流经两山之间。

⑲彭蠡（lí）：即今洞庭湖。

⑳四载：高诱注：山行用蔂（léi），水行用舟，陆行
为车，泽行用䡾（jué）。按，蔂，通"樏（léi）"，
登山用具。䡾，古代泥路的行走用具。

㉑刊：斩除。载《尚书·皋陶谟》《禹贡》。刊木，即
表木。刊木立为表记。

㉒氓（méng）：高诱注：野民曰氓也。按，指流动之民。

㉓"以养"句：高诱注：幼无父曰孤。孀，寡妇。雒

家谓寡妇为孀妇。

㉔鸣条：地名。在今山西夏县西。

㉕南巢：高诱注：今庐江居巢是。按，在今安徽巢湖西南。

㉖谯（qiáo）：责备。

㉗历山：在今安徽和县境。即历阳之山。

㉘知：见。

㉙挈（qiè）：提起。

㉚嬴（yíng）：担负。

㉛海内：王念孙《读书杂志》："海内"上脱"任"字。《艺文类聚·人部》四、《杂器物部》引，皆有"任"字。

㉜解（jiě）：高诱注：祷（dǎo），以身为质。按，指祈祷以身为人质。阳盱（miàn）之河：高诱注：在秦地。按，《地形训》作"阳纡"，《吕览·有始》作"阳华"。盱，当为"盱"之误。盱，同"盱（xū）"。

㉝桑山之林：商汤祭祀求雨之地。在今河南荥阳氾水镇一带。

㉞悖（bèi）：荒谬。

【译文】

有的人说："无为，就是静寂地没有声音，淡漠地没有行动，招引它不来，推动它不去，像这样才是掌握了道的法则。"我认为不是这样。试试说一说我的考察结果：

如果说到神农、尧、舜、禹、汤，可以说是圣人了吧？提出论题的人必定都不能否认他们的观点。从五圣来看，那么他们都没有做到无为这是很明显的。

古时候人们吃野草喝生水，采集树木的果实，吃蚌蛤的肉，当时人民经常发生疾病毒伤的灾害。在这个时候神农便开始教导百姓播种五谷，察看土地的适宜情况，根据干旱燥湿肥沃贫瘠高丘平原因地制宜；品尝百草的滋味，以及水泉的甘苦，指导百姓避开有害的而接近有益的。在这个时候，神农一天遇到有毒的植物和水源七十次。

尧建立孝慈仁爱的道德规范，役使百姓就像对待自己的子弟一样。在西部教导沃民，东方到达黑齿，北边安抚幽都，南方到达交趾，亲自以仁义教导他们。把谨兜流放到崇山，将三苗驱逐到三危，把共工流放到幽都，把鲧处死在羽山。

舜教民造屋，筑起墙壁用茅草盖房，开辟土地种植五谷，使百姓都知道离开岩洞，而各自建立家室。到遥远的南方去征服三苗，死在经过苍梧山的路途之中。

禹冒着淫雨，顶着疾风，劳苦奔波，疏通长江、黄河，凿通龙门，劈开伊阙；修筑彭蠡的堤防，乘着四种交通工具，顺着山势砍削大木作标志，整治水土，安定了天下一千八百多个诸侯国。

商汤起早睡晚忧心国事，极尽自己的聪明智慧，轻纳赋税少征财物，以便使百姓富裕；广布德泽施予恩惠，用来赈救困穷之人；慰问死者亲属恤问患病之人，抚养孤儿寡妇；百姓亲近归附，政教法令通行天下。于是在鸣条整治军队，把夏桀围困在南巢，为了责罚他的罪过，并把他流放到历山。

这五位圣君，是天下最具盛德的天子，疲劳形体竭尽思虑，为百姓兴利除害而不松懈。捧起轻轻的一爵酒，脸上不见有难色；提起重一石的酒樽，那么就会汗流浃背。又何况担负起天下人的忧虑，胜任海内的大事呢？它比一樽的重量已超出很远了。况且对于圣人，不以自身低贱为耻辱，而以大道没有推行为羞愧；不担心生命的短暂，而忧虑百姓的穷困。因此大禹为了治水，亲自到阳盱之水作祈祷；汤时面临七年大旱，他亲自到桑林向天神祈求降雨。圣人忧虑百姓像这样清楚明白，而用无为来称说他们，难道不是十分荒谬的吗？

夫地势水东流，人必事焉，然后水潦得谷行①；禾稼春生，人必加功焉②，故五谷得遂长③。听其自流，待其自生，则鲧、禹之功不立④，而后稷之智不用。若吾所谓无为者，私志不得入公道，耆欲不得枉正术⑤；循理而举事，因资而立〔功〕⑥；权自然之势⑦，而曲故不得容者⑧；政事而身弗伐⑨，功立而名弗有。非谓其感而不应，攻而不动者⑩。若夫以火熯井，以淮灌山，此用己而背自然，故谓之有为⑪。若夫水之用舟，沙之用鸠⑫，泥之用𫐄⑬，山之用蔂⑭；夏渎而冬陂；因高为田，因下为池，此非吾所谓为之⑮。

【注释】

①"夫地势"三句：高诱注：水势虽东流，人必事而通之，使得循谷而行也。潦（lǎo），雨水大。

②加功：耕耘。

③遂：成。

④鲧、禹：王叔岷《淮南子斠证》:《齐民要术·种谷》
第三引此作"大禹"。

⑤耆：通"嗜（shì）"。《道藏》本、《文子·自然》作
"嗜"。

⑥立：王念孙《读书杂志》:"因资而立"下脱一字，
当依《文子·自然》作"因资而立功"。《氾论训》
《说林训》皆作"因资而立功"。

⑦权：王念孙《读书杂志》:当依《文子》作"推自
然之势"，字之误也。于大成《脩务校释》云：日本
宝历本《文子》江忠囿序引此文，字正作"推"。

⑧曲故：巧诈。

⑨政：刘绩《补注》本作"事成而身弗伐"。无"政"
字，有"成"字。王念孙《读书杂志》:"政"当作
"故"，字之误也。伐：自我夸耀。

⑩攻：王念孙《读书杂志》王引之曰："攻"当为"敀
（pò）"。敀，今"迫"字也。故《文子》作"迫而
不动"。

⑪"若夫"四句：高诱注：火不可以熯（hàn）井，淮
不可以灌山，而以用之，非其道，故谓之"有为"
也。按，熯，烤干。有为，指违背自然规律，肆行
妄为。

⑫肆：沙行用具。疑误。《文子·自然》作"蛷
（niǎo）"。《吕览》作"鸠"。

⑬輴：古代用于泥路的交通工具。

⑭蔂：通"樏（léi）"，登山的用具。

⑮"因高"三句：高诱注：此皆因其宜用之，故曰"非吾所谓为"，言无为。按，《文子·自然》作"因高为山"。

【译文】

按照地势水是向东流的，人们必须根据地势来治理它，然后流水才能沿着低洼山谷穿行；禾苗春天生长，人们就要按照这个特点耕耘除草，因此五谷才能得以生长。听凭它自然流动，等待它自然生长，那么鲧、禹之功不会建立，而后稷的才智也不会被使用。像我所说的无为，指的是偏私的念头不能够进入公道之中，嗜欲爱好不能使正道歪曲；根据道理而行事，按照资用而建立功劳；推究自然的规律，那么巧诈便没有容身之地了；事业成功而自己不夸耀，功名建立而不称说有功。而不是所说的感动而不响应，压迫而不活动的情形。至于像用火来烤干井水，把淮水引上八公山，这只是凭主观想象而违背自然规律，因此称它叫有为。像水行用舟船，沙地用𫐆，泥地用輴，山地用蔂；夏天形成川流而冬天蓄为陂塘；按照高低而建成梯田，沿着低洼之地而修建池塘，这不是我所说的有为。

圣人之从事也①，殊体而合于理②，其所由异路而同归，其存危定倾若一③，志不忘于欲利人。何以明之？

昔者楚欲攻宋④，墨子闻而悼之⑤。自鲁趋而十日十夜，足重茧而不休息，裂衣裳裹足，至于郢⑥。见楚王曰："臣闻大王举兵将攻宋，计必得宋而后攻之乎⑦？忘其苦众劳民⑧，顿兵剉锐⑨，负天下以不义之名，而不得咫尺之地，犹且攻之乎？"王曰："必不得宋，又且为不义，曷为攻之？"墨子曰："臣见大王之必伤义而不得宋。"王曰："公输，天下之巧士，作为云梯之械，设以攻宋⑩，曷为弗取？"墨子曰："令公输设攻⑪，臣请守之。"于是公输般设攻城之械，墨子设守宋之备，九攻而墨子九却之，弗能入。于是乃偃兵，辍不攻宋⑫。

【注释】

①从事：行事，处理事务。

②体：事体。

③定倾：扶助倾危，使之安定。

④楚：指楚惠王，名熊章，战国初期楚君，在位57年。
　　宋：周初微子启的封地，都商丘（今河南商丘）。

⑤悼：悲伤。按，此条见于《墨子·公输》等。

⑥郢（yǐng）：高诱注：楚都也，今南郡江陵北〔十〕里郢是也。按，在今湖北江陵西北，遗址称纪南城。

⑦计：谋划。

⑧忘其：还是。忘，通"亡"。《吕览·爱类》作"亡"。

⑨剉（cuò）：辱折，折伤。

⑩"公输"四句：高诱注：公输，鲁班号，时在楚。云梯，攻城具，高长，上与云齐，故曰"云梯"。巧士，《吕览·爱类》作"巧工"。

⑪令：北宋本原作"今"。《道藏》本作"令"。据正。

⑫辍（chuò）：停止。

【译文】

圣人处理事务，事体不同而都能符合道理，他们所经过的道路不同而归向一致，使危亡得到保存、使倾覆变成安定的目的一致，心中不忘让天下之人得到利益。怎么能说明这个问题？

从前楚惠王准备攻打北方弱小的宋国，墨子听了非常悲伤，决定亲自去制止战争。他从鲁国急行十天十夜，脚下磨出层层老茧却不愿意休息，撕裂衣裳包裹磨烂的双脚，一直到达郢都。谒见楚王说："我听说大王准备发兵攻打宋国，你盘算一定能够得到宋国才攻打它呢？还是使他的民众痛苦万民疲惫，军队劳顿精锐挫伤，在天下背负不义的名声，而得不到一尺土地，这样还将要攻打它呢？"楚王说："如果一定不能够攻下宋，又将是不义的举动，那还攻打它做什么？"墨子说："我预见大王必定损伤大义而又不能够得到宋国。"楚王说："公输般，是天下著名的巧匠，制造了攻城用的云梯，安排用来攻打宋国，为什么不能取胜呢？"墨子说："让公输般设置攻城的器械，请允许我来守卫它。"在这个时候公输般设置了攻打宋城的器械，墨子布置了守卫宋城的设施，公输般攻打九次，而墨子九次都使他退却下来，根本无法进入宋城。在这时双方才停止了交兵，楚王也停下来不再攻打宋国。

　　段干木辞禄而处家①，魏文侯过其闾而轼之②。其仆曰："君何为轼？"文侯曰："段干木在，是以轼。"其仆曰："段干木布衣之士，君轼其闾，不已甚乎？"文侯曰："段干木不趋势利，怀君子之道，隐处穷巷，声施千里③，寡人敢勿轼乎？段干木光于德④，寡人光于势；段干木富于义，寡人富于财。势不若德尊，财不若义高。干木虽以己易寡人，不为⑤。吾日悠悠惭于影⑥，子何以轻之哉？"其后秦将起兵伐魏，司马庚谏曰⑦："段干木贤者，其君礼之，天下莫不知，诸侯莫不闻，举兵伐之，无乃妨于义乎？"于是秦乃偃兵，辍不攻魏。

【注释】

①段干木：复姓段干，战国魏人。师事子夏，文侯请以为相，辞不受。文侯以师事之。

②闾：里闾。轼：凭轼致敬。

③施：行。

④光：光耀显明。

⑤"干木"二句：高诱注：使干木之己贤，易寡人之尊，不肯为之矣。干木，何宁《淮南子集释》："干木"上应有"段"字。段干复姓。

⑥悠悠：忧思的样子。

⑦司马庚（yǔ）：战国秦大夫。《吕览·期贤》作司马

唐。《史记·魏世家》亦载其事。

【译文】

段干木辞去高官厚禄避居家中，魏文侯每次经过段干木的门间，总是凭轼致敬。他的仆人说："您为什么要凭轼致敬呢？"魏文侯说："段干木住在那里，因此要凭轼致敬。"他的仆人说："段干木是个普通百姓，国君对他的门间凭轼致敬，不是太过分了吗？"魏文侯说："段干木不趋炎附势，具有君子的高尚德性，隐居在陋巷的茅草房内，名声传遍千里之外，我怎么能够不尊重他呢？段干木在道德上光耀显明，我在权势上光耀显明；段干木最富于大义，我对财物占有最多。而权势不如道德尊宠，财富不如大义高贵。段干木即使来和我交换位置，他也是不干的。我对待自己的形象还整天忧思羞愧，你怎么能轻视他呢？"在这以后秦军准备起兵侵略魏国，秦大夫司马庚劝谏道："魏国段干木是天下有名的贤人，他的国君对他十分尊敬，天下没有人不知道这件事的，诸侯国也没有不清楚的，举兵侵伐这样的国家，恐怕对推行大义有妨碍吧？"这样秦君便停止了起兵的念头，不再攻打魏国。

第二十卷　泰族训

　　曾国藩《淮南子读书录》："族，聚也。群道众妙之所聚萃也。泰族者，聚而又聚者也。"泰，通"大"。"泰族"是对全书理论体系的总结。本训是体现黄老道家天道自然观和治国理论的重要篇章。

　　本训集中讨论自然规律和人类之间的天人关系，并把它们归纳到道这个总规律之中。自然规律是客观存在的，是不可抗拒的。它不但"化生万物"，同时，"天之与人，有以相通也"，违背自然规律，就要受到惩罚。因此，"能因，则无敌于天下"。"因"，就是要按照规律办事。

　　人类社会的礼乐、伦理、法律制度等，都是以自然规律为指导的。

　　圣人治政要懂得物极必反的辩证关系。"天地之道，极则反，盈则损"。要"顺万物之宜"，"事穷而更为，法弊而改制"，才能避免失败。

　　圣人治政要注意掌握根本，不能舍本求末。国家大治，"得贤"与"得人心"，是根本要求。圣主要能"举贤而立功"，"得天下之心"。得贤与失贤，得人心与失人心，结果截然相反。

　　本训提出了黄老道家"养身"和"治国"的关系："治身，太上养神，其次养形。治国，太上养化，其次正法。"非常明确地提出，要把"养神"和"养化"放在首位。

　　陶方琦《淮南许注异同诂》："序目无'因以题篇'字，许注本也。取旧辑许注与今本较之，说多同。"

天设日月，列星辰，调阴阳，张四时；日以暴之，夜以息之，风以干之，雨露以濡之①。其生物也，莫见其所养而物长；其杀物也，莫见其所丧而物亡，此之谓神明②。圣人象之③。故其起福也，不见其所由而福起；其除祸也，不见其所以而祸除。远之则迩④，延之则疏⑤；稽之弗得⑥，察之不虚；日计无筭，岁计有余⑦。

【注释】

①濡（rú）：浸渍。

②神明：指自然界有规律的运动及化生万物的作用。《经法·明理》："道者，神明之原也。""其生物也"至"而祸除"，当化自《尸子·贵言》。

③象：依循，效法。

④迩（ěr）：近。

⑤延：接近。

⑥稽：考核。

⑦"日计"二句：化自《庄子·庚桑楚》。《文子·精诚》作"日计不足"。筭（suàn），《说文》："长六寸，计历数者。"按，计数用的筹码。

【译文】

上天设置了日月，摆列了星辰，协调阴阳变化，设立了一年四季；用阳光来照射万物，用黑夜来使万物休息，用风使它们干燥，用雨露来使它们滋润。上天在使万物生长的时候，没有见到它在抚育而万物自然生长；上天在消灭万物的时候，没有见到它在杀害而万物灭亡，这就叫"神明"。圣人依循这个规律。因此他在兴起福祉的时候，没有见到他起步而幸福便得到了；他在消除祸害的时候，没有见到他的行动而祸患解除了。远远离开它反而距离很近，伸手接近它又很疏远；考察它又不能得到，观察它又不是虚幻；每天计算它又无法算出来，以一年来计算又感到有余。

天致其高，地致其厚，月照其夜，日照其昼，阴阳化，列星期[1]，非有道而物自然[2]。故阴阳四时，非生万物也；雨露时降，非养草木也。神明接，阴阳和，而万物生矣。故高山深林，非为虎豹也；大木茂枝，非为飞鸟也；流源千里，渊深百仞[3]，非为蛟龙也。致其高崇，成其广大，山居木栖，巢枝穴藏，冰潜陆行[4]，各得其所宁焉。

【注释】

①期：会合。如五星连珠。刘绩《补注》本作"朗"。

②"非有道"句：刘绩《补注》本作"正其道而物自然"，《文子·精诚》作"非有为焉，正其道而物自然"。道，引导，主导。

③"流源"二句：王念孙《读书杂志》：《太平御览·鳞介部》二引此，"流源"作"源流"，"渊深"作"深渊"。

④冰：刘绩《补注》本作"水"。

【译文】

上天极尽它的高远，大地极尽它的深厚，明月照亮黑夜，太阳照耀白昼，阴阳相互变化，星辰按期交会，并非有什么主宰而万物都是自然形成的。因此阴阳变化和四时交替，不是为了产生万物；甘雨清露按时降落，不是为了养育草木。天道规律的不停变化，阴阳之气的互相融合，那么万物便自然产生了。所以高山深林，不是专为虎豹设置的；乔木茂叶，不是专给飞鸟安排的；泉流千里，深渊百丈，不是专门为蛟龙准备的。大山极尽它的高崇，江河极尽它的广大，有的栖息山上，有的居住在木枝，有的筑巢，有的造穴，有的潜入水中，有的陆上爬行，这是各自得到它们适宜的生存环境罢了。

民有好色之性，故有大婚之礼；有饮食之性，故有大飨之谊；有喜乐之性，故有钟鼓筦弦之音；有悲哀之性，故有衰绖哭踊之节①。故先王之制法也，因民之所好，而为之节文者也②。因其好色而制婚姻之礼，故男女有别；因其喜音而正《雅》《颂》之声，故风俗不流；因其宁家室、乐妻子，教之以顺③，故父子有亲；因其喜朋友，而教之以悌，故长幼有序。然后修朝聘以明贵贱④，飨饮习射以明长幼⑤，时搜振旅以习用兵也⑥，入学庠序以修人伦⑦。此皆人之所有于性，而圣人之所匠成也⑧。故无其性，不可教训；有其性无其养，不能遵道。茧之性为丝，然非得工女煮以热汤，而抽其统纪，则不能成丝⑨。卵之化为雏，非慈雌呕暖覆伏⑩，累日积久，则不能为雏。人之性有仁义之资，非圣王为之法度而教导之，则不可使乡方⑪。

故先王之教也，因其所喜以劝善，因其所恶以禁奸。故刑罚不用，而威行如流；政令约省，而化耀如神。故因其性，则天下听从；拂其性⑫，则法县而不用。

【注释】

①"民有好色"八句：亦载于《汉书·礼乐志》。谊，通"仪"，礼仪。衰绖（dié），丧服。披在胸前和戴在头上的布条。衰，通"缞（cuī）"。古时用粗麻布制成的丧衣。哭踊，丧礼的仪节。顿足、捶胸以表哀痛。

②节文：节制修饰。

③顺：《群书治要》作"孝"。

④朝聘：古代诸侯定期朝见天子。

⑤飨（xiǎng）饮：即乡饮酒之礼。《礼记》有《乡饮酒礼》。

⑥"时搜振旅"句：许慎注：搜，简车马也。出曰治兵，入曰振旅也。按，搜，通"蒐"，检阅车马。振旅，整顿部队。

⑦庠（xiáng）序：古代地方所开设的学校。《说文》：夏曰校，殷曰庠，周曰序。

⑧匠成：培养造成。

⑨"茧之"四句：亦载于《韩诗外传》卷五。统纪，指头绪。

⑩呕（xū）暖：生育抚养。

⑪乡：通"向"，向着。

⑫拂（fú）：背离。

【译文】

人类有爱好异性美色的本性，因此就制定了婚娶的礼节；有喜欢饮食的爱好，因此就规定了大飨的礼仪；有爱好音乐的特性，因此就制造了钟鼓管弦来演奏；有悲哀的感情，因此就有了衰绖哭踊等丧礼的规定。所以先王制定法规，是按照百姓的喜好，而为他们进行节制修饰。按照他们爱好异性美色的本性而制定了婚姻的礼节，因此男女之间才有了区别；依照他们喜爱音乐的特性，而有了纯正的《雅》《颂》之声，所以风气习俗不致趋于下流；根据他们需要家室安宁、妻儿快乐的要求，用和顺来教导他们，因此父子之间讲究孝道；依照他们喜爱结交朋友，而用弟从兄来教诲他们，所以长幼之间讲究"悌"。然后便制定诸侯朝见天子的礼节来明确贵贱的等级，用乡饮和教习射术来表明长幼关系，按时检阅车马整顿军队来熟习用兵，进入学校学习来修治人伦道德。这些都是人性之中本来就具有的，而圣人把它们完备化了。因此人如果没有这种本性，便不能够加以教训；有这种本性而不加以修养，便不能够遵循大道。就像茧的特性可以织成丝，但是如果没有女工用热水漂煮，来抽出它的头绪，便不能够成丝。蛋可以化为雏禽，但是如果没有慈禽用温暖的身体进行孵化，积累很长的时间，便不能成为幼禽。人的天性中有仁爱的资质，但是如果不是圣人替他们建立法度而教导他们，便不可能使他们通向正道。

因此先王的教化，是按照百姓所喜爱的来勉励他们推行善事，根据他们所厌恶的来禁止奸邪。所以刑罚虽不使用，而威严像流水一样畅通；政令简约明了，而感化照耀像神灵一样迅速。所以按照百姓的天性，那么天下人民就会听从；违背他们的天性，那么就是悬挂法律也不会被使用。

昔者五帝、三王之莅政施教①，必用参五②。何谓参五？仰取象于天，俯取度于地，中取法于人。乃立明堂之朝③，行明堂之令④，以调阴阳之气，而和四时之节，以辟疾病之菑⑤。俯视地理，以制度量，察陵陆水泽肥墩高下之宜⑥，立事生财⑦，以除饥寒之患。中考乎人德，以制礼乐；行仁义之道，以治人伦而除暴乱之祸。乃澄列金木水火土之性⑧，故立父子之亲而成家⑨；别清浊五音六律相生之数，以立君臣之义而成国；察四时季孟之序，以立长幼之礼而成官。此之谓参⑩。制君臣之义，父子之亲，夫妇之辨⑪，长幼之序，朋友之际。此之谓五。乃裂地而州之，分职而治之⑫，筑城而居之，割宅而异之，分财而衣食之，立大学而教诲之⑬，夙兴夜寐而劳力之⑭，此治之纪纲已⑮。然得其人则举，失其人则废。

【注释】

①莅（lì）政：处理政事。莅，临。

②参五：错综比较，以为验证。出自《周易·系辞上》："参伍以变，错综其数。"

③"乃立"句：蒋礼鸿《淮南子校记》："乃立"上脱"仰□天□"一句。

④行明堂之令：许慎注：明堂，布政之官，有十二月之政令也。

⑤菑：同"灾"，祸害。

⑥墝（qiāo）：指土地坚硬贫瘠。

⑦生财：指开发财源。

⑧澄：清楚。

⑨"故立父子"句：《文子·上礼》作"以立"。

⑩参：即列五行，成家；别五音，成国；察四时，成官。

⑪辨：别。按，"非君臣"至"之辨"，可与《孟子·滕文公上》相参。

⑫职：《文子·上礼》作"国"。

⑬大学：即太学。古代教国子之学。

⑭力：勤力。

⑮已：刘绩《补注》本作"也"。

【译文】

从前五帝、三王统治天下施行教化，必定采用参五之法。什么叫参五呢？向上取法于天的形象，向下取法于大地的法度，中间取法于人的法规。仰观天象，于是建立明堂朝廷，颁行十二个月的政令，用来调节阴阳之气，协调四季的节令变化，从而避开疾病带来的灾祸。向下俯视地理，用来制定度量的标准，考察丘陵陆地水流沼泽的肥沃贫瘠高低适宜的情况，确定从事的内容，创造生活财富，来解除饥饿带来的祸患。在中间考察人的道德，来制定出礼乐制度；实行仁义之道，来治理人伦的道德关系而消除暴乱产生的祸害。于是清楚地摆列金木水火土五行的特性，来确立父子之间的亲缘关系并建立家室；分别清浊五音六律相互产生的数量关系，来建立君臣之间的道义关系并成立国家；考察四季及孟仲季之间的变化次序，来确立长幼之间的礼节并建立官职制度。这些就叫做"参"。规定君臣之间的大义，明确父子间的亲缘关系，分清夫妇之间的区别，建立长幼之间的次序，讲究交友之间的信任，这就叫"五"。于是帝王分割土地而建立州国，分清职守而加以治理，修筑城市而使人民居住，划分田宅而相互区别，分配财物而使他们得到衣食，建立大学而教诲他们，起早睡晚而使他们辛勤劳作，这些就是治理国家的大纲要领。但是这样的纲领得到贤人就能举兴，失去贤人就会废弃。

圣人天覆地载，日月照，阴阳调，四时化，万物不同，无故无新，无疏无亲，故能法天[①]。天不一时，地不一利，人不一事，是以绪业不得不多端[②]，趋行不得不殊方。五行异气，而皆适调；六艺异科，而皆同道[③]。温惠柔良者，《诗》之风也；淳庞敦厚者[④]，《书》之教也；清明条达者，《易》之义也；恭俭尊让者⑤，《礼》之为也；宽裕简易者，《乐》之化也；刺几辩义者⑥，《春秋》之靡也⑦。故《易》之失鬼⑧，《乐》之失淫⑨，《诗》之失愚⑩，《书》之失拘⑪，《礼》之失枝⑫，《春秋》之失訾⑬。六者圣人兼用而财制之⑭。

【注释】

① 法天：以天道为法则。化自《老子》二十五章："人法地，地法天，天法道，道法自然。"

② 绪业：事业，遗业。

③ "五行"四句：王念孙《读书杂志》：《太平御览·学部》二引作"五行异气而皆和，六艺异科而皆道"。按，六艺，《汉书·艺文志》指《易》《书》《诗》《礼》《乐》《春秋》六经。

④ 淳庞（máng）：淳朴宽大。庞，厚。敦朴：诚朴宽厚。

⑤ 尊让：揖让，谦让。

⑥ 刺几：指责，讽刺。几，通"讥"。

⑦ 靡（mǐ）：美。

⑧ "故《易》"句：许慎注：《易》以气定吉凶，故鬼也。按，鬼，指敬畏鬼神。

⑨ "《乐》之"句：许慎注：乐变之于郑声，淫也。按，淫，指淫乱。

⑩ "《诗》之"句：许慎注：诗人怒，怒近愚也。

⑪ "《书》之"句：许慎注：《书》有典谟（mó）之制，拘以法也。

⑫"《礼》之"句：许慎注:《礼》尊尊卑卑，尊不下卑，故忮（zhì）也。按，忮，嫉恨。

⑬"《春秋》之"句：许慎注:《春秋》贬绝不避王人，书人之过，相訾（zǐ）也。按，訾，非议，诋毁。"温良"至"之失訾"，当化自《礼记·经解》，亦见《孔子家语·问玉》。

⑭财：通"裁"，制定。

【译文】

圣人之德像上天覆盖一切，如大地运载万物，像日月照耀，阴阳和调，四时变化，对待不同的万事万物，没有旧的没有新的，没有亲近的没有疏远的，因此能够效法天道。上天不会只有一个季节，大地不会只有一种利益，人也不能从事一样的事情，因此事业不能够不是多方面的，奔驰行走也不得不是不同的方向。五行具有不同的气色，而都能适宜协调；六艺具有不同的科目，而都符合大道。温柔仁惠，是《诗》的风格；质朴宽厚，是《书》的教义；清新畅达，是《易》的大义；恭敬谦让，是《礼》的要求；宽容简易，是《乐》的感化主旨；讽刺弊政辩明要义，是《春秋》的美义。因此《易》义的丧失注重鬼神，《乐》旨的失去成为淫乱，《诗》义的丧失使人愚蠢，《书》旨的失去使人拘泥，《礼》仪的丧失使人嫉恨，《春秋》失去大要使人相互非议。六种经典圣人同时采用而加以裁定。

治身，太上养神，其次养形。治国，太上养化①，其次正法②。神清志平，百节皆宁，养性之本也③；肥肌肤，充肠腹，供嗜欲，养生之末也。民交让争处卑，委利争受寡，力事争就劳，日化上迁善而不知其所以然，此治之上也④。利赏而劝善，畏刑而不为非，法令正于上而百姓服于下，此治之末也。上世养本，而下世事末，此太平之所以不起也。夫欲治之主不世出，而可与兴治之臣不万一，以〔不〕万一求不世出，此所以千岁不一会也⑤。

所以贵扁鹊者，非贵其随病而调药，贵其廖息脉血，知疾之所从生也⑥；所以贵圣人者，非贵随罪而鉴刑也，贵其知乱之所由起也。若不脩其风俗，而纵之淫辟⑦，乃随之以刑，绳之法⑧，法虽残贼天下，弗能禁也。禹以夏王，桀以夏亡⑨；汤以殷王，纣以殷亡。非法度不存也，纪纲不张，风俗坏也。

【注释】

①养化：即施行教化。

②正法：建立正常法制。

③性：通"生"。《文子·下德》正作"生"。

④治之上：《文子·下德》作"治之本"。

⑤"夫欲治"四句：《吕览·观世》高诱注：《淮南记》曰："欲治之君不世出，可与治之臣不万一，以不万一待不世出，何由遇哉？"《文子·下德》二句作："可与治之臣不万一，以不世出求不万一。"知"与兴治"无"兴"字，"万一"作"不万一"。会，

时机。

⑥"贵其"二句：许慎注：言人之喘息，脉之，病可知。按，厌（yè）息，按脉，也叫切脉。厌，一指按。脉血，指脉搏。《汉书·艺文志》"方技略""医经"有《扁鹊内经》九卷。《隋书·经籍志》收有《扁鹊偃侧针灸图》三卷等。

⑦淫辟：放纵与邪恶。

⑧绳之法：刘绩《补注》本作"绳之以法"。

⑨亡：北宋本原作"止"。《道藏》本作"亡"。据正。

【译文】

治理自身，最上等的是保养精神，其次是保养形体。治理国家，最上等的是施行教化，其次是建立正常法制。神志如果清平，百节就会安宁，这是养生的根本；肌肤肥胖，腹肠充满，满足自己的嗜欲，这是养生的末节。百姓交互谦让争处卑位，舍弃厚利争得较少的利益，从事劳作争干辛苦的事儿，每天都在变化逐渐走上善道，而不知道这样做的原因，这是达到治国的最高要求。赏赐好处而劝人行善，畏惧刑罚而不干非法之事，上面颁布正确的法令，而下面百姓服从，这是治国的下等方法。上古之时注重保养根本，而末世只是从事末节，这是太平盛世不能出现的原因。那些想要把国家治理好的君王，不是每个时代都能出现的，而能和君王一起振兴国家的贤臣万中无一，用万中无一的贤臣去求得不是每个时代都出现的明君，这就是一千年也难得有一次明君贤臣配合造成治世的原因。

因此尊重扁鹊的原因，不是看重他按照疾病而配药，而是尊重他能够按脉问病，知道疾病产生的根源；所以尊重圣人的原因，不是尊重他根据罪行而定刑，而是尊重他知道祸乱产生的原因。如果不整治社会风俗，而放纵淫乱邪恶，却接着使用刑法，并用法律标准来处罚，法令虽然能在天下诛杀邪恶，却不能禁止邪恶不发生。禹建立夏朝而称王，桀为夏天子而灭亡；汤凭着殷而称王，纣王因为殷朝而灭亡。不是法令制度不存在了，而是法纪不能够伸张，风俗已经败坏了。

欲成霸王之业者，必得胜者也；能得胜^①，必强者也；能强者，必用人力者也；能用人力者，必得人心者也；能得人心者，必自得者也。故心者身之本也，身者国之本也。未有得己而失人者也，未有失己而得人者也。故为治之本，务在宁民；宁民之本，在于足用；足用之本，在于勿夺时；勿夺时之本，在于省事；省事之本，在于节用^②；节用之本，在于反性。未有能摇其本而静其末，浊其源而清其流者也。

【注释】

①能得胜：黄锡禧本"胜"下有"者"字。

②节用：北魏贾思勰《齐民要术》卷一："省事之本，在于节欲（节，止；欲，贪）；节欲之本，在于反性。"

【译文】

想要成就霸王之业的，必定是取得胜利的人；能够得到胜利的，必定是强大的人；能够强大的，必定是能够善于任人的人；能够善于用人的人，必定是得人心的人；能得人心的，必定是自得善性的人。因此心是身体的根本，身体是国家的根本。没有得到自己的天性而失去贤人的，也没有失去自己天性而能得到贤人的。因此作为治国的根本，在于务求安定百姓；安定百姓的根本，在于有足够的用度；满足用度的根本，在于不要占用农时；不要耽误农时的根本，在于减少事务；减少事务的根本，在于节约用度；节约用度的根本，在于返回本性。没有能够动摇根本而安定末节的，也没有使水的源头混浊而水流仍然清澈见底的。

人莫不知学之有益于己也，然而不能者，嬉戏害人也①。人皆多以无用害有用，故知不博而日不足。以凿观池之力耕，则田野必辟矣；以积土山之高脩堤防，则水用必足矣；以食狗马鸿雁之费养士，则名誉必荣矣；以弋猎博弈之日诵《诗》读《书》②，闻识必博矣。故不学之与学也，犹喑聋之比于人也。

【注释】

①"嬉戏"句：《群书治要》引作"嬉戏害之也"。"人"作"之"。

②博弈（yì）：指六博和围棋。

【译文】

没有人不知道学习是有益于自己的，然而却不能够做到它，其原因就是嬉戏危害了他。人们大多都用无用的外物来妨害有用的学习，因此智慧不广博而每天都感到不够用。拿挖凿水池的力量来耕作，那么田野必定能开辟了；用堆积高高的土山的力量来修筑堤防，那么水用必定充足了；用喂养狗马鸿雁的食粮来奉养士人，他的名誉就必定显耀了；拿打猎下棋的时间诵读《诗》《书》，他的见识就必定是十分广博的了。因此不学习和学习之间的差别，就像聋哑人和正常人一样。

第二十一卷　要略

许慎题解中说："凡鸿烈之书二十篇，略数其要，明其所指，序其微妙，论其大体。"这是一篇作者的自序，也是全书的纲要。

作者的写作目的是"纪纲道德，经纬人事"，"统天下，理万物，应变化，通殊类"，为治国安邦提供理论依据。

本书写作原则是"道"、"事"结合。"道"指的是自然规律，"事"指的是社会的典章制度、伦理道德、风俗习惯以及人们的活动。因此作者对二十篇的主要内容及其辩证关系，进行了全面的论述；最后作者对先秦儒家、墨家、纵横家、刑名家以及管晏学说的产生背景、历史条件进行了分析，认为是救时弊而生。

这部书的创作要求是"非循一迹之路，守一隅之指"，也就是要自成一家之言，走学术创新之路，而立于诸子之林。看来，这个目的是达到了。

陶方琦《淮南许注异同诂》："（此）许注本也。"

夫作为书论者①，所以纪纲道德②，经纬人事③，上考之天，下揆之地④，中通诸理。虽未能抽引玄妙之中才⑤，繁然足以观终始矣⑥。总要举凡⑦，而语不剖判纯朴⑧，靡散大宗⑨，则为人之惛惛然弗能知也⑩，故多为之辞，博为之说。又恐人之离本就末也，故言道而不言事，则无以与世浮沉⑪；言事而不言道，则无以与化游息⑫。故著二十篇，有《原道》，有《俶真》，有《天文》，有《地形》，有《时则》，有《冥览》⑬，有《精神》，有《本经》，有《主术》，有《缪称》，有《齐俗》，有《道应》，有《氾论》，有《诠言》，有《兵略》，有《说山》，有《说林》，有《人间》，有《脩务》，有《泰族》也。

【注释】

①书论：指论说的文章。

②纪纲：治理。

③经纬：规划，治理。

④揆（kuí）：度量，考察。按，"夫作为"至"诸理"六句，与《吕览·序意》相似。

⑤抽引：抽绎（yì），提出。玄妙：深奥，玄秘。才：通"哉"，古作"才"。

⑥繁然：繁盛的样子。

⑦总要：总其要领。举凡：举其大要。凡，要。

⑧剖判：辨析，分析。纯朴：许慎注：太素也。按，指未经雕琢的材料。

⑨靡散：散碎，消散。大宗：许慎注：事本也。按，
　即事物的本源。

⑩则：刘绩《补注》本改作"惧"。惽惽（hūn）然：
　糊涂的样子。

⑪浮沉：盛衰，得失。

⑫化：造化。游息：流动，停息。

⑬冥览：刘绩《补注》本改作"览冥"。

【译文】

著书立说的目的，是用来整治道德，规划人事，向上
考察天道的变化规律，向下研究大地上的万事万物，在中
间能够贯通各种事理。即使这部书不能把深奥玄妙的道理
提炼出来，但涉猎广泛也完全能够观察事物的终始变化了。
如果只是提纲挈领地说明大概的意思，而文章中不去剖析
最基本的材料，分清事物的本来面貌，担心别人会对基本
理论糊里糊涂地搞不清楚，因此较多地增加了一些文字，
广泛地加以阐述说明。又害怕别人脱离根本而去追求末节，
所以如果只谈论大道而不谈人事，那么便没有办法和社会
一起共处；光谈论人事而不谈大道，那么便不能和自然变
化一起行止。因此著作二十篇，有《原道》，有《俶真》，
有《天文》，有《地形》，有《时则》，有《冥览》，有《精
神》，有《本经》，有《主术》，有《缪称》，有《齐俗》，有
《道应》，有《氾论》，有《诠言》，有《兵略》，有《说山》，
有《说林》，有《人间》，有《脩务》，有《泰族》。

　　文王之时，纣为天子，赋敛无度，戮杀无止，

康梁沉湎①，宫中成市②，作为炮烙之刑，刭谏者，剔孕妇，天下同心而苦之；文王四世累善③，修德行义，处歧周之间，地方不过百里，天下二垂归之④。文王欲以卑弱制强暴，以为天下去残余贼而成王道⑤，故太公之谋生矣⑥。

文王业之而不卒⑦，武王继文王之业，用太公之谋，悉索薄赋⑧，躬擐甲胄⑨，以伐无道而讨不义，誓师牧野⑩，以践天子之位。天下未定，海内未辑⑪，武王欲昭文王之令德，使夷狄各以其贿来贡⑫。辽远未能至，故治三年之丧，殡文王于两楹之间⑬，以俟远方⑭。武王立三年而崩，成王在襁褓之中⑮，未能用事。蔡叔、管叔，辅公子禄父⑯，而欲为乱。周公继文王之业，持天子之政，以股肱周室，辅翼成王。惧争道之不塞，臣下之危上也，故纵马华山，放牛桃林⑰，败鼓折枹⑱，搢笏而朝⑲，以宁静王室，镇抚诸侯。成王既壮，能从政事，周公受封于鲁，以此移风易俗。孔子修成、康之道⑳，述周公之训，以教七十子。使服其衣冠，修其篇籍，故儒者之学生焉㉑。

【注释】

①康梁：沉溺于淫乐。康，淫乐怠政。梁，通"良"，过分。沉湎：耽于酒。

②成市：许慎注：言集者多。按，市，指众聚之处。

③四世：指大王、王季、文王、武王，凡四世。

④二垂：天下西、北之境。垂，边境。

⑤余：《道藏》本作"除"。余，本作"除"。余、除上古同音通假。王道：儒家主张要用"仁政"来进行统治，称为"王道"。

⑥太公之谋：许慎注：太公为周陈《阴符》兵谋也。按，《汉书·艺文志》"道家"有《太公》二百三十七篇，《谋》八十一篇，《言》七十一篇，《兵》八十五篇。"儒家"有《周史六弢》六篇。颜师古注：即今之《六韬》也。《隋书·经籍志》有《太公阴符钤录》一卷。

⑦业：开始。卒：终。

⑧悉索薄赋：指倾注全国兵力。薄，少量。赋，古代按田地出兵车、甲士，故称"赋"。

⑨躬：亲身。摄（huàn）：穿。

⑩誓师：出兵时告诫将士。

⑪辑：安定。

⑫贿：即财币。

⑬"殡（bìn）文王"句：许慎注：殡，大敛也。两楹，堂柱之间。宾主夹之。按，殡，停枢。楹（yíng），指厅堂东西两根楹柱。

⑭俟（sì）：等待。

⑮褓襁：婴儿布带和布兜。

⑯公子禄父：许慎注：纣之兄子，周封之以为殷后，使管、蔡监之。按，《史记·周本纪》作"封商纣子禄父殷之余民"。

⑰"故纵马"二句：见于《尚书·武成》。华山，即今西岳华山。桃林，在今河南灵宝以西、陕西潼关以东地区。

⑱抱：刘绩《补注》本作"枹（fú）"，鼓槌。

⑲搢（jìn）：插。笏（hù）：古代朝会时所执手板。

⑳成、康：即周成王、周康王父子。

㉑"故儒者"句：指孔子开创的学派。《汉书·艺文志》："儒家者流，祖述尧舜，宪章文武，宗师仲尼。""游文于六经之中，留意于仁义之际。"

【译文】

周文王的时候，商纣王是天子，搜刮民财没有限度，杀戮不止，沉溺于淫乐美酒之中，宫廷之中就像集市一样，制造了炮烙之刑，挖掉劝谏的贤人之心，剖开孕妇的肚子，天下人一心痛恨他；周文王四代积累善事，修治德行推行大义，处在岐周之地，土地方圆不过百里，但是天下西、北二地的诸侯归向了他。周文王打算以卑下弱小的地位战胜强暴的纣王，为天下人民除去凶残之君而成就王道，因此姜太公的兵谋便产生了。

周文王从事讨伐的事业刚开始便去世了，周武王继承文王的大业，采用太公的谋略，倾注全国很少的兵力，亲自穿上甲胄，来讨伐无道之君声讨不义之事，在牧野誓师伐纣，终于登上了天子之位。这时天下没有平定，海内没有安宁，武王打算使文王的美德昭明天下，使夷狄各自带着他们的财物前来进献。道路遥远的地方不能按时到达，于是便规定三年之丧，把文王的尸体殡在大堂两个楹柱之间，用来等待远方之人。周武王立国三年而驾崩，周成王还在襁褓之中，不能执政。蔡叔、管叔，辅助纣公子禄父，而要发动叛乱。周公旦继承文王的事业，摄行了天子的权力，用来安定周王室，辅佐成王，平定天下叛乱。周公担心争斗不停止，臣下危及天子，因此便把军马释放到华山，把牛散放到桃林，打破战鼓、折断鼓槌，身插笏板而朝见，以便安定周王室，镇压安抚天下诸侯。成王已经长大，能够处理政事，周公便到鲁国受封，用这个办法转移风气改变习俗。孔子修治成、康的治国理念，祖述周公的教训，用来教导七十个学生。使他们穿戴起周王朝的衣冠，研究遗留下来的典籍，于是儒学便产生了。

墨子学儒者之业，受孔子之术，以为其礼烦扰而不悦[①]，厚葬靡财而贫民，服伤生而害事[②]。故背周道而用夏政。禹之时，天下大水，禹身执虆臿[③]，以为民先，剔河而道九歧[④]，凿江而通九路[⑤]，辟五湖而定东海[⑥]。当此之时，烧不暇㨶[⑦]，濡不给扢[⑧]，死陵者葬陵，死泽者葬泽，故节财、薄葬、闲服生焉[⑨]。

【注释】

① 悦：许慎注：易也。王念孙《读书杂志》："悦"当为"㑦（tuō）"。《本经篇》彼注云："㑦，简易也。"义与此注同。

② 服：王念孙《读书杂志》："服"上当有"久"字，

厚葬、久服相对为文。

③蔂：同"蔂（léi）"，盛土笼。畚（chā）：锹。

④剔：疏通。九歧：许慎注：河水播歧为九，以入海也。

⑤九路：许慎注：江水通别为九。

⑥辟五湖：此指开通五湖。

⑦㧁（guì）：清除。

⑧给（jǐ）：及。扢（gǔ）：擦拭。

⑨间（jiǎn）服：《文选·潘岳〈夏侯常侍诔〉》李善注：《淮南子》曰："节财薄葬，简服生焉。"即简易之服丧制度。间，与"简"同。

【译文】

墨子学习儒家的学说，接受孔子的思想，但是认为他的礼节烦琐而不简易，丰厚的葬礼耗费了资财而使百姓贫困，长久的服丧伤害生命而妨碍政事。因此不用周朝的法规而使用夏朝的法令。夏禹的时候，天下发了大水，禹亲自拿着畚箕和木锹，来给百姓作出表率，疏通黄河并分成九个支流，凿通长江而沟通众多的河流，开通五湖而注入东海。在这个时候，烧火的余烬来不及排除，衣服沾湿了来不及擦拭，死在山陵葬在山陵，死在湖泽葬在湖泽，因此节省财物、简单的葬礼、简易的服丧制度便产生了。

齐桓公之时，天子卑弱，诸侯力征，南夷北狄，交伐中国，中国之不绝如线①。齐国之地，东负海而北障河②，地狭田少，而民多智巧。桓公忧中国之患，苦夷狄之乱，欲以存亡继绝，崇天子之位，广文、武之业，故管子之书生焉③。

【注释】

①线：细丝。

②障：阻隔。

③"故管子"句：《汉书·艺文志》"道家"列《筦子》

八十六篇。

【译文】

齐桓公的时候，周天子的地位卑下势力弱小，诸侯用武力互相征伐，南夷北狄，交互侵伐中原，中原各国没有断绝，仅像细丝一样。齐国之地，东边背靠大海而北面有黄河作阻塞，土地狭小，田地很少，而百姓多有智术和巧诈。桓公忧虑中国的祸患，苦于夷狄的战乱，想来保存灭亡的国家，继续绝嗣的宗族，使天子的地位尊崇起来，增广文、武的事业，因此管子的著作便产生了。

齐景公内好声色，外好狗马，猎射忘归，好色无辨①，作为路寝之台②，族铸大钟③，撞之庭下，郊雉皆响④，一朝用三千钟赣⑤，梁丘据、子家哙导于左右⑥，故晏子之谏生焉⑦。

【注释】

①好色：刘家立《淮南内篇集证》：疑"好色"乃"好

贤"之误。谓景公知好贤而不能辨别其人，如梁丘

据、子家哙与晏子并用，贤愚不分也。作"好色"

则义不可通也。辨：辨别。

②路寝之台：天子、诸侯所居的正室。

③族：聚集。

④郊雉皆呴：许慎注：大钟声似雷震，雉应而呴（gòu）鸣也。按，雉，野鸡。呴，鸟鸣声。

⑤"一朝用"句：许慎注：钟，十斛也。赣（gàn），赐也。一朝赐群臣之费三万斛也。按，许注"斛"当为"釜"。《左传·昭公三年》："釜十则钟。"

⑥梁丘据、子家哙：许慎注：二人，景公臣也。导：导引，诱引。

⑦"故晏子"句：《汉书·艺文志》"儒家"载《晏子》八篇。

【译文】

齐景公在宫廷内贪恋音乐美色，在外爱好走狗跑马，射箭打猎时常忘记归来，虽然喜欢贤人但是常常不能辨别真伪，建立起豪华的路寝之台，聚集铜铁铸起了大钟，在庭下撞击之后，引起远郊的野鸡鸣叫，一个早上便赐给群臣三千钟粮食，梁丘据、子家哙等佞臣在左右引诱齐景公，因此晏子的讽谏便产生了。

晚世之时，六国诸侯，溪异谷别，水绝山隔，各自治其境内，守其分地，握其权柄，擅其政令，下无方伯①，上无天子，力征争权，胜者为右，恃连与国②，约重致，剖信符，结远援，以守其国家，持其社稷，故纵横修短生焉③。

①方伯：一方诸侯之长。

②恃（shì）连与国：许慎注：恃性连与之国。按，恃，依仗。连与，联合。

③"故纵横"句：《汉书·艺文志》"纵横家"有《苏子》三十一篇，《张子》十篇。收纵横十二家，百七篇。修短，指纵横家的言论和著作。《汉书·艺文志》"春秋"类列《战国策》三十三篇。

【译文】

战国的时候，六国诸侯，地域各不相同，大水阻断，高山隔绝，各自治理自己的境内，守卫着各自分割的土地，掌握着他们的大权，擅自发布政令，下面没有诸侯之长，上面没有天子统治，用武力争夺权力，胜利者为尊，依仗联合之国，约定能够招致的重兵，剖开符契，连接远方的援兵，用来防守他们的国家，护卫他们的社稷，因此纵横长短之术便产生了。

申子者①，韩昭釐之左②。韩③，晋别国也。地墽民险④，而介于大国之间。晋国之故礼未灭，韩国之新法重出；先君之令未收，后君之令又下⑤。新故相反，前后相缪⑥，百官背乱，不知所用，故刑名之书生焉⑦。

【注释】

①申子：即申不害（前385？—前337），战国中期法

家。韩昭侯八年（前355）被任为相，直至卒年，使韩国"国治兵强"。

②韩昭釐（xī）：战国韩昭侯，在位30年。昭釐，谥号。其事并见《吕览·任数》等。

③韩：战国七雄之一。开国君主韩景侯，为春秋晋大夫韩武子之后。与赵、魏瓜分晋国，前403年周王室承认其为诸侯。前230年被秦所灭。

④墝（qiāo）：指土地坚硬贫瘠。

⑤令：北宋本原作"今"。《道藏》本作"令"。据正。

⑥缪：通"谬（miù）"，抵触。

⑦"故刑名"句：刑名，法家一派，强调循名责实，以强化上下关系。《汉书·艺文志》"法家"有《申子》六篇。章学诚《校雠通义》"内篇"三：刘向《别录》：申子学号刑名，以名责实，尊君卑臣，崇上抑下。

【译文】

申不害，是韩昭侯的辅佐。韩，原是由晋分割而建立的。其国土地贫瘠，民风险恶，而又介于大国之间。晋国原来的礼仪没有废止，韩国的新法又重新出现；先君的命令没有收回，后君的命令又接着而下。新旧相反，前后抵触，百官相背而混乱，不知如何使用，因此刑名之学便产生了。

秦国之俗，贪狼强力①，寡义而趋利；可威以刑，而不可化以善；可劝以赏，而不可厉以名②。被险而带河，四塞以为固③；地利形便，畜积殷富。孝公欲以虎狼之势④，而吞诸侯，故商鞅之法生焉⑤。

【注释】

①狼：通"狠"，凶狠。

②厉：通"励"，劝勉。

③四塞：四面关塞。

④孝公：秦孝公（前381—前338），战国秦君，在位23年。任用商鞅，实行变法，使秦国走向富强。

⑤"故商鞅"句：《汉书·艺文志》"法家"载《商君》二十九篇。

【译文】

秦国的习俗，贪狠如狼竭尽武力，缺少大义而追逐利益；可以用刑法来施行威严，而不能够用教化让他们行善；可以用奖励来勉励他们，而不能用名誉来劝勉他们。覆盖险阻而以黄河为带，四周有险关堵塞；地理形势极为有利方便，积蓄充足。秦孝公想以虎狼般的优势，来吞并天下诸侯，因此商鞅的法家思想就产生了。

若刘氏之书①，观天地之象，通古今之论②，权事而立制，度形而施宜，原道之心③，合三王之风，以储与扈冶④。玄眇之中，精摇靡览⑤，弃其畛挈⑥，斟其淑静⑦，以统天下，理万物，应变化，通殊类。非循一迹之路，守一隅之指，拘系牵连于物⑧，而不与世推移也。故置之寻常而不塞，布之天下而不窕⑨。

【注释】

①若刘氏之书：许慎注：淮南王自谓也。

②论:《道藏》本作"事"。

③原道：顾广圻《校淮南子》云:"道"下疑当有"德"字，与下句对文也。《精神训》"深原道德之意"亦可证。

④以储（chǔ）与扈（hù）冶：许慎注：储与，犹摄业。扈冶，广大也。按,《俶真训》高诱注：储与扈冶，褒（bāo）大意也。

⑤精摇：许慎注：楚人谓精进为精摇。按，即精心进取之义。靡（mǐ）览：览，通"监"。监、览上古同音。《脩务训》:"君子有能精摇摩监。"靡、摩相通。即磨炼义。

⑥畛挈（zhěnqiè）：许慎注：楚人谓泽浊为畛挈。按，即垢（gòu）浊义。

⑦淑静：清澈，明净。

⑧拘系：拘泥，束缚。牵连：牵绊。

⑨"故置之"二句：亦见于《大戴礼记·王言》。许慎注：窕（tiǎo），缓也。布之天下，虽大不窕。按，布，北宋本原作"市"。《道藏》本作"布"。据正。窕，空隙。

【译文】

至于像刘氏的著述，观察天地的形象，通达古今的学说，权衡事理而建立法规，度量形势而施行合宜的措施，探索人们的道德规范，使之符合三王的风气，以便扩大道旨。在幽深微妙之中，探索精妙美好的政教，抛弃了它的混浊，斟取它的精髓，而用来统一天下，治理万物，适应变化，来沟通不同的物类。不是依循一个车轨形成的路子，恪守一个角落的偏见，拘泥牵制于具体的事物，不知随世道的变迁而转移。因此放置到狭小之地而不会有阻塞，布散到天下而不会有空隙。